国家示范性高等职业院校成果教材
新能源汽车技术系列

电动汽车网络与电路分析

（第2版）

朱小春　主　编
李正国　副主编

清华大学出版社
北　京

内 容 简 介

本书系统地介绍了两方面的内容：电动汽车网络技术结构、原理及故障诊断；电动汽车电路图基础、识读方法及实例分析。全书分为7章，分别为概述、车载网络系统的结构与原理、微控制器的通信模块、车载网络系统分析与故障诊断、汽车电路基础知识、汽车电路图识读、电动汽车电路分析——以北汽EV200电动汽车为例。本书注重理论联系实际，内容较为新颖且丰富，具有鲜明的特色。

本书可作为高职高专新能源汽车技术、汽车电子技术等相关专业的教材，也可用作电动汽车维修行业员工的培训教材或工程技术人员的参考书。

版权所有，侵权必究。举报: 010-62782989, beiqinquan@tup.tsinghua.edu.cn。

图书在版编目（CIP）数据

电动汽车网络与电路分析/朱小春主编. —2版. —北京: 清华大学出版社, 2020.8（2024.2重印）
国家示范性高等职业院校成果教材. 新能源汽车技术系列
ISBN 978-7-302-55904-7

Ⅰ. ①电… Ⅱ. ①朱… Ⅲ. ①电动汽车－计算机网络－高等职业教育－教材 ②电动汽车－电路分析－高等职业教育－教材 Ⅳ. ①U469.72

中国版本图书馆 CIP 数据核字（2020）第 108892 号

责任编辑: 许 龙
封面设计: 常雪影
责任校对: 刘玉霞
责任印制: 丛怀宇

出版发行: 清华大学出版社
网　　址: https://www.tup.com.cn, https://www.wqxuetang.com
地　　址: 北京清华大学学研大厦A座　　　邮　编: 100084
社 总 机: 010-83470000　　　　　　　　邮　购: 010-62786544
投稿与读者服务: 010-62776969, c-service@tup.tsinghua.edu.cn
质量反馈: 010-62772015, zhiliang@tup.tsinghua.edu.cn
印 装 者: 小森印刷霸州有限公司
经　　销: 全国新华书店
开　　本: 185mm×260mm　　印　张: 12.75　　字　数: 311千字
版　　次: 2017年3月第1版　2020年8月第2版　印　次: 2024年2月第5次印刷
定　　价: 45.00元

产品编号: 088643-01

前言

当今关于环保和能源的问题备受关注,为解决这些问题,电动汽车呈现加速发展的趋势。电动汽车的发展将使集中考虑能源、环保和交通成为可能,而且对于促进高科技的发展、新兴工业的兴起以及经济的发展将产生深远的影响。顺应国际汽车工业发展潮流,加快推动电动汽车产业发展,对抢占未来汽车产业竞争制高点、实现我国汽车工业由大变强和自主发展至关重要,也十分紧迫。因此,对新能源汽车技术以及汽车电子类专业的高职学生必须具备的知识和技能提出了新的要求,且教材内容有必要与时俱进。

作为全国高职示范院校,紧跟产业和技术发展步伐,深入推进产教融合,校企共建特色产业学院——比亚迪应用技术学院,发挥比亚迪产业龙头优势和学校一流教学资源,校企共同开发教材。本书主要突出以下特色:

第一,将培养学生的学习能力、分析能力及创新能力放在首位。例如在内容编写上不仅要教会学生怎样检修车载网络故障,更重要的是,使学生明白为什么要这样检修,将来遇到类似的故障该如何分析处理。同时,在内容上增加了单片机编程应用实例,激发学生的创新能力;删减了部分传统落后的知识内容,对问题的阐述方面注意由浅入深、循序渐进,以培养学生的学习能力。

第二,在强调基础知识与基本技能训练的同时,特别注意电动汽车新技术、新知识及新的检修仪器与方法的引入,不仅可以开拓学生的视野,还能为学生未来的职业发展打下坚实的基础。

第三,力求图文并茂。作为学生知识的重要来源和主要学习参考资料,编写内容力求丰富多彩,很多内容阐述和分析思路来自作者长期的教学实践经验,大量图片为作者亲手精心绘制。

本书由深圳职业技术学院朱小春副教授担任主编,深圳职业技术学院李正国教授担任副主编。编写分工如下:朱小春编写了第2~4、7章,李正国编写了第1、5章,张亚琛编写了第6章。全书由深圳职业技术学院董铸荣教授主审。在本书的编写过程中,参考了较多的同类专著、教材和有关文献资料,在此对有关作者表示感谢。

由于编者水平所限,书中必定有不妥和错误之处,恳请读者提出宝贵意见。

编　者

2020年6月

目录

第1章 概述 ·· 1
1.1 电动汽车发展 ·· 1
1.2 电动汽车结构类型 ·· 3
1.3 电动汽车关键技术 ·· 9
1.4 车载网络技术 ··· 13
思考与练习题 ··· 20

第2章 车载网络系统的结构与原理 ·· 21
2.1 车载网络通信协议 ··· 22
2.2 车载 CAN 网络系统 ·· 27
2.3 车载 LIN 网络系统 ··· 40
2.4 车载 VAN 网络系统 ·· 44
2.5 车载 MOST 网络系统 ·· 49
2.6 车载 FlexRay 网络系统 ·· 53
思考与练习题 ··· 55

第3章 微控制器的通信模块 ·· 56
3.1 串行通信接口 ··· 56
3.2 CAN 总线通信模块 ··· 73
思考与练习题 ··· 89

第4章 车载网络系统分析与故障诊断 ··· 90
4.1 车载网络诊断技术 ··· 90
4.2 常用车载网络检测仪器 ··· 95
4.3 传统汽车车载网络系统分析及故障诊断——以大众车系为例 ············· 98
4.4 电动汽车车载网络系统分析及故障诊断——以北汽 EV200 为例 ······· 103
思考与练习题 ·· 113

第5章 汽车电路基础知识 ·· 114
5.1 电路概述 ··· 114
5.2 汽车电路概述 ··· 117

5.3 汽车电路的基本组成元素 ………………………………………………… 124
5.4 汽车电路检修方法 ………………………………………………………… 139
思考与练习题 ……………………………………………………………………… 141

第 6 章 汽车电路图识读 …………………………………………………………… 142

6.1 汽车电路图识读方法 ……………………………………………………… 142
6.2 各大汽车公司汽车电路图的基础知识 …………………………………… 146
思考与练习题 ……………………………………………………………………… 168

第 7 章 电动汽车电路分析——以北汽 EV200 电动汽车为例 ………………… 169

7.1 北汽 EV200 的基本装备 …………………………………………………… 169
7.2 电机驱动系统 ……………………………………………………………… 180
7.3 DC/DC 转换器 ……………………………………………………………… 186
7.4 充电系统 …………………………………………………………………… 188
7.5 动力电池系统 ……………………………………………………………… 193
思考与练习题 ……………………………………………………………………… 197

参考文献 ……………………………………………………………………………… 198

第1章 概 述

当今关于环保和能源的问题备受关注,为解决这些问题,电动汽车呈现加速发展的趋势。从环保的角度来看,电动汽车是零排放的市区交通工具,即使计入发电厂增加的排气,从总量上看,它也将使空气污染大大减少。从能源的角度来看,电动汽车将使能源的利用多元化(例如可使用各种再生能源)和高效化,达到能源的可靠、均衡和无污染地利用的目的。在改善交通安全和道路使用方面,电动汽车更容易实现智能化。电动汽车的发展将使集中考虑能源、环保和交通成为可能,而且,它对于促进高科技的发展、新兴工业的兴起,以及经济的发展将产生深远的影响。

1.1 电动汽车发展

1834年,Thomas Davenport制造了一辆电动三轮车,它由一组不可充电的干电池驱动,只能行驶一小段距离。1881年在法国巴黎街上出现了世界上第一辆以可充电电池为动力的电动汽车,是由法国工程师Gustave Tinuve装配的以铅酸电池为动力的三轮车。1886年,Frank Sprague设计生产了有轨电车。19世纪末,美国、英国和法国的许多公司都开始生产电动汽车。最早的电动汽车制造厂是由Morri和Salom拥有的电动客车和货车公司。另一个比较早的电动汽车生产商是Pope制造公司,到1898年年底,Pope制造了大约500辆Columbia型电动汽车。1896—1920年期间,Riker电动汽车公司生产了多种车型的电动汽车,其中1897年生产的Victoria是一种设计较好的车型。除了美国电动汽车制造厂外,英国的伦敦电动出租汽车公司1897年生产了15辆电动出租车。而且,法国的BGS公司在1899—1906年也生产了几种不同类型的商用型电动汽车,包括小汽车、货车、客车和豪华轿车。

进入无马车时代以后,电动汽车就进入了一个商业化的发展阶段,此时的电动汽车有辐条车轮、充气轮胎、舒适的弹簧椅和豪华的车内装饰。到1912年,美国有34000辆电动汽车注册。1899—1916年期间,Baker电气公司一直是美国最重要的电动汽车制造厂之一。1901—1920年,英国伦敦电动汽车公司生产了后轮轮毂电动机式、后轮驱动、斜轮转向和充气轮胎的电动汽车。1907—1938年期间,底特律电气公司生产的电动汽车不仅具有无噪声、清洁可靠的优点,而且最高时速达到40km/h,续驶里程为129km。

1911 年，Kettering 发明了汽车起动机，使得燃油汽车的各方面性能都超越了电动汽车，从此打破了电动汽车在市场的主导地位。而福特的想法彻底结束了电动汽车的生命，他大批量生产福特 T 型车，使其价格从 1909 年的 850 美元降到了 1925 年的 260 美元，因此加速了电动汽车的消失。而燃油汽车的续驶里程是电动汽车的 2~3 倍，且使用成本低，因而使得电动汽车的制造商想占领一定的市场份额已不可能。到 20 世纪 30 年代，电动汽车几乎消失了。

20 世纪 70 年代的能源危机和石油短缺使电动汽车重新获得生机。20 世纪 70 年代初期，世界上许多国家如美国、英国、法国、德国、意大利和日本都开始发展电动汽车。70 年代后期，世界上许多国家和地区的公司，如澳大利亚、比利时、巴西、保加利亚、加拿大、中国、丹麦、法国、德国、荷兰、印度、意大利、日本、墨西哥、芬兰、瑞士、英国、美国和苏联等都开始生产电动汽车。但是石油价格在 70 年代末开始下跌，在电动汽车成为商业化产品发展起来之前，能源危机和石油短缺问题已不再严重，因而电动汽车的商业化失去了动力，电动汽车的发展显著变慢，开始走入低谷。

20 世纪 80 年代，由于人们日益关注空气质量和温室效应所产生的影响，电动汽车的发展再次获得生机。20 世纪 90 年代开始，一些国家和城市开始实行更严格的排放法规。汽车制造商在不断推动电动汽车技术的发展，并开始将电动汽车商业化。在世界范围内，尤其在美国、日本和欧洲，许多汽车生产商开始生产电动汽车或者涉及电动汽车领域。美国的通用、福特、克莱斯勒、美国电动汽车公司以及 Solectna 为了响应加州的法规，在电动汽车的发展中起着很重要的作用。在日本几乎所有的汽车生产商，如丰田、尼桑、本田、马自达、大发、三菱、铃木、五十铃汽车公司等都制定了自己的商业化电动汽车的发展计划。欧洲的许多国家，尤其是法国、德国、意大利和英国都发起了进入电动汽车市场的电动汽车发展计划，其中较活跃的汽车公司有雪铁龙、雷诺、宝马、奔驰、奥迪、沃尔沃、大众、欧宝、菲亚特等。除了汽车生产商以外，还有一些电力公司和电池生产商在电动汽车的示范中也起着积极的作用，其目的都是促进以充电电池为动力的电动汽车的商业化，最终获得商业利益。通常他们和汽车生产商合作来发展电动汽车，或者选购电动汽车用于电池评估和演示。电动汽车具有能源利用效率高、能源多样性和环保的特点，为了对电动汽车的使用做出相应的反应，能源和环保机构也积极参与促进电动汽车技术的发展及其商业化的活动中。另外，一些研究所和大学不断研究电动汽车新技术，以使电动汽车能与燃油汽车相竞争。

21 世纪以来，在当前全球汽车工业面临金融危机和能源环境问题的巨大挑战的情况下，发展电动汽车，实现汽车能源动力系统的电气化，推动传统汽车产业的战略转型，在国际上已经形成了广泛共识。电动汽车一旦取得市场突破，必将对国际汽车产业格局产生巨大而深远的影响。各国政府都加大了政策支持力度，全力推进电动汽车产业化。一方面，政府加大对消费者的政策激励，加快电动汽车的市场培育。美国对 PHEV（插电式混合动力汽车）实施税收优惠，减税额度在 2500~15000 美元。日本从 2009 年 4 月 1 日起实施新的"绿色税制"，对包括纯电动汽车、混合动力汽车等低排放且燃油消耗量低的车辆给予税赋优惠，一年的减税规模约为 2100 亿日元。英国从 2009 年 4 月 1 日起执行新汽车消费税，对纯电动汽车免缴消费税。法国对购买低排放（二氧化碳）汽车的消费者给予最高 5000 欧元的奖励，对高排放汽车进行最高 2600 欧元的惩罚。另一方面，政府通过加大信贷支持等措施，鼓励整车企业加快电动汽车产业化。美国政府对电动汽车生产予以贷款资助。2009 年 6 月

23日,福特、日产北美公司和特斯拉(Tesla)汽车公司获得80亿美元的贷款,主要用于混合动力和纯电动汽车的生产。欧盟在2009年上半年发放70亿欧元贷款,支持汽车制造商发展电动汽车;此外,美国新的汽车燃油经济性法规和欧盟新车平均二氧化碳排放法规,对汽车的技术要求大幅提高,如果不推动电动汽车技术,汽车制造商将很难达到新法规的要求。2010—2020年期间,全球电动汽车行业突飞猛进,2018年全球电动汽车乘用车销量突破200万辆,达到201.8万辆,2019年全球电动汽车乘用车销量达到220.9万辆。

同样,我国政府对电动汽车的发展采取了很多措施。自2004年起,在国家的长远规划和能源政策中,新能源汽车产业和技术的发展被多次强调。2007年以来,新能源汽车产业相关政策鼓励力度不断增大,可操作性不断增强,针对产业扶持到市场推动制定了相关政策,包括准入管理、补贴政策、研发资金、示范工程等措施。在2009年1月发布的《新能源汽车示范推广通知》中,提出对公共交通领域的新能源汽车购置进行补贴,对新能源汽车市场的成长起到了巨大的推动作用;同年3月出台的《汽车产业调整和振兴规划》中,新能源汽车成为规划的热点,并计划在2011年年底形成50万辆的产能,为中国新能源汽车产业的发展指明了方向和目标;同年5月6日国务院决定以贴息贷款的方式安排200亿元资金支持汽车产业的技改,为产业发展提供了充裕的资金支持。截至2019年,中国已成为当之无愧的电动汽车大国。中国2019年电动汽车销量为120万辆,在全球销量占比达54%。

因此,顺应国际汽车工业发展潮流,把握交通能源动力系统转型的战略机遇,坚持自主创新,动员各方面的力量,加快推动电动汽车产业发展,对抢占未来汽车产业竞争制高点、实现我国汽车工业由大变强和自主发展至关重要,也十分紧迫。

1.2 电动汽车结构类型

与燃油汽车相比,电动汽车的结构特点是灵活,这种灵活性源于电动汽车具有以下几个独特的特点:①电动汽车的能量主要是通过柔性的电线而不是通过刚性联轴器和转轴传递的,因此,电动汽车各部件的布置具有很大的灵活性;②电动汽车驱动系统的布置不同(如独立的四轮驱动系统和轮毂电动机驱动系统等)会使系统结构区别很大,采用不同类型的电动机(如直流电动机和交流电动机)会影响电动汽车的质量、尺寸和形状;③不同类型的储能装置(如蓄电池和燃料电池)也会影响电动汽车的质量、尺寸及形状;④不同的补充能源装置具有不同的硬件和机构,例如蓄电池可通过感应式和接触式的充电机充电,或者采用替换蓄电池的方式,将替换下来的蓄电池再进行集中充电。

如图1-1所示,电动汽车系统可分为三个子系统,即电力驱动子系统、主能源子系统和辅助控制子系统。

图1-1中,双线表示机械连接,粗实线表示电气连接,细线表示控制信号连接,线上的箭头表示电功率和控制信号流动的方向。电力驱动子系统由电控单元、功率转换器、电动机、机械传动装置和驱动车轮组成;主能源子系统由主电源、能量管理系统和充电系统组成;辅助控制子系统具有动力转向、温度控制和辅助动力供给等功能。根据从制动踏板和加速踏板输入的信号,电子控制器发出相应的控制指令来控制功率转换器的通断,从而调节电动机和电源之间的功率流。当电动汽车制动时,再生制动的动能被电源吸收,此时功率流的方

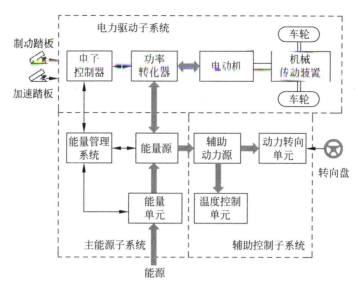

图 1-1 电动汽车的基本结构

向要反向。能量管理系统和电控系统一起控制再生制动及能量回收,能量管理系统和充电器一起控制充电并监测电源的使用情况。辅助动力供给系统供给电动汽车辅助系统不同等级的电压并提供必要的动力,它主要给动力转向、空调、制动及其他辅助装置提供动力。

下面将根据电动汽车的电力驱动系统、储能装置和行驶速度进行电动汽车结构类型介绍。

1.2.1 电动汽车电力驱动系统的结构类型

现代的电动汽车多种多样,采用不同的电力驱动系统可构成不同结构形式的电动汽车。下面主要根据电力驱动系统把电动汽车分为 6 种结构类型,如图 1-2 所示。

(1) 如图 1-2(a)所示,电动汽车驱动系统由电动机、离合器、变速器和差速器组成。该类型的电动汽车是根据传统的汽车发展而来,将电动机替代内燃机。该种电动汽车保留了离合器和挡位变速器,离合器用来切断或接通电动机到变速器之间的动力传递,便于变速器的挡位切换。在低速时,车轮为获得较大力矩而将变速器置于低速挡,就可以避免由于电动机力矩不足引起的车辆加速性能不足问题。在高速时,车轮需要高转速,扭矩需求不高,这时将挡位置于高速挡,以获得车辆的高速运行。这种情况在所采用电动机性能不足尤其是输出扭矩不足时常常采用。

(2) 如图 1-2(b)所示,该类型的电动汽车采用的是固定速比的减速器,一般是用来减速增扭。这种结构去掉了离合器,采用电动机通过减速器与主减速器直接连接。这种结构的车辆的车轮始终与电动机连接,通过控制电动机的转速来控制车速,车辆的行驶方向也是通过电动机变换转动方向来实现。这种结构相比图 1-2(a)所示结构要简单,由于去掉了离合器,可明显减小传动系统的重量,结构更加紧凑,体积更小。随着电动机技术的不断发展,电动机的性能不断提升,电动机低转速下实现大扭矩的特性不断改善,因此采用这种结构的电动汽车越来越多。但这种结构也有其缺点,为了获得较大的车辆爬坡能力,减速器一般会选

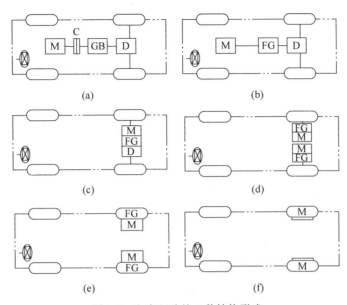

图 1-2 电力驱动的 6 种结构形式

M—驱动电动机；FG—(固定速比)减速器；D—差速器；C—离合器；GB—变速器

择较大的减速比,这样就带来了车辆的速度范围比较窄的问题,一般不能满足车辆的高速行驶性能。

(3) 图 1-2(c)所示的电动汽车结构类似于发动机横置的车辆,这种结构的特性与图 1-2(b)所示结构类似,但是要比其更加紧凑。它是把电动机、减速器和差速器集成为一个整体,采用两个半轴连接驱动车轮。这种结构的电动机功率一般不大,整个电动机减速器和差速器系统的体积不大,重量相对较小。这种结构常见于一些小型电动汽车上,采用这种结构还有利于降低成本,更适合大批量生产制造。

(4) 图 1-2(d)所示的电动汽车结构是采用两个电动机,采用相同固定速比的减速器连成一个整体,然后用半轴的方式或者直接连接的方式分别驱动两个车轮。由于每个电动机都可以独立控制调节,这就可以省略差速器,这种结构即平常所说的电子差速模式。采用这种结构的车辆整体布置比较简单,而且更易实现多种功能,例如驱动防滑、制动力分配、防侧滑等。由于采用了两个电动机,因此对电动机的要求要远低于图 1-2(b)和图 1-2(c)所示两种结构,更易实现较大车辆的驱动问题。这种结构方式目前多出现在一些中型或大型的载客汽车上。

(5) 有些电动汽车的电动机也可以装在车轮里面,称之为轮毂电动机。这种结构可以进一步缩短电动机到驱动车轮之间的传递路径,如图 1-2(e)所示。为了将电动机的转速降低到理想的车轮转速,可以采用固定的减速比的行星轮减速器,它可以提供较大的减速比,而且输入与输出轴可以布置在同一条轴线上,这样就可以进一步缩小电动机和减速器等占用的空间。

(6) 图 1-2(f)表示了另一种轮毂电动机的电动汽车结构,这种结构采用了低速的外转子电动机,彻底去掉了机械减速器,电动机的外转子直接与车轮的轮毂设计在一起,车轮的转速和电动汽车的车速完全取决于电动机转速的控制。这种结构的电动汽车,由于电动机到驱动轮没有减速器,车辆的驱动完全靠电动机的扭矩,因此其总重量目前还不能做到很大。采用这种结构的电动汽车多是小型的电动汽车,重量较轻,目前较多地出现在一些概念车型上,由于车辆的驱动与车轮在一起,车辆的布置更加自由,几乎不受约束和限制,造型都比较前卫。采用这种结构的电动汽车,还可以实现四轮中驱模式,车辆的加速性能和速度都会有很大提升。

从图 1-2 还可以看出,电动汽车的驱动结构有的采用了单电动机驱动,有的采用了双电动机甚至多电动机驱动。差速器是传统汽车的标准组件,传统汽车是采用一台发动机驱动,对于采用单电动机的电动汽车来说,与传统汽车类似,差速器也是必需的设备。汽车在转弯时,外侧车轮的转弯半径比内侧车轮的大,为了避免车轮出现滑移而引起的轮胎磨损、转向困难、道路附着力变差的情况,必须使用差速器来调整。因此图 1-2(a)~(c)的电动汽车类型中都存在机械式差速器。如果电动汽车采用双电动机甚至多电动机驱动,由于每个电动机的转速可以有效地独立调节控制,因此可以实现电子差速,在这种情况下,可以完全抛弃机械式差速器,见图 1-2(d)~(f)。

相对于机械式差速器来说,电子差速器的体积更小、重量更轻,在汽车转弯时可以实现精确电子控制,提高电动汽车的性能。使用电子差速器的电动汽车也有缺点,主要是由于增加了电动机和功率转换器,因而相应增加了不少成本,而且不同条件下,对两个电动机的精确控制的可靠性远没有机械式差速器高。不过近年来,随着电动机控制技术的不断发展,电子控制器的容错能力显著提升,其可靠性得到了很大的改善。一般的电子差速器由三个微处理器组成,其中两个分别控制两个电动机,另一个用来控制与协调,通过监测器来监视彼此的工作情况,从而发出相应指令,控制两个电动机的转速和驱动力,实现电子差速功能。

1.2.2 电动汽车储能装置的结构类型

除了采用不同的电力驱动系统会对车辆结构产生影响外,采用不同类型的储能装置,如不同的蓄电池、燃料电池、超级电容和飞轮动能电池等,也会构成不同的电动汽车结构类型。由于储能装置种类繁多,而且多数可以配合使用,甚至三种储能装置一起使用,电动汽车的类型很多,这里列举目前较常见的一些类型,如图 1-3 所示,为了便于理解,图中只列出储能及功率转换器(或称电动机控制器)之前的部分,简要说明如下。

(1) 图 1-3(a)所示最常见的一种就是采用纯电池供电的电动汽车,该种电动汽车的储能及控制相对简单,整车使用动力电池这一种储能装置。这种结构的车辆是单一的动力电池供电,在新能源车辆的划分上,称之为 BEV(battery electric vehicle),就是所说的纯电池电动汽车。目前动力电池的种类繁多,从铅酸电池、镍氢电池、镍镉电池、硅电池到锌空气电池等,都属于动力电池的范畴。采用这种结构的电动车的电池布置相对简单,电池可以布置在车辆的四周,也可以集中分布在车辆的尾部、前部、底部或者顶部。这种结构对蓄电池要求较为苛刻,一般按照电动汽车的功能和使用工况,要选择较高比能量(或称能量密度)和比功率(或称功率密度)的电池,比能量影响整车的续驶里程,比功率则影响电池的大功率放电性能,因而影响电动汽车的加速性能和爬坡能力。

(2) 为了解决一种动力电池不能同时满足比功率和比能量的问题,有些电动汽车则采用两种不同的蓄电池,其中一种可以提供高的比能量,而另一种可以提供高的比功率。

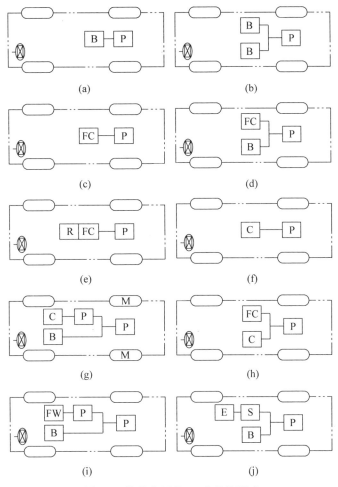

图 1-3 储能装置的 10 种结构形式

B—动力电池；C—超级电容；FC—燃料电池；FW—高速飞轮；P—功率转换器；R—重整器；E—发动机；S—发电机

图 1-3(b)所示的就是两种电池作为混合能量源的基本结构,这种结构不仅解决了比功率和比能量的矛盾,而且由于较大比功率电池的存在,还可以在车辆的制动能量回收方面起到较为显著的效果。

(3) 除了蓄电池外,还可以用燃料电池作为储能装置,对于电动汽车来说,燃料电池相当于一个小型的发电机。目前燃料电池的种类较多,常见的就是氢燃料电池。氢燃料电池的原理就是利用可逆的电解过程,在特定的介质和工况下,氢气和氧气结合,产生电能和水。目前氢气的储存是一个较为麻烦的问题。由于氢气的液化压力非常大,而液化温度又比较低,氢气很难被液化,因而需要耐高压的储存容器。目前氢气一般是以气态的形式储存在一个高压的车载氢气罐中,少量以液态氢或金属氢化物的形式储存,氧气则可以直接从空气中获得。燃料电池虽然可以提供一种非常高的比能量,但是却不能回收制动的再生能量,如图 1-3(c)所示,目前这种结构基本被混合式替代。

(4) 为解决燃料电池不能制动再生利用这一缺点,更多的时候在使用燃料电池的同时,将蓄电池一同使用。这样既可以吸收部分燃料电池的多余能量,更能起到吸收制动再生能量的问题,如图1-3(d)所示。

(5) 燃料电池所需要的氢气目前不仅以氢气的形式存在,还以压缩空气、液态氢或金属氢化物的形式储存,并可由常温的液态燃料,如甲醇、乙醇或汽油随车产生。这就需要车辆带有一个小型的重整器,以便随时分解甲醇、乙醇或汽油来产生氢气,供燃料电池使用,如图1-3(e)所示。

(6) 超级电容的出现,使电动汽车有了一个新的选择。超级电容类似于蓄电池,但是其工作原理完全不同。超级电容以物理方式储存电能。目前也有许多用单纯超级电容作为能量源驱动的电动汽车,如图1-3(f)所示。超级电容是以物理储存电能的装置,不存在化学反应,因此可以较大倍地充放电,而且几乎不受温度影响,使用寿命也很长,维护也较为简单。超级电容的另一个明显的优势是对于车辆的制动再生能量的吸收非常好。但是目前超级电容器的使用受到一定的限制,其比能量虽然不算低,但是其可用的比能量不算高,而且其密度较低,占用空间较大。用超级电容作为动力源的电动汽车一般续驶里程都不长,多数用于公共交通方面。

(7) 当超级电容与蓄电池组合使用时,所选的蓄电池必须能够提供高比能量,因为超级电容本身比蓄电池具有更高的比能量和比功率,由于用在电动车上的超级电容相对而言电压都比较低,要达到与蓄电池相同的电压需要数量众多的超级电容器才行,因此,为了平衡电压,同时也为了减少电容器的使用数量,一般需要在蓄电池和超级电容器之间加一个功率转换器。图1-3(g)显示了用蓄电池和超级电容作混合能量源的结构。

(8) 当超级电容与燃料电池组合使用时,由于燃料电池和超级电容都有较高的比能量和比功率,只要这两种能量源的电压匹配,就能组合成一组较为合理的混合能量源结构。而超级电容提供了优良的制动能量回收性能,避免了燃料电池不能制动能量回收的问题,因此这种结构在燃料电池领域有了新的应用,如图1-3(h)所示。

(9) 与超级电容类似,高速飞轮也是一种高比功率和高制动能量回收的储能器,而且高速飞轮也是一种物理储能。但是高速飞轮与传统的低速笨重飞轮是不同的,这种飞轮的重量轻,但是转速非常高。为了能够达到高速运转,而且能量自衰减率非常低,对高速飞轮的制造有着特殊的要求,这种高速飞轮一般是在一个高真空的密闭容器内高速旋转。超高速飞轮与具有两种工作模式(电动机和发电机)的电动机转子相结合,能够将电能和机械能进行双向转换,因此它既是一个发电机,也是一个电动机。当作为能量源时,作为一个发电机,将飞轮高速运转的动能转化为电能;当充电时,又能将电能转化为飞轮的动能储存起来。图1-3(i)显示了这种飞轮和蓄电池混合能量源的结构,所选用的电池需具备高比能量。另外,这种混合结构应该在高速飞轮和蓄电池之间加一个AC/DC功率转换器。

(10) 因为目前蓄电池的比能量和比功率还不能完全让人们满意,特别是蓄电池的充电方面,不能像普通的燃油汽车一样随时加油,为了获得更长的续驶里程,就出现了一种在蓄电池后面加装一组传统燃油发动机带动的发电机组。车辆以电力驱动,正常用蓄电池提供能量驱动,在蓄电池电能不足时,发动机启动,带动发电机给蓄电池充电,以获得更长的续驶里程。采用这种结构的车辆就是增程式电动汽车,如图1-3(j)所示。这是在电池还不能完全替代发动机时的一种过渡方案,在发动机不启动的情况下,其就是纯粹的一辆由蓄电池驱动的电动汽车。该结构的汽车不能完全实现零排放,但是如果发动机和发电机合理配备,确保发动机以最经济的工况工作,相对传统汽车,还是能够明显减少排放的。

1.2.3 电动汽车按行驶速度分级

电动汽车按车速分为低速电动汽车、中速电动汽车、高速电动汽车和极速电动汽车等。这里所谓的车速是指车辆的行驶速度能力,主要以车辆设计的最高车速表达。对于电动汽车,车辆的速度也是影响其性能的关键因素,针对车辆的用途,车辆的设计最高时速也不尽相同。

1. 低速电动汽车

一般来说,最高车速低于 30km/h 的电动汽车称为低速电动汽车,例如各种电动工具车、电动平板车等。

2. 中速电动汽车

最高车速在 30~60km/h 的电动汽车称为中速电动汽车,这类汽车类型较多,例如电动观光车、电动高尔夫车等。

3. 高速电动汽车

高速电动汽车的最高设计时速一般要在 60~180km/h,这类汽车主要是一些乘用车或轿车类的载客汽车,目前大多数载人电动汽车属于这一范围。

4. 极速电动汽车

极速电动汽车是指为追求高速度的驾驶体验而设计的电动汽车,目前最快的电动汽车已经达到传统汽车的最高行驶速度。这类汽车的最高设计速度超过了 200km/h,甚至超过了 300km/h。目前的极速电动汽车绝大多数是试验车或概念车,没有量产,而且造型特殊,具备流体力学的外观和特殊的稳定机构。

1.3 电动汽车关键技术

目前,推动电动汽车发展的主要动力来自于环境问题而不是能源问题。那么,现在要回答的主要问题是能否造出让人们负担得起的电动汽车,目前电动汽车存在的主要问题是初始成本高和续驶里程不理想。为解决续驶里程的问题,现在正在开发一些先进的电池,如镍氢电池、锌空气电池和锂离子电池。为了降低电动汽车的成本,人们现在正努力改善电动汽车的各个子系统,比如电动机、功率转换器、电子控制器、能量管理系统、充电器、电池,以及其他辅助设施,同时对电动汽车整车系统进行综合和优化。

电动汽车的关键技术包括汽车技术、电气技术、电子技术、信息技术和化学技术等。尽管电源技术至关紧要,但车身设计、电力驱动、能源系统、能量管理系统、车载网络和系统优化也同样重要,事实上,所有这些领域技术上的整合才是电动汽车技术成功的关键。

1.3.1 车身设计

生产电动汽车有两种基本方法,一种是改装,另一种是专门设计制造。对于改装的电动汽车,燃油车中原来安装发动机以及相关组件的部位由电动机、功率转换器和电池所取代,由于可采用现有的燃油汽车底盘,对于小批量生产而言,这种方法较经济。但是,对于大部分改装车而言,均具有自重较大、重心位置较高以及重量分配不合理等缺点,因而这种方法逐渐被淘汰。目前,现代电动汽车大部分是为特定目的而设计的,这种特定设计的电动汽车与改装车相比有一定的优势,它允许工程师灵活地调整和整合各子系统,使之能有效地工作。

在设计电动汽车时,对影响整车整体性能(如续驶里程、爬坡能力、加速能力以及最高车速)的参数需要进一步改进,比如减轻整车的重量、降低风阻系数和减小滚动阻力等。汽车的重量直接影响整车性能,特别是续驶里程和爬坡能力,可采用铝合金和合成材料制作车身和底盘来减轻汽车的自重。车身风阻系数越低,汽车行驶时的空气阻力就越小,因而可以大大提高汽车在公路上行驶的续驶里程。采用流线型的车头和车尾,隐藏式和平坦的车身底部可减小空气阻力。当汽车以中低速行驶时,采用滚动阻力系数小的轮胎可以有效地减小汽车的滚动阻力,也有利于延长汽车在市区内行驶的续驶里程。

1.3.2 电力驱动

电力驱动子系统的主要任务是把电能转换为机械能,使汽车能克服空气阻力、滚动阻力和加速阻力而前进。另外,现代电动机的高转矩、低转速和恒功率、高转速的工作范围可以通过电子控制来获得,使得电动汽车的驱动系统设计更加灵活多样。例如,可采用单电动机或多电动机驱动,可选用或不用变速器,可选用或不用差速器,可选用轴式电动机或轮边电动机等。

电力驱动系统由电气系统、变速装置和车轮组成,其中变速装置是选用的。电力驱动系统的关键是电气系统,电气系统由电动机、功率变换器和电子控制器等组成。对电动机驱动系统的要求如下:

(1) 恒功率输出和高比功率;
(2) 在汽车起步和爬坡时具有低速-高转矩的输出特性以及汽车巡航时的高速-低转矩特性;
(3) 具有较大的转速范围,足以覆盖恒转矩区和恒功率区;
(4) 快速的转矩响应特性;
(5) 在转矩/转速特性的较宽范围内具有高的效率;
(6) 再生制动时的能量回收效率高;
(7) 坚固,能在不同的工作条件下可靠地工作;
(8) 成本低。

为了满足这些特定的要求,扩大驱动电机高效率运行工作范围,人们正在寻求新的电动机设计技术和控制策略,同时,应用新开发的一些电子技术以改善系统的性能及降低成本。随着先进的电动机、功率电子、微电子技术以及控制策略的发展,现在越来越多的电机可用于电动汽车。由于直流电动机在低速时的转矩很高且容易控制,所以早期的电动汽车都采用直流电动机驱动系统,但直流电动机的换向器和电刷需定期维护。目前,随着技术的发展,许多先进的电动机驱动技术显示出优于直流电动机的性能,它们在高效率、高比功率、有效的再生能量回馈、坚固性、可靠性和免维护性等方面具有明显的优势。在这些电动机中,矢量控制的感应电动机最受欢迎,技术也最成熟,但它的缺点是在小负荷范围内效率低。永磁无刷电动机比其他电动机的效率和比功率都高,但它在高速恒功率工作区很难进行弱磁控制。永磁混合式无刷电动机是一种特殊的永磁无刷电动机,这种电动机加入了励磁绕组,永磁磁通分量和励磁磁通分量在气隙中叠加形成气隙磁通,气隙磁通可通过调节励磁电流来控制,因而这种电动机在宽转速范围内具有最佳效率。开关磁阻电动机应用在电动汽车上是很有前途的,因为它自身的结构和相应的功率转换器的结构都非常简单可靠,且它的转速范围宽、散热能力强,能在各种环境下工作并且再生制动的能量回收效率高,但必须解决转矩脉动和噪声问题。

1.3.3 能源系统

目前推广电动汽车的主要障碍是一次充电的续驶里程和初始价格,而电动汽车的能源系统是引起这些问题的主要原因。在目前以及不久的将来,能源系统是电动汽车实现市场化的关键。能源系统要求如下:

(1) 高比能量;
(2) 高比功率;
(3) 快充和深放电的能力;
(4) 寿命长;
(5) 自放电率小、充电效率高;
(6) 安全性好且成本低廉;
(7) 免维修;
(8) 对环境无危害,可回收性好。

目前还没有一种能源能完全满足上述要求,选用某一种蓄电池只能满足上述部分要求。相对而言,铅酸电池具有成本低廉和比功率高的优点,但它的寿命短且比能量低;而镍氢电池的比能量高但其价格也高;锂基电池,如锂离子电池和锂聚合物电池在现代电动汽车中的应用将会有很好的前景;超级电容器和超高速飞轮由于其高的比功率也将有希望用于电动汽车。总之,任何一种蓄电池都不可能同时满足对比能量、比功率和价格的要求。在不久的将来,燃料电池能从根本上解决电动汽车续驶里程短的问题,被公认为是目前电动汽车最重要的能源之一,若燃料电池能大大降低其初始成本,在下一代的路面交通工具中它将最有希望和现在的燃油汽车相媲美。

为解决一种能源不能同时提供足够高的比能量和比功率这个问题,可采用多能源系统即混合动力系统提供动力。对于采用两个能源的混合动力而言,可以选用一个能源具有高的比能量,而另一个能源具有高的比功率。有蓄电池和蓄电池相结合的混合动力,也有采用蓄电池和超级电容器、蓄电池和超高速飞轮以及燃料电池和蓄电池相结合的混合动力,内燃机和蓄电池结合是混合动力的一种特例,其中燃油的高比能量能保证汽车足够长的续驶里程,而蓄电池的高比功率有利于提高汽车的加速性能并减少废气排放。

1.3.4 能量管理系统

由于电动汽车的车载能量有限,其续驶里程远远达不到燃油车的水平,能量管理系统的目的就是要最大限度地利用有限的车载能量,增加续驶里程。智能能量管理系统汇集从各个子系统输入的传感器信息,这些传感器包括车内外气温传感器、充/放电时电源电流和电压传感器、电动机电流和电压传感器、速度和加速度传感器以及车外环境和气候传感器等。能源管理系统实现以下基本功能:

(1) 优化系统的能量分配;
(2) 预测电动汽车电源的剩余能量和还能继续行驶的里程数;
(3) 提供最佳的驾驶模式;
(4) 再生制动时,合理地调整再生能量;
(5) 根据车辆的行驶气候条件,调整其温度控制方式;
(6) 根据外部光照条件,自动调节电动汽车的灯光照明强度;
(7) 分析电源尤其是蓄电池的工作状况;
(8) 诊断电源错误的工作模式和有缺陷的部件。

如果智能能量管理系统与电动汽车导航系统相结合,驾驶员就能随时根据交通情况修改剩余行驶里程的预测,制定最节能的行驶路线,以及发现最近的充电站。智能管理系统如同电动汽车的大脑,同时具有功能多、灵活性好、适应性强的特点,它能智能地利用有限的车载能量。

1.3.5 车载网络

汽车技术发展到今天,很多新型设备已经应用在新型汽车系统中,尤其是纯电动汽车的电气系统已经变成了一个复杂的大系统,同时伴随近年来信息技术的急速发展,包括控制局域网(CAN)总线通信系统、车辆局域网(VAN)总线多路传输系统、FlexRay 传输系统、5G 通信系统、北斗卫星导航系统和近距无线通信系统(如 ZigBee、蓝牙)等在汽车上的应用,结合车联网的概念,使得车载网络技术面临新的发展和挑战。

车载网络在电动汽车中的具体表现有以下几个方面。

(1) 电源配置系统的变化:电动汽车电路中,采用了车载网络技术后,各用电设备实行模块化控制,使主电源系统和辅助电源系统的熔断器和继电器的使用数量大为减少,并具有故障自诊断输出功能,负载即插即用十分方便。

(2) 控制单元间的信息共享:采用了车载网络技术后,各控制单元所采集的信号可以实现信息共享。一个传感器可以多路复用,不必重复设置传感器和在相应的控制单元重复增设信号处理系统,使电动汽车电路得以简单化。

(3) 元件作用在发生改变:用电设备采用了不同的控制单元后,控制用电设备是否工作的各种控制开关已不再串联在电路里,而是作为一个开关信号发送出去,通过输入输出单元接收,进而控制用电设备是否工作。由于开关工作电流的减小,降低了开关的制造成本,使用耐久性也得到较大提升。

(4) 元件的使用寿命增加:电动汽车采用车载网络还能提高元件的使用寿命。如当用电设备负荷加大时,系统能够及时发现并自动使其退出工作状态,真正做到主动保护,消除了只有单一的熔断器熔断的被动保护方式,有效地防止了元件的损坏,延长了元件的使用寿命,避免了事故的发生。

(5) 故障诊断方式发生变化:因各控制单元都具有智能化,系统产生故障后可直接显示,并存储故障码,以备维修时调用,为故障诊断简便化和准确化提供了强有力的支持。

1.3.6 系统优化

电动汽车系统是一个涉及多学科技术的复杂系统,电动汽车的性能受多学科相关因素的影响,可通过系统优化来改进电动汽车的性能和降低车辆的成本。计算机仿真是一项很重要的技术,它有利于制造商减少开发新产品的时间、降低成本,并能迅速进行概念评价。由于整个电动汽车系统由不同的子系统组成,并通过机械、电气以及热等连接方式连接在一起,所以仿真应在混合信号的概念基础上进行。不同的子系统之间有许多协定,系统优化应在系统上进行。

系统水平上的仿真和电动汽车的优化应考虑下列关键问题。

(1) 电动汽车的各子系统之间的相互作用会影响整车的性能,应分析和考虑这些相互作用的重要性。

(2) 模型的精确性通常与模型的复杂性一致,与其可用性相矛盾,应综合考虑模型的精确性、复杂性、可用性以及计算时间。

(3) 在设计电动汽车时,通常系统的电压会引起一些相互矛盾的问题,优化系统时应在系统水平上综合考虑以下问题:蓄电池的重量、驱动电动机的电压和额定电流、加速性能、续驶里程以及安全性能等。

(4) 采用多能源系统提高电动汽车的续驶里程时,应根据整车性能和价格来优化相应的混合比。

(5) 由于传动比对整车性能和操纵性影响很大,而电动汽车通常采用固定减速比,因此,应通过驱动力平衡图并用迭代优化法确定最优减速比。

未来汽车的技术和产业热点将会是:能源多元、高效节能的"电动化";汇集大数据和满足共享出行需求的"联网化";拥有自动驾驶和安全行驶功能的"智能化";以及可以达到高效节能、绿色制造标准的"轻量化"。

1.4 车载网络技术

1.4.1 车载网络的发展简史

1983年,汽车内开始使用车载网络,丰田公司在世纪牌汽车上最早采用了应用光缆通信的车门控制系统,实现了多个节点的连接通信。此系统采用了集中控制方法,车身电子控制单元(electronic control unit,ECU)对各车门的门锁、电动玻璃窗进行控制,这是早期在汽车上采用的光缆系统,此后,在较长的一段时间里,其他公司并没有跟进采用光缆通信系统。

1986—1989年,利用铜线的车载网络运用在汽车车身电器系统上。1987年,日产公司的车门相关系统、通用汽车(GM)公司的车灯控制系统已经处于批量生产的阶段。虽说此时的一些车载网络系统已经达到了可以正式生产的阶段,但是在这个时期出现了非常重要的事情,对现在来说也是如此:德国Bosch公司提出了汽车车载局域网(LAN)的基本协议,此协议为众所周知的控制器局域网(controller area network,CAN)。目前控制系统局域网应用最广的标准就是CAN。

接着,1994年美国汽车工程师学会(SAE)提出了J1850总线标准,之后普及运用于美国车厂的汽车中,如福特(Ford)、通用汽车(General Moter,GM)、克莱斯勒(Chrysler)等,但各厂的实际作法各有不同,每家车厂都有自己的协定。但是,由于CAN总线的优越性,目前使用J1850的汽车厂(主要是北美)也已经慢慢地过渡到使用CAN总线。

此后,日本也提出了各种各样的网络方案,并且丰田、日产、三菱、本田及马自达公司都已经处于批量生产的阶段,但没有统一的控制方式。而在其他国家,特别是欧洲的厂家则采用CAN,同时发表文章介绍采用大型CAN的车型。由于他们在控制系统上都可以采用CAN,从而充分地证明了CAN在此领域内的先进性。

随着汽车技术的发展,欧洲又以CAN协议为基础并使用不同的思路提出了控制系统的新协议TTP(time triggered protocol),并在X-by-wire系统上开始应用。X-by-wire起源于飞机控制系统的Fly-by-wire系统,直译为靠电线飞行系统,实际上,它表示飞机的控制方式,即将飞行员的操纵、操作命令转换成电信号,利用计算机控制飞行的工作方式。将这种操作方式引入汽车上,则出现了Drive-by-wire系统、Steering-by-wire系统、Brake-by-wire系统,就将这些系统统称为X-by-wire系统。

汽车车载信息系统与以上网络相比采用了不同的开发思路,在开关及显示功能控制用的信号系统的信息设备之间建立网络,因为这种网络需要将大容量的数据连续地输出,因此,在这种网络上将采用光缆。例如D2B协议、MOST及IEEE 1394等。几种主要网络的成本比例及通信速度如图1-4所示。

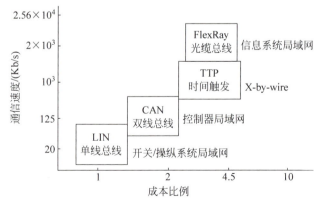

图1-4 几种网络的成本比例及通信速度

1.4.2 车载网络技术介绍

1. 车载网络基本原理

汽车上的电器设备随着汽车技术的发展日益增多,如何建立系统与电源系统之间和系统与系统之间的联系,成为我们必须面对和解决的问题。当汽车上的电器数量还不多时,人们采用的是传统的机电方式来解决问题,如图1-5所示。

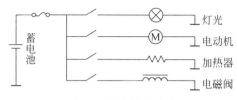

图1-5 传统机电方式

采用传统的机电方式建立联系的系统简单明了,每个设备都有单独的连接线连接;但是缺点是:当系统数量增加以后,会造成线束过多,维修困难,自重过大,增加汽车能耗,相互间易干扰等。为了避免这些缺点,于是出现了目前应用广泛的串行通信方式,如图1-6所示。

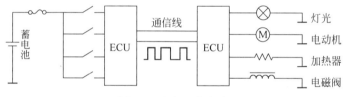

图1-6 串行通信方式

车载网络系统使用串行通信方式,在通信的时候采用公共的通信线,这种采用较少的通信线路传输多种控制信息的方式也称为多路传输。车载网络技术已在汽车上广泛运用,可以实现以下功能:①简化布线,降低成本;②电控单元或系统之间交流更加简单和快捷;③信息资源共享,减少传感器数目;④提高汽车总体运行可靠性。汽车车载网络技术在汽车上的应用对汽车电路的发展产生了巨大的影响,具体表现在以下几个方面。

(1) 电源配置系统的变化:汽车电路中,采用了车载网络技术后,各用电设备实行模块化控制,使电源系统的熔断器和继电器的使用数量大为减少。另外,由于有故障自诊断的功能,负载即插即用十分方便。

(2) 控制单元间的信息共享:采用了车载网络技术后,各控制单元所采集的信号可以实现信息共享。一个传感器可以多路复用,不必重复设置传感器和在相应的控制单元重复增设信号处理系统,使汽车电路得以简单化。

(3) 元件作用在发生改变:用电设备采用了不同的控制单元后,控制用电设备是否工作的各种控制开关已不再串联在电路里,而是作为一个开关信号发送出去,通过输入输出单元接收,进而控制用电设备是否工作。由于开关工作电流的减小,降低了开关的制造成本,使用耐久性也得到较大提升。

（4）元件的使用寿命增加：汽车采用车载网络技术还能提高元件的使用寿命。如当用电设备负荷加大时，系统能够及时发现并自动使其退出工作状态，真正做到主动保护，消除了只有单一的熔断器熔断的被动保护方式，有效地防止了元件的损坏，延长了元件的使用寿命，避免了事故的发生。

（5）故障诊断方式发生变化：因各控制单元都具有智能化，系统产生故障后可直接显示，并存储故障码，以备维修时调用，为故障诊断简便化和准确化提供了强有力的支持。

2. 典型车载网络结构与组成

1）传统汽车

随着汽车技术的发展，在汽车上采用的计算机微处理芯片数量越来越多，多个处理器之间相互连接、协调工作并共享信息构成了汽车车载网络控制系统。

传统汽车的典型车载网络结构采用多条不同速率的总线分别连接不同类型的节点，并使用网关服务器来实现整车的信息共享和网络管理，如图1-7所示。

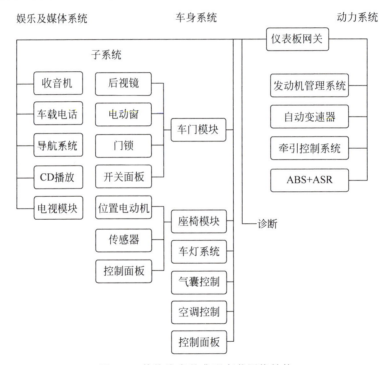

图1-7　传统汽车的典型车载网络结构

由图1-7可知：

（1）车身系统的控制单元多为低速电动机和开关量器件，对实时性要求低而数量众多。使用低速的总线连接这些电控单元，将这部分电控单元与汽车的驱动系统分开，有利于保证驱动系统通信的实时性。此外，采用低速总线还可增加传输距离，提高抗干扰能力以及降低硬件成本。

（2）动力系统的受控对象直接关系汽车的行驶状态，对通信实时性有较高的要求，因此使用高速的总线连接动力系统。传感器组的各种状态信息通过网络总线可以以广播的形式在高速总线上发布,各节点可以在同一时刻根据自己的需要获取信息。这种方式最大限度地提高了通信的实时性。

(3) 信息与车载媒体系统对于通信速率的要求更高,一般在 2Mb/s 以上。采用新型的多媒体总线连接车载媒体,这些新型的多媒体总线往往是基于光纤通信的,从而可以充分保证带宽。

(4) 网关是汽车内部通信的核心,通过它可以实现各条总线上信息的共享以及实现汽车内部的网络管理和故障诊断功能。

2) 电动汽车

电动汽车的电气系统主要包括低压电气系统、高压电气系统和整车车载网络系统。电动汽车各种电气设备的工作由整车车载网络系统协调控制,图 1-8 所示为电动汽车的一种典型车载网络结构。

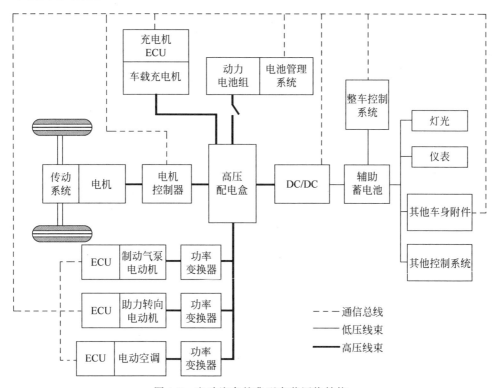

图 1-8 电动汽车的典型车载网络结构

图 1-8 中,高压电气系统主要由动力电池/燃料电池、驱动电机和功率变换器等大功率、高电压电气设备组成,根据车辆行驶的功率需求完成从动力电池或燃料电池到驱动电机的能量变换与传输过程;低压电气系统采用直流 12V 或 24V 电源,一方面为灯光、刮水器等车辆的常规低压电器供电,另一方面为整车控制器、高压电气设备的控制电路和辅助部件供电;虚线连接为整车车载网络系统的通信总线连接,从而构成整车控制系统。

整车控制系统主要包括整车控制器、电机控制器、电池管理系统、混合动力驱动系统中的多能源管理系统、车身控制管理系统、信息显示系统和通信系统等。整车控制器是整车控制系统的核心,承担了数据交换与管理、故障诊断、安全监控、驾驶员意图解释等功能。各系统之间的信息传递通过网络通信系统实现,目前常用的通信协议是CAN协议,具有较好的可靠性、实时性和灵活性。信息显示系统可以实现整车工作状态的实时显示,如车速、电池状态(电压、电流、剩余电量等)、电机状态、故障显示等,方便驾驶员了解车辆的实时状态。

整车控制系统必须具有较高的可靠性、容错性、电磁兼容性和环境适应性等,以保障电动汽车整车的安全、可靠运行。

1.4.3 常用基本术语

1．局域网

局域网络是在一个有限区域内连接的计算机网络,简称局域网(local area network, LAN)。一般这个区域具有特定的职能,通过这个网络实现这个系统内的资源共享和信息通信。连接到网络上的节点可以是计算机、基于微处理器的应用系统或智能装置。局域网一般数据传输速度快,传输距离较短,误码率低。汽车车载网络是局域网与现场总线(field bus)之间的一种结构,数据传输速度一般在10Kb/s～1Mb/s范围,传输距离在几十米范围。

2．现场总线

现场总线是在工业过程控制和生产自动化领域发展起来的一种网络体系,是指安装在制造或过程区域的现场装置与控制室内的自动装置之间的数字式、串行、多点通信的数据总线。它是一种工业数据总线,是自动化领域中底层数据通信网络。

3．多路传输

多路传输是指在同一通道或线路上同时传输多条信息(图1-9)。事实上数据信息是依次传输的,但速度非常快,似乎就是同时传输的,这就叫分时多路传输。

从图1-9可以看出,通常方式的线路要比多路传输系统的线路简单得多,然而多路传输系统ECU之间所用电线比常规线路系统所用导线少得多。多路传输系统可以通过一根线(数据总线)执行多个指令,因此可以增加许多功能装置。汽车上用的是单线或双线分时多路传输系统。

4．数据总线

数据总线是模块间运行数据的通道,即所谓的信息高速公路。数据总线可以实现在一条数据线上传递的信号能被多个系统(电子控制单元)共享,从而最大限度地提高系统整体效率,充分利用有限的资源。这种方式应用在汽车电气系统上,可以通过不同的编码信号来表示不同的开关动作信号解码后,根据指令接通或断开对应的用电设备(前照灯、刮水器、电动座椅等)。这样,就能将过去一线一用的专线制改为一线多用制,大大减少了汽车上电线的数目,缩小了线束的直径。当然,数据总线还使计算机技术融入整个汽车系统之中,加速汽车智能化的发展。

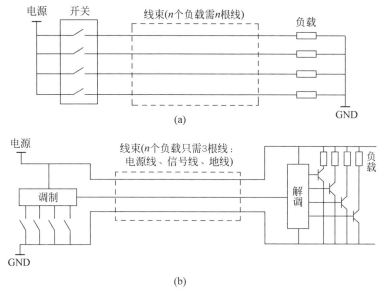

图 1-9　通常方式线路和多路传输线路的简单对比
(a) 通常方式；(b) 多路传输系统(串行分时通信)

5．CAN

CAN 是国际上应用最广泛的现场总线之一。最初，CAN 被设计作为汽车环境中的微控制器通信，在车载各电子控制装置 ECU 之间交换信息，形成汽车电子控制网络。比如发动机管理系统、变速器控制器、仪表装备、电子主干系统中，均嵌入了 CAN 控制装置。

一个由 CAN 总线构成的单一网络中，理论上可以挂接无数个节点。实际应用中，节点数目受网络硬件的电气特性所限制。例如，当使用 Philips P82C250 作为 CAN 收发器时，同一网络中允许挂接 110 个节点。CAN 可提供高达 1Mb/s 的数据传输速率，这使实时控制变得非常容易。另外，硬件的错误检定特性也增强了 CAN 的抗电磁干扰能力。

6．网关

网关(gateway)又称网间连接器、协议转换器。网关在网络层以上实现网络互连，是最复杂的网络互连设备，仅用于两个高层协议不同的网络互连，既可以用于广域网互连，也可以用于局域网互连。网关是一种充当转换重任的计算机系统或设备。它使用在不同的通信协议、数据格式或语言，甚至体系结构完全不同的两种系统之间，就像是一个翻译器。

7．帧

为了可靠地传输数据，通常将原始数据分割成一定长度的数据单元，这就是数据传输的单元，称其为帧。一帧内应包括同步信号(例如帧的开始与终止)、错误控制(各类检错码或纠错码，大多数采用检错重发的控制方式)、流量控制(协调发送方与接收方的速率)、控制信息、数据信息、寻址(在信道共享的情况下，保证每一帧都能正确地到达目的站，收方也能知道信息来自何站)等。

思考与练习题

1.1 分析电动汽车电力驱动系统的结构类型。
1.2 分析电动汽车储能装置的结构类型。
1.3 分析电动汽车的关键技术。
1.4 分析典型电动汽车车载网络结构。
1.5 名词解释：多路传输；帧。

第 2 章 车载网络系统的结构与原理

车载网络系统按照应用层次加以划分,大致可以分为三个系统:车身系统、动力传动系统、信息系统,如图 2-1 所示。

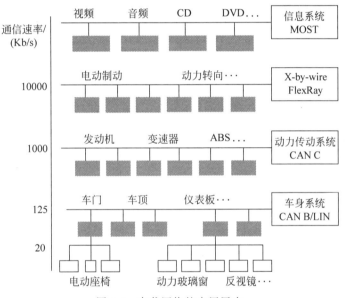

图 2-1 车载网络的应用层次

由图 2-1 可知,传统燃油汽车一般将发动机舱内的发动机 ECU、自动防抱死(ABS)ECU 和自动变速器 ECU 等使用高速 CAN 总线网络(CAN C)连接起来,从而形成传统燃油汽车的动力传动系统;电动汽车一般将电池管理系统 ECU、电机驱动控制 ECU、DC/DC 变换器 ECU、充电器控制器 ECU 和整车控制 ECU 等使用高速 CAN 总线(CAN C)网络组成电动汽车的动力传动系统。高速 CAN 总线网络的最高速率可以达到 1Mb/s。

目前,在电动制动和动力转向等方面需要更加快速、可靠的网络,FlexRay 网络开始得到应用。FlexRay 两个信道上的数据速率最大可达到 10Mb/s,总数据速率可达到 20Mb/s,同时具备更强大的冗余通信能力。同时,FlexRay 提供灵活的配置,可支持各种拓扑,适用于线控操作(X-by-wire)。

车身系统与动力传动系统相比,车身系统的部件很多,节点的数量增加,线束变长,作为抗干扰的措施是尽量降低通信速度。所以,与性能(通信速度)相比,车身系统更倾向于注重成本,目前常常采用中低速 CAN 总线(CAN B)网络或 LIN(local interconnect network)总线网络,其通信速度一般为 10~250Kb/s。

信息系统包括娱乐、智能交通(ITS)等方面的内容,对通信的要求是容量大、通信速度非常高。所以,目前 MOST(media oriented systems transport)成为多媒体时代的车载电子设备所必需的高速网络。MOST 利用一根光纤,最多可以同时传送 15 个频道的 CD 质量的非压缩音频数据。在保证低成本的条件下,达到 24.8Mb/s 的数据传输速率。

本章先介绍车载网络通信协议,然后分别对汽车车载 CAN、LIN、VAN、FlexRay、MOST 网络系统进行分析。

2.1 车载网络通信协议

2.1.1 通信协议基本概念

1. 通信协议的含义

两个实体要想成功地通信,它们必须"说同样的语言",并按既定控制法则来保证相互的配合。具体地说,在通信内容、怎样通信以及何时通信等方面,两个实体要遵从相互可以接受的一组约定和规则。这些约定和规则的集合称为协议。因此,协议可定义为在两实体间控制信息交换的规则之集合。

2. 通信协议的内容

通信协议的主要内容如下:
(1) 电气标准,即采用何种传输导线和接头引脚,使用多大的信号电压,数字逻辑代表的含义等;
(2) 通信方式,包括通信速率的大小,主从、优先规则等;
(3) 通信内容,包括数据格式、校验方式等。

3. 通信协议的三要素

(1) 语法。规定通信双方"如何讲",即确定数据格式、数据码型、信号电平等。
(2) 语义。规定通信双方"讲什么",即确定协议元素的类型,如规定通信双方要发出什么控制信息、执行什么动作和返回什么应答等。
(3) 定时规则。规定事件执行的顺序,即确定链路通信过程中通信状态的变化,如规定正确的应答关系、速度匹配等。

4. 通信协议的功能

通信协议的功能是控制并指导两个对话实体的对话过程,发现对话过程中出现的差错并确定处理策略。具体说来,每个协议都是具有针对性的,用于特定的目的,所以各协议的功能是不一样的,但是有一些公共的功能是大多数协议都具有的。这些功能包括四个方面。

(1) 差错检测和纠正。面向通信传输的协议常使用"应答—重发"、循环冗余检验(CRC)、软件检查等机制进行差错的检测和纠正工作;而面向应用的协议常采用重新同步、恢复,以及托付等更为高级的方法进行差错的检测和纠正工作。

(2) 分块和重装。用协议控制进行传送的数据长度是有一定限制的,参加交换的数据都要求有一定的格式。为满足这个要求,就需要将实际应用中的数据进行加工处理,使之符合协议交换时的格式要求,只有这样才能应用协议进行数据交换。分块与重装就是这种加工处理操作。分块操作将大的数据划分成若干小块,如将报文划分成几个报文分组;重装操作则是将划分的小块数据重新组合复原,例如将报文分组还原成报文。

(3) 排序。对发送出的数据进行编号以标识它们的顺序,通过排序,可达到按序传递、进行信息流控制和差错控制等目的。

(4) 流量控制。通过限制发送的数据量或速率,以防止在信道中出现堵塞现象。

5. 通信协议的类型

可根据其不同特性进行分类,分为直接型/间接型、单体型/结构化型、对称型/不对称型、标准型/非标准型等。

1) 直接型/间接型

两个实体间的通信,可以是直接的或间接的。例如,两个系统若共享一个"点—点"链路,那么这些系统中的实体就可以直接通信;此时数据和控制信息直接在实体间传递而无任何中间的信息处理装置,所需要的协议属于直接型。

如果系统经过转接式通信网或者两个、两个以上网络串接的通信网,两个实体要交换数据必须依赖于其他实体的功能,属于间接通信。此时设计协议时,需要考虑对中间系统了解到怎样程度,因而较为复杂。

2) 单体型/结构化型

在两个实体间通信任务比较简单的情况下,采用单一协议来控制通信,这种协议称为"单体型"协议。

实际上,计算机网络内实体间通信任务是很复杂的,以致不可能作为一个单体来处理。面临复杂的情况,可采用"结构化"型协议,即以展示为层次或分层结构的协议集合来代替单体型协议。此时,较低层次或较低级别的功能在较低层次的实体上实现,而它们又向较高层次的实体提供服务。换言之,较高层次的实体依靠较低层次的实体来交换数据。

3) 对称型/不对称型

大部分的协议属于对称型,即它们关联于同等的实体之间通信。不对称的协议可以是交换逻辑的要求(例如,一个"用户"进程和一个"服务"进程),或者是为了尽可能使实体或系统保持简单。

4) 标准型/非标准型

一个部门或者一个国家都希望制定标准型协议,促进组建计算机网络和分布处理系统。非标准型协议一般都是发展中的产物,或者为特定通信环境所设计。

2.1.2 车载网络通信协议标准

国际上众多知名汽车公司早在 20 世纪 80 年代就积极致力于汽车网络技术的研究及应

用,迄今为止,已有多种网络标准。目前存在的多种汽车网络标准,其侧重的功能有所不同。

按系统的复杂程度、信息量、必要的动作响应速度、可靠性要求等将多路传输系统分为低速(A)、中速(B)、高速(C)三类。

A类是面向传感器/执行器控制的低速网络,数据传输位速率通常小于10Kb/s,主要用于后视镜调整、电动窗、灯光照明等控制;B类是面向独立模块间数据共享的中速网络,位速率为10~125Kb/s,主要应用于车身电子舒适性模块、仪表显示等系统;C类是面向高速、实时闭环控制的多路传输网,位速率为125Kb/s~1Mb/s,主要用于牵引控制、先进发动机控制、ABS等系统。

目前,汽车中的典型应用是:车身和舒适性控制模块都连接到中低速CAN总线上,并借助于LIN总线进行外围设备控制;而动力和传动控制系统通常使用高速CAN总线连接在一起;远程信息处理和多媒体连接需要高速互连,视频传输又需要同步数据流格式,这些都可由DDB(domestic digital bus)或MOST协议来实现;无线通信则通过蓝牙(bluetooth)技术加以实现。

而在未来,X-by-wire(线控技术)将使汽车发展成百分之百的电控系统,完全不需要后备机械系统的支持。但是,至今仍没有一个通信网络可以完全满足未来汽车的所有成本和性能要求。因此,汽车制造商仍将继续采用多种协议(包括LIN、CAN和MOST等),以实现未来汽车上的联网。

1. A类协议标准

A类的网络通信大部分采用UART(universal asynchronous receiver/transmitter)标准。UART使用起来既简单又经济,但随着技术的发展,预计今后几年将会逐步在汽车通信系统中被停止使用。而通用公司所使用的E&C(entertainment and comfort)、克莱斯勒公司所使用的CCD(Chrysler collision detection)和福特公司使用的ACP(audio control protocol),现在已逐步停止使用。丰田公司制定的一种通信协议BEAN(body electronics area network)目前仍在其多种车型(Clesior、Aristo、Prius和Celica)中加以应用。

A类目前首选的标准是LIN。LIN是用于汽车分布式电控系统的一种新型低成本串行通信系统。它是一种基于UART的数据格式,主从结构的单线12V的总线通信系统,主要用于智能传感器和执行器的串行通信,而这正是CAN总线的带宽和功能所不要求的部分。由于目前尚未建立低端多路通信的汽车标准,因此LIN正试图发展成为低成本的串行通信的行业标准。

LIN的标准简化了现有的基于多路解决方案的低端SCI(serial communication interface),同时将降低汽车电子装置的开发、生产和服务费用。LIN采用低成本的单线连接,传输速率最高可达20Kb/s,对于低端的大多数应用对象来说,这个速度是可以接受的。它的媒体访问采用单主/多从的机制,不需要进行仲裁,在从节点中不需要晶体振荡器而能进行自同步,这极大地减少了硬件平台的成本。

2. B类协议标准

B类中的国际标准是CAN总线。CAN总线通信接口中集成了CAN协议的物理层和数据链路层功能,可完成对通信数据的成帧处理,包括位填充、数据块编码、CRC、优先级判别等项工作。CAN 协议的一个最大特点是废除了传统的站地址编码,而代之以对通信数据块进行编码,最多可标识 2048(2.0A)个或 5 亿多(2.0B)个数据块。采用这种方法的优点是可使网络内的节点个数在理论上不受限制。数据段长度最多为 8B,不会占用总线时间过长,从而保证了通信的实时性。CAN 协议采用 CRC 并可提供相应的错误处理功能,保证了数据通信的可靠性。

B 类标准采用的是 ISO 11519,传输速率在 100Kb/s 左右。与此同时,以往广泛适用于美国车型的 J1850 正逐步被基于 CAN 总线的标准和协议所取代。

3. C 类协议标准

由于高速总线系统主要用于与汽车安全相关,以及实时性要求比较高的地方,如动力系统等,所以其传输速率比较高。根据传统的美国机动车工程师学会(Society of Automotive Engineers,SAE)的分类,该部分属于 C 类总线标准,通常传输速率为 125Kb/s~1Mb/s,必须支持实时的周期性的参数传输。

在 C 类标准中,欧洲的汽车制造商基本上采用的都是高速通信的 CAN 总线标准 ISO 11898。ISO 11898 主要针对汽车(轿车)ECU 之间的通信,传输速率大于 125Kb/s,最高 1Mb/s 时,对使用控制器局域网络构建数字信息交换的相关特性进行了详细的规定。

在 C 类标准中,还有美国的 CAN 总线标准 J1939,主要供货车及其拖车、大客车、建筑设备以及农业设备使用,是用来支持分布在车辆各个不同位置的电控单元之间实现实时闭环控制功能的高速通信标准,其数据传输速率为 250Kb/s。

4. X-by-wire 协议标准

X-by-wire 最初用在飞机控制系统中,称为线控技术,由于目前对汽车容错能力和通信系统的高可靠性的需求日益增长,X-by-wire 开始应用于汽车电子控制领域。X-by-wire 技术将使传统的汽车机械系统(如制动和驾驶系统)变成通过高速容错通信总线与高性能 CPU 相连的电气系统。在一辆装备了综合驾驶辅助系统的汽车上,诸如 Steering-by-wire、Brake-by-wire 和电子阀门控制等特性将为驾驶员带来全新驾驶体验。为了提供这些系统之间的安全通信,就需要一个高速、容错和时间触发的通信协议。目前,这一类总线标准主要有 TTP、Byte flight 和 FlexRay。

TTP(时间触发协议)是由维也纳理工大学的 H. Kopetz 教授开发的。时间触发系统和事件触发系统的工作原理大不相同。对时间触发系统来说,控制信号起源于时间进程;而在事件触发系统中,控制信号起源于事件的发生(如一次中断)。这项开发工作后来作为一个被欧洲委员会资助的项目,进一步发展成为一种汽车自动驾驶应用系统。TTP 创立了大量汽车 X-by-wire 控制系统,如驾驶控制和制动控制。TTP 是一个应用于分布式实时控制系统的完整的通信协议,它能够支持多种容错策略,提供了容错的时间同步以及广泛的错误检测机制,同时还提供了节点的恢复和再整合功能。其采用光纤传输的工程化样品速度能达到 25Mb/s。

Byte flight 标准由 BMW 公司制定,数据传输速率为 10Mb/s,光纤可长达 43m。Byte flight 的特点是既能满足某些高优先级消息需要时间触发,以保证确定延迟的要求,又能满足某些消息需要事件触发、需要中断处理的要求。

FlexRay 是一种新的特别适合下一代汽车应用的网络通信系统,它采用 FTDMA (flexible time division multiple access)的确定性访问方式,具有容错功能和确定的消息传输时间,能够满足汽车控制系统的高速率通信要求。BMW、Daimler-Chrysler、Motorola 和 Philips 联合开发和建立了这个 FlexRay 标准,GM 公司也加入了 FlexRay 联盟,成为其核心成员,共同致力于开发汽车分布式控制系统中高速总线系统的标准。该标准不仅提高了一致性、可靠性、竞争力和效率,而且还简化了开发和使用,并降低了成本。

5. 诊断系统协议标准

故障诊断是现代汽车必不可少的一项功能,目前有 OBD-Ⅱ(on board diagnose)、OBD-Ⅲ 和 E-OBD(European-on board diagnose)标准。许多汽车生产厂商都采用 ISO 14230 (Keyword Protocol 2000)作为诊断系统的通信标准,它满足 OBD-Ⅱ 和 OBD-Ⅲ 的要求。在欧洲,以往诊断系统中使用的是 ISO 9141,它是一种基于 UART 的诊断标准,满足 OBD-Ⅱ 的要求。美国的 GM、Ford、DC 等公司广泛使用 J1850(不含诊断协议)作为满足 OBD-Ⅱ 的诊断系统的通信标准。但随着 CAN 总线的广泛应用,美国三大汽车公司将对乘用车采用基于 CAN 的 J2480 诊断系统通信标准,它满足 OBD-Ⅲ 的通信要求。而欧洲汽车厂商已经使用一种基于 CAN 总线的诊断系统通信标准 ISO 315765,它满足 E-OBD 的系统要求。

目前,汽车的故障诊断主要是通过一种专用的诊断通信系统来形成一套较为独立的诊断网络,ISO 9141 和 ISO 14230 就是这类技术上较为成熟的诊断标准。而 ISO 15765 适用于将车用诊断系统在 CAN 总线上加以实现的场合,从而适应了现代汽车网络总线系统的发展趋势。ISO 15765 的网络服务符合基于 CAN 的车用网络系统的要求,是遵照 ISO 14230-3 及 ISO 15031-5 中有关诊断服务的内容来制定的,因此,ISO 15765 对于 ISO 14230 应用层的服务和参数完全兼容,但并不限于只用在这些国际标准所规定的场合,因而有广泛的应用前景。

6. 多媒体系统协议标准

汽车多媒体网络和协议分为三种类型,分别是低速、高速和无线,对应 SAE 的分类相应为:IDB-C(intelligent data BUS-CAN)、IDB-M(multimedia)和 IDB-Wireless,其传输速率为 250Kb/s~100Mb/s。

低速用于远程通信、诊断及通用信息传送,IDB-C 按 CAN 总线的格式以 250Kb/s 的位速率进行消息传送。由于其低成本的特性,IDB-C 有望成为汽车类产品的标准之一。GM 公司等美国汽车制造商计划使用 POF(plastic optical fiber)在车中安装以 IEEE 1394 为基础的 IDB-1394。

高速主要用于实时的音频和视频通信,如 MP3、DVD 和 CD 等播放,所使用的传输介质是光纤,这一类里主要有 DDB、MOST 和 IEEE 1394 协议标准。DDB 是用于汽车多媒体和通信的分布式网络,通常使用光纤作为传输介质,可连接 CD 播放器、语音控制单元、电话和 Internet。MOST 用于连接车载导航器和无线设备,数据传输速率为 24Mb/s。

在无线通信方面,采用 Blue Tooth 规范,它主要是面向汽车上声音系统、信息通信等方面的应用。在表 2-1 中,给出了各类典型汽车总线标准、协议特性和参数。

表 2-1　各类典型汽车总线标准、协议特性和参数

类别	A类	B类	C类	诊断	多媒体	X-by-wire
名称	LIN	ISO 11519	ISO 11898 (SAEJ1939)	ISO 15765	DDB(MOST)	FlexRay
所属机构	Motorola	ISO/SAE	ISO/TMC-ATB	ISO	Philips	BMW&DC
用途	智能传感器	控制、诊断	控制、诊断	诊断	数据流控制	电传控制
介质	单根线	双绞线	双绞线	双绞线	光纤	双线
位编码	NRZ	NRZ-5	NRZ-5	NRZ	Biphase	NRZ
媒体访问	主/从	竞争	竞争	TESTER/SLAVE	TOKEN RING	FIDMA
错误检测	8位CS	CRC	CRC	CRC	CRC	CRC
数据长度/B	8	0~8	8	0~8		12
位速率	20Kb/s	10~1250Kb/s	1Mb/s (250Kb/s)	250Kb/s	12Mb/s (25Mb/s)	5Mb/s
总线最大长度/m	40	40(典型)	40	40	无限制	无限制
最大节点数	16	32	30(STP) 10(UIP)	32	24	64
成本	低	中	中	中	高	中

2.2　车载 CAN 网络系统

2.2.1　概述

CAN 是德国 Bosch 公司于 20 世纪 80 年代为解决现代汽车中众多的控制与测试仪器之间的数据交换问题而开发的一种串行数据通信协议。CAN 通信协议各层的定义与开放系统互连模型(OSI)一致,每一层与另一设备上相同的那一层通信。实际的通信发生在每一设备上相邻的两层,而设备只通过模型物理层的物理介质互连。CAN 技术规范定义了模型的最下面两层:数据链路层和物理层,是设计 CAN 应用系统的基本依据。

1991 年 9 月,Bosch 公司制定并发布了 CAN 技术规范 Version 2.0。该技术规范包括 2.0A 和 2.0B 两部分,2.0A 给出了曾在 CAN 技术规范 Version 1.2 中定义的 CAN 报文格式,而 2.0B 给出了标准的和扩展的两种报文格式。规范主要是针对 CAN 控制器的设计者而言,对于大多数应用开发者来说,只需对 Version 2.0 版技术规范的基本结构、概念、规则作一般了解,知道一些基本参数和可访问的硬件即可。

CAN 总线是一种多主总线,是一种双线串行数据通信总线,通信介质可以是双绞线、同轴电缆或光导纤维,通信速率可达 1Mb/s。CAN 总线的一个最大特点是废除了传统的站地址编码,而代之以对通信数据块进行编码,使网络内的节点个数在理论上不受限制。由于 CAN 总线具有较强的纠错能力,支持差分收发,因而适合高干扰环境,并具有较大的传输距离(长达 10km)。CAN 总线上任意两个单元之间的最大传输距离与传输速率有关,表 2-2 列出了最大传输距离与位速率的相关数据。这里的最大传输距离是指不接中继器的两个单

元之间的距离。

表 2-2　CAN 总线上任意两单元最大传输距离与位速率对应表

位速率/(Kb/s)	1000	500	250	125	100	50	20	10	5
最大传输距离/m	40	130	270	530	620	1300	3300	6700	10000

CAN 因为具有高性能、高可靠性以及独特的设计而越来越受到关注，现已形成国际标准，被公认为几种最有前途的现场总线之一。CAN 总线技术在汽车中的应用具有以下几点优势。

（1）信息共享。采用 CAN 总线技术可以实现各 ECU 之间的信息共享，减少不必要的线束和传感器。例如，具有 CAN 总线接口的电喷发动机，其他电器可共享其提供的转速、水温、机油压力、机油温度、油量瞬时流速等，这样一方面可省去额外的水温、油压、油温传感器，另一方面可以将这些数据显示在仪表上，便于驾驶员检查发动机运行工况，从而便于发动机的保养维护。

（2）减少线束。新型电子通信产品的出现对汽车的综合布线和信息的共享交互提出了更高的要求，传统的电气系统大多采用点对点的单一通信方式，相互之间少有联系，这样必然造成庞大的布线系统。据统计，一辆采用传统布线方法的高档汽车中，其导线长度可达 2000m，电气节点达 1500 个，而且该数字大约每 10 年增长 1 倍。这种传统布线方法不能适应汽车的发展。CAN 总线可有效减少线束，节省空间。例如，某车门、后视镜、摇窗机、门锁控制等的传统布线需要 20～30 根，应用总线 CAN 则只需要 2 根。传统点对点的单一通信方式与 CAN 总线通信方式的比较如图 2-2、图 2-3 所示。

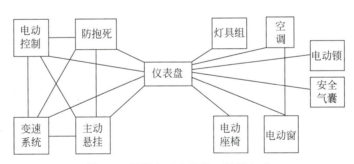

图 2-2　传统点对点的单一通信方式

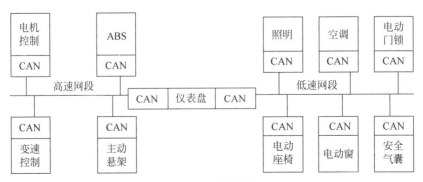

图 2-3　CAN 总线通信方式

（3）关联控制。在一定状态下，需要对各 ECU 进行关联控制，而这是传统汽车控制方法难以完成的。CAN 总线技术可以实现多 ECU 的实时关联控制。例如，在发生碰撞事故时，汽车上的多个气囊可通过 CAN 协调工作，它们通过传感器感受碰撞信号，通过 CAN 总线将传感器信号传送到一个中央处理器内，控制各安全气囊的启动弹出动作。

2.2.2 CAN 总线的组成

CAN 总线通信系统由 CAN 控制器、CAN 收发器、两个数据传输终端以及两条数据传输线组成。除了数据传输终端和数据传输线外，其他元件都置于控制单元内部，如图 2-4 所示。

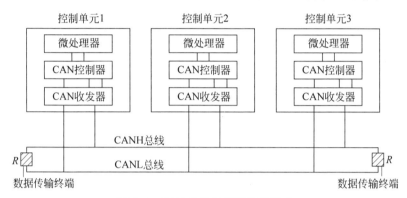

图 2-4 CAN 总线通信系统的组成

1. CAN 控制器

CAN 控制器接收控制单元中的微型计算机传来的数据，对这些数据进行处理并将其传往 CAN 收发器。同样，CAN 控制器也接收由 CAN 收发器传来的数据，对这些数据进行处理并将其传往控制单元中的微型计算机。CAN 控制器由硬件实现信息发送、信息接收、接收信息过滤、发送搜索、中断逻辑等功能，大大降低了 CAN 节点主机软件通信处理的负担。

目前广泛应用的 CAN 控制器有两大类：一类是独立的 CAN 控制器，如 SJA1000 等；另一类 CAN 控制器集成到单片机（MCU）内部，如飞思卡尔单片机 MC9S12DG128 等。

2. CAN 收发器

CAN 收发器将 CAN 控制器传来的数据转化为电信号并将其送入数据传输线，它也为 CAN 控制器接收和转发数据。目前，CAN 收发器也有两种形式：一种是 CAN 收发器集成到 CAN 控制器的内部，称为总线控制器；另一种是用独立的 CAN 收发器，比如 PCA82C250/251。下面对独立 CAN 收发器 PCA82C250/251 进行介绍。

1) PCA82C250/251 引脚分布和功能

Philips 公司的 CAN 收发器 PCA82C250/251 是 CAN 控制器和物理传输线路之间的接口，它可以用高达 1Mb/s 的通信速率在两条有差动电压的总线电缆上传输数据。其引脚分布如图 2-5 所示，引脚功能见表 2-3。

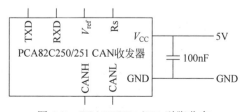

图 2-5 PCA82C250/251 引脚分布

表 2-3　PCA82C250/251 引脚功能

符　号	功　能　描　述
TXD	发送数据输入
GND	接地
V_{CC}	电源电压 4.5～5.5V
RXD	接收数据输出
V_{ref}	参考电压输出
CANL	低电平 CAN 电压输入/输出
CANH	高电平 CAN 电压输入/输出
Rs	斜率电阻输入

2) PCA82C250/251 的特性

PCA82C250/251 是 CAN 总线控制器和物理总线之间的接口,该器件对总线提供差动发送能力并对 CAN 控制器提供差动接收能力。PCA82C250/251 具有以下特性：

(1) 与 ISO 11898 标准完全兼容；

(2) 高速(传输速率可达 1Mb/s)；

(3) 在汽车环境中,对总线提供瞬变保护；

(4) 斜率控制可以降低射频干扰(RFI)；

(5) 差动接收器具有宽共模范围,有很强的抗电磁干扰(EMI)的能力；

(6) 热保护；

(7) 对电源和地的短路保护；

(8) 低电流待机模式；

(9) 一个未供电的节点不会干扰总线；

(10) 至少可挂 110 个节点。

3. 数据传输终端

数据传输终端实际上是一个电阻器,起到阻抗匹配、减少反射、避免振荡、减小噪声、降低辐射、防止过冲的作用。终端电阻和信号线的分布电容以及后级电路的输入电容组成 RC 滤波器,削弱信号边沿的陡峭程度,防止过冲。另外,它能防止数据在线端被反射,避免以回声的形式返回,保证数据的传输。

4. 数据传输线

CAN 总线采用双绞线自身差分检测的结构(见图 2-6),既可以防止电磁干扰对传输信息的影响,也可以防止本身对外界的干扰。系统中采用高、低电平的两根数据线,控制收发器输出的信号同时向两根数据线发送互为镜像的信号。

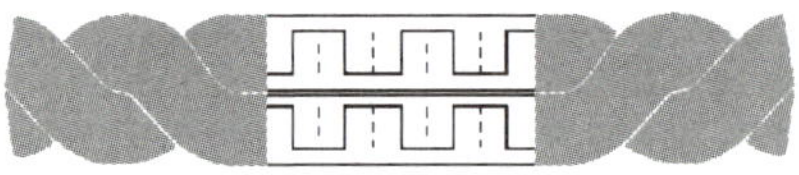

图 2-6　数据传输线

1) 抗干扰

以高速 CAN 总线为例,CANH 信号和 CANL 信号经过差动信号放大器处理后,可以最大限度地消除共模干扰,如图 2-7 所示。

由于差动信号放大器总是用 CANH 线的电压减去 CANL 线的电压作为有效电压,因

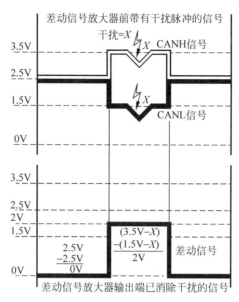

图 2-7　差动信号放大器的干扰过滤

此,采用差动放大技术,即使汽车上有很大的共模干扰时(如发动机起动时造成的电压波动),也不会影响各个电控单元的数据传递的可靠性。另外,由于 CANH 线和 CANL 线扭绞在一起形成双绞线,差模干扰的可能性大大降低,CAN 总线的数据传输线具有很好的抗干扰能力。

2) 不干扰外界

如图 2-8 所示,双绞线可以保证 CAN 总线的两根数据线与外界任意一点的距离基本相同。

由于 CAN 收发器发送到两根数据线上的信号成镜像关系,因此,CANH 线对外辐射和 CANL 线对外辐射具有幅值相同、方向相反的特点。综合以上两点,使得 CAN 总线的两根数据线对外任意一点的干扰影响自行运算抵消。

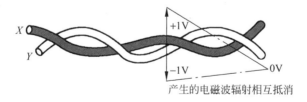

图 2-8　镜像信号抵消本身对外界的干扰

2.2.3　CAN 总线的分层结构

汽车网络通信协议标准 ISO 11898 规定的 CAN 网络结构如图 2-9 所示,ISO 11898 规定的 CAN 总线协议框架示意图如图 2-10 所示。该协议是包括 ISO 规定的 OSI(开放系统互连)基本参考模型中的应用层、数据链路层及物理层的协议。ISO/OSI 模型与 ISO 11898 规定的 CAN 总线协议对比如图 2-11 所示。

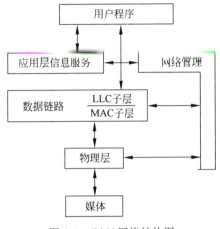

图 2-9　CAN 网络结构图

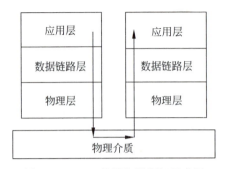

图 2-10　CAN 总线协议框架示意图

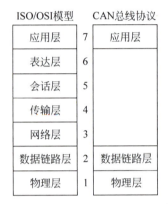

图 2-11　ISO/OSI 模型与 CAN 总线协议对比

1. CAN 的应用层

应用层为面向用户的操作层,一般需要熟悉和设置许多控制寄存器,并通过观察状态寄存器完成对通信过程的控制。

2. CAN 的数据链路层

1) 数据链路层的基本概念

(1) 链路:一条无源的点到点的物理线路段,中间没有任何其他的交换节点(在进行数据通信时,两台计算机之间的通路往往是由许多的链路串接而成的,一条链路只是一条通路的一个组成部分)。

(2) 数据链路:当需要在一条线路上传送数据时,除了必须有一条物理线路外,还必须有一些必要的规程来控制这些数据的传输。把实现这些规程的硬件和软件加到链路上就构成了数据链路。

(3) 数据链路层的作用:通过一些数据链路层协议(即链路控制规程),在不太可靠的物理链路上实现可靠的数据传输。对物理层传输原始比特流的功能进行加强,将物理层提供的可能出错的物理链接改造成为逻辑上无差错的数据链路。

（4）数据链路层的功能：其基本功能是向网络层提供透明的和可靠的数据传送服务。具体要实现的功能包括链路管理、帧同步、差错控制、流量控制。透明性是指该层上传输的数据的内容、格式及编码没有限制（任何数据均可不受限制地传输），也没有必要解释信息结构的意义；可靠的传输使用户免去对丢失信息、干扰信息及顺序不正确的担心。

（5）数据链路层主要解决以下问题：如何将数据组合成数据块即帧（帧是数据链路层的传送单位）；如何控制帧在物理信道上传输，包括如何处理传输差错；如何调节发送速率以使之与接收方相匹配；在两个网络实体之间提供数据链路通路的建立、维持和释放管理。

2）数据链路层的细分

（1）逻辑链路控制层（LLC）。逻辑链路控制层为数据传送和远程数据请求提供服务，确认由 LLC 子层接收的报文实际已被接收（接收滤波），并为恢复管理和通知超载提供信息。

（2）媒体访问控制层（MAC）。媒体访问控制层的主要功能是规定传输规则，即控制帧结构、执行仲裁、错误检测、出错标定和故障界定。

3. CAN 的物理层

物理层的作用是在物理传输媒体上传输各种数据的比特流，它不考虑识别数据的类型和结构。这一层除了规定机械、电气、功能、规程等特性外，主要考虑的问题还有传输速率、信道容量、传输媒体、调制/解调、交换技术、网络拓扑、多路复用技术等。CAN 的物理层结构电路如图 2-12 所示。

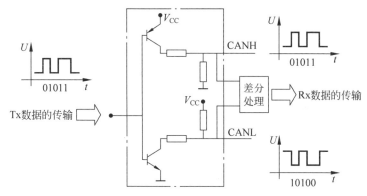

图 2-12　CAN 的物理层结构电路示意图

由图 2-12 可知，CAN 的物理层将数据链路层准备好的发送信息（Tx）调制为互补的差分信号分别传到 CANH 和 CANL 传输线上；与之相反，CAN 的物理层将 CANH 和 CANL 传输线上的信号经过差分解调后给接收信息（Rx）。

CAN 总线系统物理层表现为两种：高速 CAN 总线系统物理层适用于速率为 250Kb/s～1Mb/s，而低速 CAN 总线系统物理层适用于速率不超过 125Kb/s。

1）高速 CAN 总线系统物理层

高速 CAN 总线系统物理层由互补数据对组成，其中一根称为高电平传输线 CANH，另一根称为低电平传输线 CANL，对地电压分别表示为 V_{CANH} 和 V_{CANL}，它们之间的差值称为

差分电压 V_{diff}，即 $V_{diff}=V_{CANH}-V_{CANL}$。数据传输时，传输线 CANH 和 CANL 同时传送信息，CANH 上传送的信息和 CANL 上传送的信息正好是相反的。

高速 CAN 总线系统互补数据对的电压水平是标准化的。高速 CAN 总线系统互补数据对信号形式如图 2-13 所示。

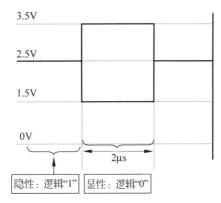

图 2-13　高速 CAN 总线系统互补数据对信号形式

由图 2-13 可知，当 V_{CANH} 和 V_{CANL} 的电压基本相同，都约等于 2.5V，此时两条线间的差分电压 V_{diff} 近似为 0。当 V_{CANH} 输出高电平 3.5V 时，V_{CANL} 同时输出低电平 1.5V，此时两条线间差分电压 V_{diff} 约为 2V。因此，CAN 总线上可以有两种逻辑状态：一种是两条线电平基本相同，成为"隐性"(recessive)；另一种是两条线电压一高一低，成为"显性"(dominant)。CAN 总线上就用"显性"和"隐性"两种逻辑值分别表示"0"和"1"。

高速 CAN 总线系统物理层由于其内部结构的限制，不能提供任何容错方法。因为高速 CAN 总线系统的比较电路很简单，因此如果出现故障，比较器不会发送信号，也没办法实现通信。以下 7 种情况中，只有两种情况在物理层容错范围内，其他几种情况下网络是不能运行的，并且各个电控单元之间也不可以实现通信。

(1) CANH 地线短路→无法运行；
(2) CANH 正极短路→在 CANL 上进行降级运行（在物理层容错范围内）；
(3) CANL 地线短路→在 CANH 上进行降级运行（在物理层容错范围内）；
(4) CANL 正极短路→无法运行；
(5) CANH 上开路→无法运行；
(6) CANL 上开路→无法运行；
(7) CANH 和 CANL 相互短路→无法运行。

所以，高速 CAN 总线系统物理层不能容错的情况只能通过其他层进行容错方法设计。

2) 低速 CAN 总线系统物理层

低速 CAN 总线系统物理层也由互补数据对组成，其中一根称为高电平传输线 CANH，另一根称为低电平传输线 CANL，对地电压分别表示为 V_{CANH} 和 V_{CANL}，它们之间的差值称为差分电压 V_{diff}，即 $V_{diff}=V_{CANH}-V_{CANL}$。数据传输时，传输线 CANH 和 CANL 同时传送信息，CANH 上传送的信息和 CANL 上传送的信息正好是相反的。

低速 CAN 总线系统物理层的电压水平也是标准化的。低速 CAN 总线系统物理层互补数据对信号形式如图 2-14 所示。

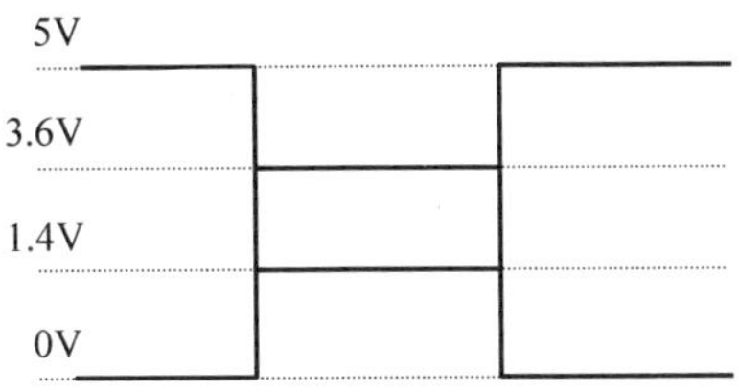

5V	CANH的高电平为3.6V
3.6V	CANH的低电平为0V
	CANL的高电平为5V
1.4V	CANL的低电平为1.4V
	逻辑"0"：$V_{CANH}=3.6V$，$V_{CANL}=1.4V$
0V	逻辑"1"：$V_{CANH}=0V$，$V_{CANL}=5V$

图 2-14 低速 CAN 总线系统互补数据对信号形式

由图 2-14 可知，V_{CANH} 低电平为 0V，高电平为 3.6V（最大值）；V_{CANL} 低电平为 1.4V（最小值），高电平为 5V。"显性"时，两条线间的差分电压 V_{diff} 小于 2.2V；"隐性"时，两条线间的差分电压 V_{diff} 为 -5V。CAN 总线上就用"显性"和"隐性"两种逻辑值分别表示"0"和"1"。

低速 CAN 总线系统物理层因为传输速率较低就增强了容错功能，其差分电路是由 3 个共用模式的比较器组成的，而这 3 个比较器用来将传输线 CANH 和 CANL 与参照电压进行比较。在这种情况下，3 个比较器中至少有一个总是能保持运转。所以，以下 6 种故障都在物理层容错范围内。

（1）CANH 地线短路→在 CANL 上进行降级运行；
（2）CANH 正极短路→在 CANL 上进行降级运行；
（3）CANL 地线短路→在 CANH 上进行降级运行；
（4）CANL 正极短路→在 CANH 上进行降级运行；
（5）CANH 开路→在 CANL 上进行降级运行；
（6）CANH 和 CANL 相互短路→在 CANL 上自动切断，在 CANH 上进行降级运行。

2.2.4 CAN 总线的信息帧类型

CAN 总线有以下 4 种不同的帧类型。①数据帧：数据帧将数据从发送器传输到接收器；②远程帧：总线单元发出远程帧，请求发送具有同一标识符的数据帧；③错误帧：任何单元检测到总线错误就发出错误帧；④过载帧：过载帧用于在先行和后续数据帧（或远程帧）之间提供一附加的延时。数据帧和远程帧既可使用标准帧，也可使用扩展帧。

1. 数据帧

数据帧由 7 个不同的位场组成：帧起始、仲裁场、控制场、数据场、CRC 场、应答场、帧结束。数据帧组成如图 2-15 所示。

（1）帧起始（标准格式和扩展格式）：标志数据帧和远程帧的起始，仅由一个单独的显性位组成。只有在总线空闲时，才允许站（即总线上的通信节点，以下同）开始发送报文。所有的站必须同步于首先开始发送信息的站的帧起始前沿。

（2）仲裁场：在 CAN 2.0B 中存在两种不同的帧格式，其主要区别在于标识符的长度，具有 11 位标识符的帧称为标准帧，而具有 29 位标识符的帧称为扩展帧。标准格式帧与扩展格式帧的仲裁场是不同的。

图 2-15 数据帧组成

在标准格式中,仲裁场由 11 位标识符和远程发送请求位(RTR)组成,标识符位由 ID10～ID0 组成,如图 2-16 所示。

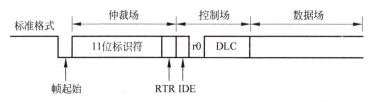

图 2-16 数据帧标准格式中的仲裁场结构

在扩展格式中,仲裁场包括 29 位标识符和 SRR、IDE、RTR 位。其标识符为 ID28～ID0,如图 2-17 所示。

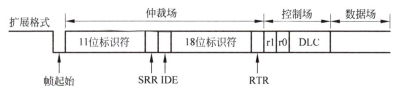

图 2-17 数据帧扩展格式中的仲裁场结构

① 标识符:在标准格式中,标识符的长度为 11 位。这些位的发送顺序是从 ID10 到 ID0,最低位是 ID0,最高的 7 位(ID10～ID4)不能全是隐性。而在扩展格式中,标识符的长度为 29 位,包括 11 位基本 ID 和 18 位扩展 ID 帧,基本 ID 定义了扩展帧的基本优先权。

② RTR 位:远程请求发送位。该位在数据帧中应为显性,在远程帧中应为隐性。

③ SRR 位:替代远程请求位。该位属扩展格式,是在扩展帧的标准帧 RTR 位的位置,因而能替代标准帧的 RTR 位。当标准帧与扩展帧发生冲突且扩展帧的基本 ID 与标准帧的标识符一样时,标准帧优先于扩展帧。

④ IDE 位:标识符扩展位。该位属扩展格式的仲裁场和标准格式的控制场,在标准格式中为显性,在扩展格式中为隐性。

(3) 控制场:由 6 位组成。标准格式与扩展格式的控制场格式不同。标准格式中的帧包括数据长度代码 DLC、IDE 位(为显性)、保留位 r0。扩展格式中的帧包括数据长度代码 DLC 和两个必须为显性的保留位 r1 和 r0。

数据长度代码指示了数据场中字节数量。数据长度代码为 4 位,在控制场中被发送。数据长度码中数据字节数目编码如表 2-4 所列。其中,d 表示显性位,r 表示隐性位,数据字节的数目只能在 0～8 之间。

表 2-4 数据长度码中数据字节数目编码表

数据字节数目	数据长度				数据字节数目	数据长度			
	DLC3	DLC2	DLC1	DLC0		DLC3	DLC2	DLC1	DLC0
0	d	d	d	d	5	d	r	d	r
1	d	d	d	r	6	d	r	r	d
2	d	d	r	d	7	d	r	r	r
3	d	d	r	r	8	r	d	d	d
4	d	r	d	d					

（4）数据场（标准格式和扩展格式）：由数据帧中的发送数据组成。它可以为 0~8 字节，每字节包含了 8 位，按字节大端顺序发送（MSB）。

（5）CRC 场（标准格式和扩展格式）：由 16 位组成，包括 CRC 序列（CRC sequence）和 CRC 界定符（CRC delimiter）。CRC 循环冗余检验是数据通信中应用最广的一种检验差错方法。其方法是在发送端用数学方法产生一个循环码，叫做循环冗余检验码。在信息码位之后随信息一起发出。在接收端也用同样方法产生一个循环冗余校验码。将这两个校验码进行比较，如果一致就证明所传信息无误；如果不一致就表明传输中有差错，并要求发送端再传输。

（6）应答场（标准格式和扩展格式）：由 2 位组成，包含应答间隙（ACK slot）和应答界定符（ACK delimiter）。在 ACK 场（应答场）中，发送站发送两个隐性位。当接收器正确地接收到有效报文时，接收器就会在应答间隙期间（发送 ACK 信号）向发送器发送一显性位以示应答。应答界定符是应答场的第 2 个位，并且必须是一个隐性位。因此，应答间隙被两个隐性位所包围，也就是 CRC 界定符和应答界定符。

（7）帧结束（标准格式和扩展格式）：每个数据帧和远程帧均由一标志序列定界。这个标志序列由 7 个隐性位组成。

2．远程帧

作为数据接收的站，可以借助于发送远程帧启动其资源节点传送数据。远程帧也有标准格式和扩展格式，而且都是由 6 个不同的位场组成：帧起始、仲裁场、控制场、CRC 场、应答场、帧结束。远程帧的组成如图 2-18 所示。

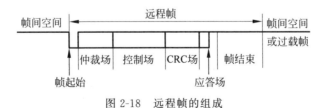

图 2-18 远程帧的组成

与数据帧相反，远程帧的 RTR 位是隐性的，它没有数据场。

RTR 位的极性表示了所发送的帧是数据帧（RTR 位是显性的）还是远程帧（RTR 位是隐性的）。

3. 错误帧

错误帧由两个不同的场组成：第一个场是不同站提供的错误标志（ERROR flag）的叠加；第二个场是错误界定符。错误帧的组成如图 2-19 所示。

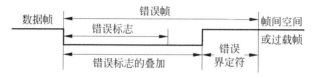

图 2-19　错误帧的组成

错误标志有两种形式：主动错误标志和被动错误标志。主动错误标志由 6 个连续的显性位组成，而被动错误标志由 6 个连续的隐性位组成，除非被其他节点的显性位重写。

检测到错误条件的"错误激活"的站通过发送主动错误标志指示错误。错误标志的形式破坏了从帧起始到 CRC 界定符的位填充的规则，或者破坏了 ACK 场或帧结束场的固定形式。所有其他的站由此检测到错误条件，并同时开始发送错误标志。因此，显性位（此显性位可以在总线上监视）的序列导致一个结果，这个结果就是把个别站发送的不同错误标志叠加在一起。这个序列的总长度最小为 6 位，最大为 12 位。

检测到错误条件的"错误被动"的站试图通过发送被动错误标志指示错误。"错误被动"的站等待 6 个相同极性的连续位（这 6 位处于被动错误标志的开始）。当这 6 个相同的位被检测到时，被动错误标志的发送就完成了。

错误界定符包括 8 个隐性位。错误标志传送后，每一站就发送隐性位并一直监视总线，直到检测出一个隐性位为止，然后就开始发送其余 7 个隐性位。

为了能正确地终止错误帧，"错误被动"的站要求总线至少有 3 个位时间的总线空闲（如果"错误被动"的接收器有局部错误）。因此，总线的载荷不会达到 100%。

4. 过载帧

过载帧包括两个位场：过载标志和过载界定符。过载帧的组成如图 2-20 所示。

图 2-20　过载帧的组成

有以下 3 种过载的情况会引发过载标志的传送：
（1）接收器的内部情况（此接收器对于下一数据帧或远程帧需要有一延时）。
（2）在间歇的第 1 和第 2 字节检测到一个显性位。
（3）如果 CAN 节点在错误界定符或过载界定符的第 8 位（最后一位）采样到一个显性位，则节点会发送一个过载帧（不是错误帧）。错误计数器的值不会增加。

根据过载情况（1）而引发的过载帧应起始于所期望的间隙的第 1 个位时间，而根据情况

(2)和情况(3)引发的过载帧应起始于检测到显性位之后的位。通常为了延时下一个数据帧或远程帧,两种过载帧均可产生。

过载标志由 6 个显性位组成。由于过载标志的格式破坏了间隙域的固定格式,因此,所有其他的站都检测到过载条件,并同时发出过载标志。如果在间隙的第 3 个位期间检测到了显性位,则这个位将被解释为帧的起始。

过载界定符包括 8 个隐性位,过载标志被传送后,站就一直监视总线,直到检测到一个从显性位到隐性位的跳变为止。这时,总线上的每个站完成了各自过程标志的发送,并开始同时发送其余 7 个隐性位。

2.2.5 CAN 总线的数据优先级和传输过程

如果多个控制单元要同时发送各自的数据,那么系统就必须决定哪一个单元首先进行发送。具有最高优先级的数据首先发送。在汽车上基于安全考虑,由 ABS/EDL 控制单元提供的数据比自动变速控制单元提供的数据(驾驶舒适)更重要。

以 CAN 标准帧为例,其状态域中有 11 位二进制数组成的标识符,其数据的组合形式决定了优先级(见表 2-5)。

表 2-5 数据报告优先级状态域形式

优 先 权	数据报告	状态域形式
1	Brake1(制动 1)	001 1010 0000
2	Engine1(发动机 1)	010 1000 0000
3	Gearbox1(变速器 1)	100 0100 0000

3 个控制单元同时发送数据,此时,在数据传输线上进行 1 位的数据比较。如果一个控制单元发送了一个低电位,而检测到一个高电位,那么这个控制单元就停止发送,而转为接收器。数据优先级裁定原理如图 2-21 和表 2-6 所示。

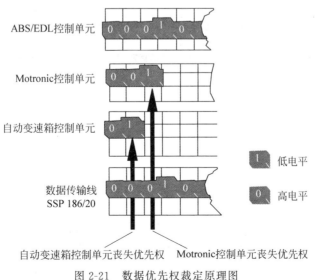

图 2-21 数据优先权裁定原理图

CAN总线的数据传输有以下5个过程。①提供数据：控制单元向CAN控制器提供数据用于传输。②发送数据：CAN收发器从CAN控制器处接收数据，将其转化为电信号发出。这些数据以数据列的形式进行传输，数据列是由一长串二进制（高电平与低电平）数字组成的（如0110100100111011）。③接收数据：所有与CAN数据总线一起构成网络的控制单元成为接收器。④检验数据：控制单元对接收到的数据进行检测，看是否是其功能所需。⑤认可数据：如果所接收的数据是需要接收的，它将被认可及处理，反之将被忽略。

表2-6 数据优先权裁定原理说明

位次	比较	结果
位1	ABS/EDL控制单元发送了1个高电位（逻辑"0"），Motronic控制单元也发送了1个高电位（逻辑"0"）	自动变速器控制单元发送了1个低电位（逻辑"1"）而检测到1个高电位（逻辑"0"），那么它将失去优先权而转为接收器
位2	ABS/EDL控制单元发送了1个高电位（逻辑"0"），Motronic控制单元发送了1个低电位（逻辑"1"）并检测到1个高电位（逻辑"0"）	Motronic控制单元也失去优先权，而转为接收器
位3		ABS/EDL控制单元拥有最高优先权并接收分配的数据，该优先权保证其持续发送数据直至发送终了；ABS/EDL控制单元结束发送数据后，其他控制单元再发送各自的数据

例如，电子控制单元2向其他3个电子控制单元发送数据，需要这帧数据的电子控制单元1和电子控制单元4的CAN收发器接收到数据，转换信号并发给自己的CAN控制器；而电子控制单元3经过判断发现不是自己需要的数据，则将其忽略掉（图2-22）。

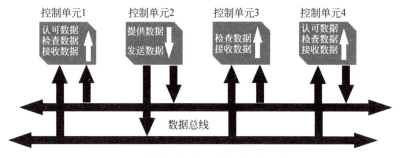

图2-22 控制单元间的数据传输示意图

2.3 车载LIN网络系统

2.3.1 概述

LIN始创于1998年，是由Audi、BMW等7家汽车制造商及Motorola集成电路制造商联合提出，专为降低汽车成本而开发的一种总线系统，它是现有汽车CAN网络功能的补充。目前，LIN也是较为普遍使用的一种总线，它作为CAN总线的补充，可有效地降低汽车制造成本。LIN 提升了系统结构的灵活性,并且无论从硬件还是软件角度而言,都为网络中的节点提供了相互操作性,并可预见获得更好的电磁兼容(EMC)特性。它主要用于汽车外围设备的网络连接,应用最多的是灯光照明、车窗座椅、电动天窗等的控制传输。LIN 协议的主要特征见表 2-7。

表 2-7 LIN 协议主要特征

交 流 媒 介	1 根导线
传输速率	1~20Kb/s
节点数	<16
长度	<40m
成本	<CAN
数据制式	64
帧的数据大小	2~8B
结构	单主/多从
可靠性	<CAN

2.3.2 LIN 总线通信协议

LIN 总线是基于 SCI 或 UART 数据格式,采用单主控制器、多从设备的模式,使用串行通信协议,可以有效地支持汽车上分布式机械电子节点的控制。LIN 总线的主要优点是降低材料及装配成本,如连线从两根减少到一根,振荡器由陶瓷式改为电阻式;不需要改变任何其他从机节点的软件或硬件就可以在网络中方便地直接添加节点;另外,它的抗干扰性强,主要应用在精度误差要求不是很苛刻的部件控制上。

1. LIN 总线网络结构

LIN 的通信协议仅包含物理层和数据链路层。其编码方式为 NRZ(non return zero)码,电平分为隐性电平("1")和显性电平("0")两种。它支持单主/多从的总线式拓扑结构,主节点需要支持 CAN 协议或者 J1850,同时具有 SCI 功能模块或者 ISO 9141 物理接口;从节点只要具有 SCI 功能模块或者 ISO 9141 物理接口即可。一个 LIN 网络由一个主节点、一个或多个从节点组成,节点数受标识符长度及总线物理特性的限制,实际应用中不高于 16 个。整个网络的配置信息只包含在主节点中,从节点可以自由地接入或脱离网络而不会影响网络中的通信。LIN 的网络结构如图 2-23 所示。

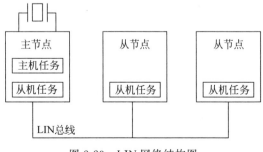

图 2-23 LIN 网络结构图

2. LIN 规范概述

（1）据在总线上发送的信息,每个报文帧都包括2B、4B或8B的数据以及3B的控制和安全信息。总线的通信都由主机任务发送,从机的任务则是发回数据场和校验场。通过主机控制单元中的从机任务,数据可以被主机控制单元发送到任何从机控制单元。

（2）信息路由：LIN系统中,节点不使用有关系统配置的任何信息,除了单主机节点的命名。不需要改变任何其他从机节点的软件或硬件就可以在LIN网络中直接添加节点,报文的内容由标识符命名。

（3）位速率：最大的波特率是20Kb/s,它是由单线传输介质的EMI限制制定的。最小的波特率是1Kb/s,可以避免和实际应用的超时周期冲突。

（4）单主机-无仲裁：只有包含主机任务的控制器节点可以传输报头,一个从机任务对这个报头作出响应。由于没有仲裁的过程,如果多于一个从机响应就会产生错误。

（5）连接LIN网络节点的最大数量：不仅由标识符的数量限制,也由总线的物理特征限制。一般网络的节点数量不应超过16,LIN网络中积累的电线长度应≤40m。

3. LIN 的通信规则

一个LIN网络由一个主节点和一个或多个从节点组成,LIN网络上的通信总是由主发送任务所发起。LIN总线有主-从传输或从-从传输两种方法。

（1）主-从通信模式。主-从通信模式将大部分调度操作转移到主节点上,从而简化其他节点操作。因此,LIN从节点硬件大幅减少,甚至可能减少为单个状态设备。另一个优势是,由于主节点能够同时与所有节点通信,信息和要求的ID数量都大大减少。但是,这种通信方法速度缓慢。这时,LIN节点很难及时地接收和处理数据,并选择性地将它传输给其他节点。

（2）从-从通信模式。从-从通信模式下,响应"从任务"的是远程节点。各个信息帧上的节点共用信息,从而极大地提高响应速度。但是,从-从通信方法有很大的局限性：首先,各个从节点的时钟源未知,因此从节点将数据传输到网络时,数据可能发生漂移;其次,这种情况下,主节点不显示从-从通信已经失效。

4. LIN 总线报文传输

LIN总线是一主多从的通信机制,即允许一个主机任务和多个从机任务。主机任务位于主机节点内部,负责报文的进度表和发送报文头,即向从机任务传送同步和标识符信息,并将从机任务的信息传送到其他所有从机任务。从机任务位于所有的节点中,其中一个节点发送报文的响应信息。

一个报文帧(图2-24)是由一个主节点发送的报文帧头和一个主机或从机节点发送的响应组成,报文帧的报文帧头包括同步间隔场、同步场和标识符场,报文帧的响应则由数据场和校验场组成。在LIN通信协议中,主机任务除了上述任务外还要进行数据的校验和错误异常处理,同时可以使用它的时基作为参考时钟,进入睡眠模式时可由从机任务唤醒。

所有节点都可以有一个或多个从机任务,该从机任务分为从发送任务和从接收任务。

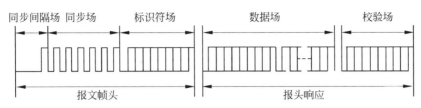

图 2-24　LIN 总线报文帧

主节点还有一个主发送任务,一个 LIN 网络上的通信总是由主发送任务所发起。主控制器发送一个起始报文,相应的从控制单元在接收并且滤除消息标识符后,一个从任务被激活并且开始本消息的应答。LIN 网络通信过程如图 2-25 所示。

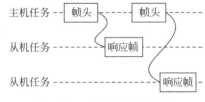

图 2-25　LIN 网络通信过程

2.3.3　LIN 总线的应用

在汽车电子控制单元中,涉及汽车安全以及动力的系统,如汽车发动机、自动变速箱、ABS 安全气囊等单元可采用 CAN 网络控制方式,而对于小型系统,如电动门窗、转向盘、座椅、照明灯等单元,出于成本的考虑可以采用 LIN 网络控制方式。图 2-26 所示为整车 CAN/LIN 混合网络示意图。

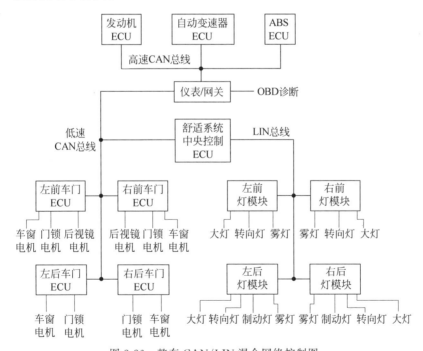

图 2-26　整车 CAN/LIN 混合网络控制图

由图 2-26 可知,动力系统使用了高速 CAN 总线网络将发动机 ECU、自动变速器 ECU 和 ABS ECU 等联系起来;舒适系统中央控制 ECU 和 4 个车门控制 ECU 则使用了低速 CAN 总线网络联系;仪表 ECU 作为高速 CAN 和低速 CAN 的网关协调这两种不同速率

CAN 总线之间的通信；舒适系统中央控制 ECU 又和 4 个灯模块 ECU 使用了 LIN 总线网络联系；很显然，舒适系统中央控制 ECU 是低速 CAN 总线和 LIN 总线之间的网关。下面简单介绍使用 LIN 总线的车灯系统。

车灯是车身外部照明的主要装置，车灯模块可分为左前灯模块、右前灯模块、左后灯模块、右后灯模块。舒适系统中央控制 ECU 收集本地各控制开关的状态并接收 CAN 总线上的远程信息，据此产生控制指令，并将指令转换为 LIN 报文帧，通过 LIN 网络发送给相应从机节点（各灯模块）。

从机节点（各灯模块）通过收发器（例如：TJA1020）接收到与自己相关的报文帧后，对报文帧进行拆封、解读，然后根据获得的指令控制相应的执行器动作，从而实现对车灯状态的控制。同时，在需要时从机节点分别将其控制部件所处状态通过 LIN 总线收发器反馈给主机节点（舒适系统中央控制 ECU），主机节点再将该状态信息通过低速 CAN 总线发送给其他控制单元。图 2-27 为从机节点（各灯模块）的结构图。

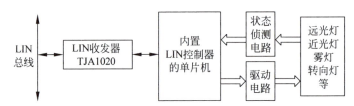

图 2-27 从机节点（各灯模块）的结构图

以左前车灯模块为例，可使用两个字节来传输车灯模块的报文，各字节的定义见表 2-8。

表 2-8 LIN 通信定义

信号名称	字节	位	初始化值	定义
控制器故障	B0	D7	0	0,无；1,有
总线故障	B0	D6	0	0,无；1,有
远光灯状态	B0	D5	0	0,关闭；1,打开
近光灯状态	B0	D4	0	0,关闭；1,打开
雾灯状态	B0	D3	0	0,关闭；1,打开
示宽灯状态	B0	D2	0	0,关闭；1,打开
前转向灯	B0	D1	0	0,关闭；1,打开
侧转向灯	B0	D0	0	0,关闭；1,打开
保留	B1	D7~D0	0	保留

2.4 车载 VAN 网络系统

2.4.1 概述

VAN（vehicle area network）又称车辆局域网，是现场总线的一种，由法国的雷诺汽车公司和标致集团联合开发。VAN 作为专门为汽车开发的总线，1994 年成为国际标准。VAN 通信介质简单，位传输速率可达 1Mb/s（40m 内），按 SAE 的分类应该属于 C 类。

VAN 支持分布式实时控制的通信网络,可广泛应用于汽车门锁、电动车窗、空调、自动报警以及娱乐控制等系统。VAN 总线作为串行通信网络,与一般总线相比,其数据通信具有突出的可靠性、实时性和灵活性。VAN 标准特别考虑了严峻的环境温度、电磁干扰和振动因素,尤其适用于需要现场总线的实时控制系统。

2.4.2 VAN 总线分层描述

VAN 符合 ISO 11519-3 标准,属于 ISO/OSI 层模型,ISO 11519-3 只对物理层和数据链路层作了定义。

1. VAN 的物理层

物理层负责通信连接、编码和解码、时钟同步等。

VAN 位传输速率可达 1Mb/s,两根数据线(数据线 DATAA 和数据线 DATAB)采用双绞线、同轴电缆或光纤均可,可以在一根线条件下工作,其电压示意图如图 2-28 所示。其信号差动发送,能够获得强大可靠的噪声抗扰度与故障容差。

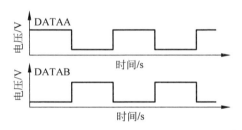

图 2-28 VAN 总线 DATAA 与 DATAB 的电压示意图

VAN 采用 E-Manchester(增强型 Manchester)码,通信速率最高可达 1Mb/s。如图 2-29 所示,E-Manchester 码为 3 个 NRZ 码(不归零码),与一个 Manchester 码作为一组,自同步,无须填充 NRZ 码。除此之外,VAN 还可以用脉冲波通信。

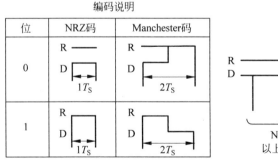 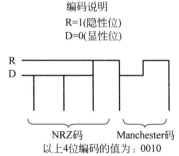

图 2-29 E-Manchester 编码

说明:"T_S"是电压出现变化的最小时间单位,1 位 NRZ 码持续时间 $=1T_S$,1 位 Manchester 码持续时间 $=2T_S$。

2. VAN 的数据链路层

数据链路层定义了信息帧的数据结构、通信优先权、通信格式、通信要求、总线仲裁以及错误检测及处理等。为在总线上可靠地传输数据,要将数据打包成帧。帧即为组成一个完整消息的一系列数据位,分成几个域,每个域包括了预定义类型的数据。数据链路层包含介质访问控制子层(MAC)和逻辑链路控制子层(LLC)。其中,MAC 子层是 VAN 协议的核心,负责报文分帧、仲裁、应答、错误检测和标定,把接收到的报文提供给 LLC 子层,并接收来自 LLC 子层的报文,处理帧的封装和解封装。LLC 子层负责报文滤波及错误处理。

数据链路层主要负责以下功能:

(1) VAN 的帧由 SOF、ID、COM、DATA(远程帧无)、FCS(CRC)、EOD、ACK(可选)及 EOF 八部分组成(此部分内容在下一节详细介绍)。

(2) 帧内应答,即数据帧与应答域的数据"拼凑"为一帧。

(3) VAN 网络上的节点信息被分成不同的优先级,可满足不同的实时要求,高优先级的数据有权先发送。

(4) VAN 采用非破坏性总线仲裁技术(全帧逐位仲裁)。

(5) VAN 只需通过滤波即可实现点对点、全局广播方式传送数据。

(6) VAN 协议可使用 MAC 子层检查可能发生的以下 5 种错误,即位错误、代码错误、帧格式错误、CRC 校验错误、ACK 错误。

(7) 在数据传输时,VAN 如果发生错误能自动重试,重试次数由用户设定。VAN 能侦测通信线路短路和开路,当两条通信线中的一条通信线发生故障(短路或者开路)时,可以在降级模式下运行,当线路故障解除时,可自动恢复到正常状态。

2.4.3 VAN 总线数据传输

1. VAN 的报文格式

VAN 的帧由 SOF、ID、COM、DATA(远程帧无)、FCS(CRC)、EOD、ACK(可选)及 EOF 八部分组成。4 个域(ID、COM、DATA、CRC)使用 E-Manchester 码。对帧结构的 8 个部分解释如下:SOF(start of frame),帧开始;EOD(end of data),数据结束;EOF(end of frame),帧结束;ID(identification),标识符;COM(command),命令;DATA,数据;FCS(frame check sequence),帧校验序列;CRC(cyclic redundancy code),循环冗余码;ACK(acknowledge),应答。另外,IFS 为帧间距,其波形如图 2-30 所示。在 VAN 总线中传送的报文有两种,一种是数据帧(RTR 为 0),另一种是远程帧(即请求帧,RTR 为 1,无 DATA 域)。

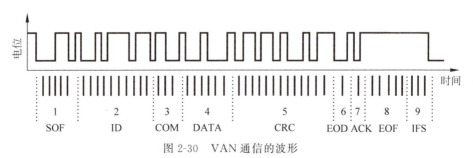

图 2-30 VAN 通信的波形

(1) 在标准格式中,报文的起始位称为帧起始(SOF),前同步码指示帧的开始,并设置临时参考点,如图 2-31 所示。

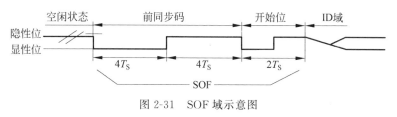

图 2-31 SOF 域示意图

(2) 标识符(ID)域,用于识别和说明帧中传递的数据,指示帧的目标地址。共 12 位,每 4 位一组(图 2-32)。ID 域可以扩展。

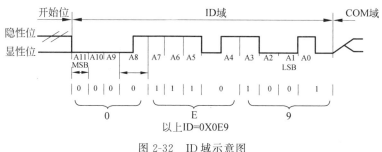

图 2-32 ID 域示意图

(3) 命令(COM)域由 4 位组成(EXT、RAK、R/W、RTR)。EXT(扩展位)为将来扩展使用,规定为 1(隐性位);RAK 用于接收模块是否需要应答 ACK;R/W 指示读写;RTR 位标明是数据帧还是请求帧,在请求帧(RTR 为 1)中没有数据字节,RTR 是 Manchester 位。

(4) 数据(DATA)域范围为 0~28B,数据传输时,MSB(最高有效位)在前。

(5) FCS 采用 CRC(循环冗余码),15 位,通过多项式计算检测数据错误,判断报文是否有错。

(6) 数据结束(EOD)域指示数据结束。

(7) 应答(ACK)域发送节点发送隐性电平(逻辑 1),如果有正确接收报文的节点,将发送主控电平(逻辑 0)覆盖原来的隐性电平。

(8) 帧结束(EOF)域为 8 个 T_S 的连续隐性位。

(9) 在相邻的两条报文之间,帧间距 IFS 为 4 个 T_S 的隐性位。如果 VAN 总线上有连续 12 个隐性位,则表明总线处于空闲状态。

2. 位仲裁

现场总线要求数据快速传送才能对数据进行实时处理。几个节点同时发送数据时,要求快速地进行总线分配。快速变化的物理量(如汽车发动机负载)比起相对变化较慢的物理量(如汽车耗油状况)数据更频繁,要求传输更迅速。

VAN 总线以报文为单位进行数据传送,报文的优先级结合在 12 位标识符中。具有最低二进制数的标识符则有最高的优先级。这种优先级一旦在系统设计时被确立就不能再被更改。VAN 总线采用带冲突检测的载波监听多路访问技术(carrier sense multiple access with collision detection,CSMA/CD),读取中的冲突可通过位仲裁解决。

当几个节点(如图 2-33 所示,有 3 个节点 a、b、c)同时发送报文时,假设它们的报文标识符(ID)前面几位相同,节点 a 的报文标识符最后两位是 01,节点 b 的报文标识符最后两位是 00,节点 c 的报文标识符最后两位是 11。由于 0(显性位)优先,而且仲裁从高位到低位,节点 c 的倒数第二位是 1(隐性位),首先被丢弃,退出竞争。接下来看节点 a 和节点 b 的倒数第一位,节点 a 的倒数第一位是 1,被丢弃,退出竞争。

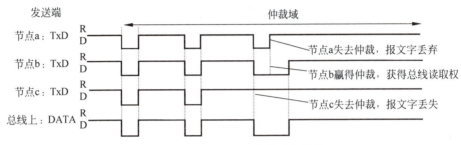

图 2-33 CSMA/CD 逐位非破坏仲裁

当多个节点同时向总线发送信息时,各节点优先级由低到高依次退出,实现边仲裁边传输,最终最高优先权信息的节点获得总线使用权,节省了总线冲突仲裁时间,这些节点将自动重发信息,实现实时传输。这种非破坏性位仲裁方法的优点在于,总线空闲后在网络最终确定哪一个节点的报文被传送以前,报文的起始部分已经在总线上传送了。所有未获得总线读取权的节点都成为接收节点,并且不会在总线再次空闲前发送报文。

2.4.4 VAN 总线的应用

VAN 总线的应用形式主要有两种,一种为单一 VAN 网络,另一种为 VAN/CAN 混合网络。神龙公司生产的爱丽舍、毕加索(1.6L、2.0L)和赛纳车均采用了 VAN 总线网络系统。法国与中国合资生产的标致、雷诺车上的电器全部都是以 VAN 的网络形式连接的,包括音响主机、显示屏、碟箱、空调、车速表以及气囊等。

1. 单一的 VAN 网络

最先开发的车载 VAN 总线网络主要用于汽车舒适性调节,比如空调、报警、导航、CD机、收放机、组合仪表、多功能显示屏、门锁、车窗、车灯等;主要应用车型有赛纳和毕加索,是纯 VAN 总线的车型。现在应用的 VAN 总线网络系统中,使用 BSI(智能控制盒,即中央控制计算机)对各功能单元进行控制(图 2-34),这样既减少了对驾驶员本身技术的依赖,又提高了驾驶和乘车的舒适性及安全性。

考虑到 VAN 总线的传输速率,中央控制计算机(BSI)与其他子系统的控制计算机单元(如发动机控制系统、ABS 控制系统等)之间的通信仍然用普通的线束实现。

2. VAN-CAN 混合网络

为了满足对更多功能和更高舒适度的高级车辆的需要,市场上又出现了 VAN/CAN 双网并存的轿车,其结构如图 2-35 所示。

图 2-35 中,CAN 总线为多主系统网络,用于机械功能、发动机和底盘等。VAN 舒适网

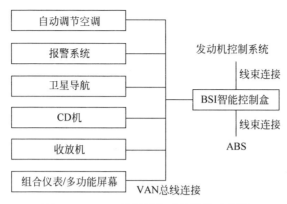

图 2-34　VAN 总线网络系统结构示意图

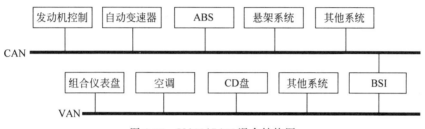

图 2-35　VAN/CAN 混合结构图

用于仪表、收放机、空调控制、导航系统等,为多主控式网络,传输速率为 125Kb/s。CAN 和 VAN 这两种网络都具有可靠性、简单性、经济性及稳定性,其中 CAN 网络往往用于连接轿车中实时控制的功能控制系统,VAN 多用在连接车身中的功能控制系统上。

目前,为了满足功能需要,广泛应用的 VAN/CAN 双网结构出现了"多网"的趋势,其中 VAN 网络又分为舒适 VAN 网和车身 VAN 网,车身网又分为车身网 VAN1 和车身网 VAN2,适用于安全气囊、前照大灯、车门、车窗、车门玻璃、座椅、微粒过滤器以及转向盘等,其传输速率为 62.5Kb/s 的典型速率。

2.5　车载 MOST 网络系统

2.5.1　概述

MOST 是指多媒体定向传输系统,是专为在车辆中使用而开发的一种多媒体应用通信技术。

MOST 利用一根光纤,最多可以同时传送 15 个频道的 CD 质量的非压缩音频数据。在一个局域网上,最多可以连接 64 个节点(装置)。

MOST 为多媒体时代的车载电子设备所必需的高速网络,为遥控操作及集中管理的方法等提出了方案。MOST 将成为汽车用多媒体设备所不可缺少的技术。

MOST 是采用塑料光缆(POF)的网络协议,将音响装置、电视、全球定位系统及电话等设备相互连接起来,给用户带来了极大的便利。在 MOST 中,不仅对通信协议给出了定义,而且也说明了分散系统的构筑方法。

MOST 网络可以不需要额外的主控计算机系统,结构灵活,性能可靠和易于扩展。MOST 网络光纤作为物理层的传输介质,可以连接视听设备、通信设备以及信息服务设备。MOST 网络支持"即插即用"方式,在网络上可以随时添加和去除设备。

MOST 具有以下几个特点:
(1) 保证低成本的条件下,达到 24.8Mb/s 的数据传输速率;
(2) 无论是否有主控计算机都可以工作;
(3) 使用塑料光缆(plastic optical fiber,POF)优化信息传送质量;
(4) 支持声音和压缩图像的实时处理;
(5) 支持数据的同步和异步传输;
(6) 发送/接收器嵌有虚拟网络管理系统;
(7) 支持多种网络连接方式;
(8) 提供 MOST 设备标准;
(9) 方便简洁的应用系统界面;
(10) MOST 总线不像 CAN 总线和 I-Bus(仪表总线)那样只传输控制数据和传感器数据,它还能传输数字音频信号和视频信号图形以及提供其他数据服务。

2.5.2 MOST 网络结构和原理

1. MOST 的节点结构

MOST 标准的节点结构模型如图 2-36 所示。MOST 网络可以连接基于不同内部结构和内部实现技术的节点,它的拓扑结构可以是环形网、星形网和菊花链。MOST 网络上的设备分享不同的同步和异步数据传输通道,不同类型的数据具有不同的访问机制。

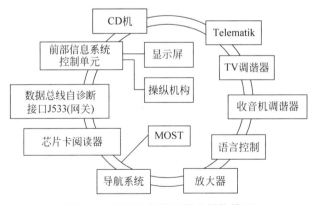

图 2-36 MOST 标准的节点结构模型

MOST 网络中有集中管理和非集中管理两种管理模式。集中管理模式中,管理功能由网络上的一个节点实施,当其他节点需要这些服务时,必须向这个节点申请;非集中管理模式中,网络管理分布在网络上的节点中,不需要这种中心管理。

一个 MOST 网络系统由 MOST 连接机制、MOST 系统服务和 MOST 设备三方面决定。MOST 网络启动时,为每一个网上设备分配一个地址;数据传输时,通过同步位流实现各节点的同步。

2. MOST 设备

连接到 MOST 上的任何应用层部分都是 MOST 设备。因为 MOST 设备是建立在 MOST 系统服务层上的，它可以应用 MOST 网络提供的信息访问功能以及位流传送的同步频道和数据报文异步传送功能。它可以向系统申请用于实时数据传送的带宽，同时还可以以报文形式访问网络和发送/接收控制数据。MOST 网络中，在网络管理系统的控制下，这些设备可以协同工作，它们之间可以同时传送数据流、控制信息和数据报文。图 2-37 为 MOST 设备的逻辑结构。

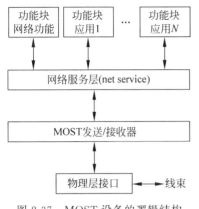

图 2-37 MOST 设备的逻辑结构

如图 2-37 所示，逻辑上，一个 MOST 设备包括节点应用功能块、网络服务接口、发送/接收器以及物理层接口。一个 MOST 设备可以有多个功能块，如使用 CD 需要有"播放""停止"以及"设置播放时间"等功能。这些功能，对于 MOST 设备来说是外部可访问的。

典型 MOST 设备的硬件结构如图 2-38 所示。其中 Rx 表示输入信号，Tx 表示发送信号，Ctrl 表示控制信号，在一些简单的设备中，可以没有微控制器部分，由 MOST 功能模块（MOST 发生/接送器）直接把应用系统连接到网络上。

图 2-38 MOST 设备的硬件结构

3. MOST 网络的原理

MOST 网络的一个基本特征是它不像 CAN 总线和 I-Bus 仪表总线那样，只传输控制数据和传感器数据，除此之外 MOST 网络还能传输数字音频信号和视频信号图形以及其他数据。其原理如图 2-39 所示。

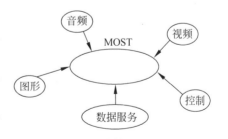

图 2-39 多媒体网络的原理

控制数据和传感器数据与数字音频信号和视频信号系统最大的区别在于数据容量，数字音频信号和视频信号的数据容量非常大（15Mb/s），采用高速的 CAN(1Mb/s)也无法及时、快速传递。

MOST 目前提供的带宽为 24.8Mb/s。为了满足数据传输的各种不同要求，MOST 信息分为控制数据、异步数据和同步数据三部分。这三部分数据分别由一个信息帧的同步数据域、异步数据域和控制数据域传送。同步数据域用于传送实时数据，数据的访问采用分时多路复用(time division multiplexing,TDM)方式；异步数据域用于传送大块的数据,异步数据传输以令牌环的方式访问；控制数据域传输媒体和其他数据,控制通道的协议采用载波监听多路复用访问(carrier sense multiple access,CSMA)方式。

2.5.3 MOST 在汽车上的应用

MOST 技术问世以来,其普及速度突飞猛进。该技术已经被几十种车型采用,芯片年出货量达几千万片,在欧洲已经成为事实上的行业标准,在亚洲和北美市场,该技术已经全面渗透到汽车行业中,2007 年以丰田为首的日本汽车厂商对该技术的采用,引发了该技术在日本汽车行业的普及风潮。

1. MOST 技术的产生

MOST 技术由 MOST 组织来主持标准化与规格化工作。截至目前,已经有十几家国际性汽车厂商和几十家主要零配件生产厂商加盟该组织。为了推动 MOST 技术向汽车以外的行业普及,MOST 组织开始着手准备开发技术的标准化工作,并建立起与之相配套的组织机构。

来自车载 LAN(局域网)领域的市场需求掀起了引进 MOST 技术的风潮。由于对高端汽车娱乐装置需求的走强,要求汽车厂商能够封装更为复杂的汽车系统产品,因此需要搭载多个高性能中央控制器,设计出复杂的控制软件。同时,为了在这些装置间建立连接,必须在车体内布置大量复杂的导线。这必然需要有一个高效率的网络来集成并传送声音或图像、软件包、控制信号。

2. MOST 技术的优势

在为数不多的几个 LAN 标准中,MOST 技术具备技术上的优势和较高的实用性。特别值得一提的是其技术上的优势,与其他标准相比,这种通信标准是一种分流可能性很大的技术。

主要通信标准大多数是以软件包的形式传输的。为了实现实时传输声音、动画,必须考虑各种方案。为了调整时间,需要缓存为管理软件包传输的追加信息,这样就会出现缓存溢出的问题,降低网络的工作效率。

MOST 把网络分成段,通过给一个分流传输分配一个带频,可以生成与专用通道同等效果的虚拟传输通道。这样不仅可以保证传输带频不受其他通信传输量的影响,还可以省去为说明数据内容而附加的文件。这一方式不仅提高了网络的使用效率,也简化了外部线路的分布。比如,可以原封不动地传输从 A/D 整流器输出的整个音频文件而不用经过任何处理。MOST 技术可以在不用改变较低传输速率的前提下提高网络使用效率,实现物理层的低成本、简易化封装。

3. MOST 技术拓展应用

目前已经实现产品化的 MOST 技术有 MOST25、MOST50 和第 3 代 MOST 150Mb/s 技术(MOST150)。MOST150 使用与 MOST25 同等的塑料光纤,不用增加物理层成本就可以提高通信速率。为了给不同数据类型提供最合适的传输通道,以往的技术都是通过分配同步频段、非同步频段、控制频段等 3 个逻辑频段来实现,而 MOST150 在此基础上又增加了两个频段:一个是同步丛发频段,与 MOST 网络相比,它是一种更容易进行非同步分流传输、更适合传输 MPEG 格式图像的方式;另一个是可以通过 MAC 地址进行通信的以太网频段,这一频段可以当作以太网使用,轻松处理 TCP/IP 协议。

采用 MOST150 后,影像传输变得更容易,不仅可以用在休闲娱乐方面,还可以用在车载摄像头等行车系统上。由于提高了与以太网的亲和性,所以不用增加新的布线就可以嵌入 TCP/IP 操作系统,进一步提高了网络应用的灵活性。此外,MOST 技术不仅可以用在汽车上,还可以用在家庭影院、教育领域,汽车行业培育起来的技术与品质有望发展到其他消费品市场。

2.6 车载 FlexRay 网络系统

FlexRay 是 BMW、Daimler Chrysler、Motorola 和 Philips 等公司制定的功能强大的通信网络协议,基于 FTDMA 的确定性访问方式,具有容错功能及确定的通信消息传输时间,同时支持事件触发与时间触发通信,具备高速率通信能力。该协议不仅提高了一致性、可靠性、竞争力和效率,而且还简化了开发周期和降低了使用成本,符合未来汽车的应用需求。

2.6.1 FlexRay 协议及其容错机制

FlexRay 协议数据传输速度为 10Mb/s。它是一种可伸缩的通信系统,支持同步或异步数据传输。同步数据传输可实现时间触发通信,以满足系统可靠性要求;异步数据传输在事件驱动的通信中允许每个节点利用全部带宽。因此,FlexRay 是为高速率数据传输和高级控制应用而设计的故障容错协议。德国 BMW 公司与 Daimler Chrysler 公司有望在近几年内将 FlexRay 引入其汽车系列。

FlexRay 网络结构可以有 4 种形式,即总线式、星形式、星形-总线混合式及多个星形串接式。FlexRay 的总线根据需要可以连接多个乃至很多节点。在每个节点内,根据应用的确定性和容错要求,FlexRay 模块均包括实施 FlexRay 协议所需的所有组件。FlexRay 协议所需的所有组件如下:

(1) 寄存器模块。它包含控制寄存器,用于配置 FlexRay 设备;还包括状态寄存器,用于读取当前的协议状态信息。

(2) 信息缓冲器接口。CPU 中使用该接口,以接收和传输数据,包括寄存器块生成的数据。

(3) 协议状态机。这是通信控制器的核心,它执行整个协议逻辑,如信息处理、建立通信周期、启动和错误处理。

(4) 定时单元。定时单元负责定时控制,它包括支持分布式时钟的同步。

(5) 循环冗余码校验 CRC 单元。在信息传输和接收过程中,生成和检验每个数据帧的校验和。

(6) 接收和传输单元。每个通道一个。

FlexRay 采用冗余备份的办法,分别由两条总线和两个网络控制器构成一个完整网络,每个电子控制单元(ECU)分别和两条总线相连。正常情况下,可以利用双通道进行数据传递,当其中一个网络发生故障时,也可以由另一个备份网络承担通信任务。

FlexRay 数据帧分成 3 段,即头段、负载段、尾段,如图 2-40 所示。

图 2-40　FlexRay 帧结构

(1) 头段。头段中包括 4 部分,即帧 ID(11 位)、数据长度指示(7 位)、头部 CRC(11 位)、周期计数(6 位)。帧 ID 用来识别该帧和该帧在事件触发帧中的优先级。数据长度指示标注一帧中能传送的字数。头部 CRC 检测传输中的错误。周期计数有一个计数器,每一通信周期开始时,该计数器增 1。在帧 ID 之前还有 5 位,第 1 位是保留位,第 2 位是负载段前言指示,第 3 位是 0 帧指示,第 4 位是同步帧,第 5 位是起始帧指示。

(2) 负载段。负载段是该帧用来传送数据的部分。FlexRay 负载段的长度可达 127 个字(254B),比 CAN 大 30 倍。其长度可变,从 0 到 254B,在帧头的数据长度指示中标出。

(3) 尾段。尾段为 3 个 8 位的 CRC,用以检测错误。

FlexRay 支持多个级别的容错功能,包括通过单信道或双信道模式(提供传输所需要的冗余),提供可扩展的系统容错。独立的物理层总线保护器也有助于最大限度地减少系统错误,确保在通信控制器出现故障的情况下,根据需要将通信控制器与网络断开,从而避免了数据传输冲突的发生。

要为所有的 FlexRay 节点提供时间触发的实时系统,需要在不同节点之间提供准确的全局时间同步。FlexRay 过偏差纠正和速率纠正算法支持时钟纠正管理。在每个周期中,"同步信息"从网络上的同步节点传送到总线。为了支持容错系统,它至少提供 4 个同步节点。每个节点都接收到一条同步信息,并将其时钟与同步节点的时钟进行比较,然后纠正其时钟,以便与同步节点的时钟相匹配。如果安全系统一个节点发生故障,不会干扰其他节点的同步,这样所有网络节点都能在一个紧凑的预先设定的精确时间窗中有秩序地工作。

2.6.2　FlexRay 线控制动系统实现过程

高级底盘控制是 FlexRay 推动新技术在汽车设计中的最好应用。如今,防抱死制动系统(ABS)在大量车辆上得到普及,但是车辆稳定性控制仍然是一个复杂、费用高昂的难题。随着基于 FlexRay 网络控制的线控制动技术的出现,车辆稳定性控制的主要组件将向更轻、更快、更简单、效率更高的方向发展,从而实现高级车辆的稳定性控制。

线控制动技术(亦称电子机械制动,EMB)可以消除制动液和液压管路的困扰。单独的高性能电机在每个车轮上产生制动力,制动由 ECU 控制,并由电子踏板模块发出的信号执行。FlexRay 提供通信协议,支持整个系统的高速信息传送,FlexRay 的容错功能保证了线控制动系统的绝对可靠性。

如图 2-41 所示，FlexRay 支持的线控系统包括用作 ECU 部件的车辆控制节点、每个车轮提供的单独节点和一个制动踏板节点。系统包含大量传感器、电动执行器、电控模块（ECM）和减速器装置，制动车轮节点属于该系统。从根本上说，制动时电子信息便从踏板节点发送到 ECU，ECU 再将信息转载到车轮节点 ECM，ECM 的主要功能是接收制动踏板信号，处理并提供适当的电压向量，以便电动执行器能够完成必要的扭矩响应。

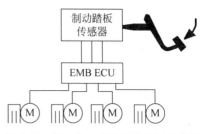

图 2-41　FlexRay 支持的线控制动系统

电动执行器将电能转换成机械能，通过减速器装置传输到制动器外壳和制动垫块上，然后它们作为一个整体将制动力施加到制动盘上。FlexRay 的高带宽功能可以快速传输大量极为详尽的信息，从而使机械反应变得非常迅速、准确。由于每个车轮节点都是 FlexRay 网络的独立系统，每个车轮可以在不同时间间隔提供不同的制动压力，从而在不同制动情况下提供即时的稳定性控制。此外，使用综合感应技术将其他信息（如重量分配、乘客定位、胎压偏差、路面状况等）装载到线控制动系统上，线控驾驶系统将提供空前的车辆稳定控制级别。

FlexRay 除了具有线控制动的安全可靠优势外，还有大量其他优势值得考虑。例如，它能够与未来的智能交通系统实现无缝联网，能与其他车内线控功能轻松集成等。此外，未来汽车多媒体娱乐系统要求将数据总线集成在一起，以传输移动图像，这就需要传输速率更高、更快的网络总线，而 FlexRay 总线增加了高速协议，可满足最严格的系统要求。

在汽车领域，FlexRay 协议可能的应用具体如下：主动和被动安全系统、防碰撞系统、动力传动控制系统和辅助驾驶系统。总之，FlexRay 将实现动力传动系统和车身系统等下一代高带宽控制应用，将使汽车发展成百分百的电控系统，完全不需要后备机械系统的支持，高度可靠的 FlexRay 网络应用，必将成为车内新型高速控制系统的全球标准，为汽车制造商带来更高的灵活性和更大的设计自由，并能提高安全性、降低油耗，为驾乘者提供更多方便的选择。

思考与练习题

2.1　简述通信协议的三要素。
2.2　分析通信协议的类型。
2.3　简述 CAN 总线通信系统的组成。
2.4　分析 CAN 总线数据传输过程。
2.5　分析 LIN 总线网络结构。

第3章 微控制器的通信模块

串行通信是微控制器与外围设备或其他计算机之间通信的一种重要渠道,计算机或微控制器与外界进行数据交换称为通信。它是采用一根或几根传输线作为通信连接线,把一组二进制数据逐位、顺序、分时进行传输的方式。串行通信的缺点是传送速度较慢;其突出的优点是所需传输线的数量较少,占用微控制器(MCU,又称单片机)的引脚资源较少。串行通信必须遵守严格的通信协议才可以用于传输数据。

HCS12 单片机作为飞思卡尔(Freescale)公司生产的一款面向汽车电子行业的微控制器芯片,它的串行通信模块包括多个独立的串行子系统,本章以 HCS12 单片机为例,介绍异步串行通信(SCI)和 CAN 总线通信两个串行通信子系统。

3.1 串行通信接口

目前几乎所有的台式计算机都带有 9 芯的异步串行通信口,简称串行口或 COM口。因为简单且常用的串行通信只需要 3 根线(发送线、接收线和地线),所以串行通信仍然是 MCU 与外界通信的简便方式之一。大部分 MCU 都具有串行通信接口(SCI),掌握 SCI 也是学习 MCU 的重要内容之一。

串行通信是 MCU 与外部设备之间进行的一种简单而有效的硬件方法。串行通信接口可以将终端或个人计算机连接到 MCU,也可以将几个分散的 MCU 连接成通信网络。

3.1.1 异步串行通信的基础知识

1. 基本概念

"位"(bit)是单个二进制数字的简称,是可以拥有两种状态的最小二进制值,分别用 0 和 1 表示。在计算机中,通常一个信息单位用 8 位二进制表示,称为 1 字节(byte,表示为 1B)。串行通信的特点是:数据以字节为单位,按位的顺序从一条传输线上发送出去。这里至少涉及几个问题:①每个字节之间是如何区分的?②发送 1 位的持续时间是多少?③怎样知道传输是正确的?④可以传输多远?等等。这些问题属于串行通信的基本概念。串行通信分为异步通信和同步通信两种方式,本节主要给出异步串行通信的一些常用概念。

1) 异步串行通信的格式

在 MCU 的英文芯片手册上,通常说 SCI 采用的是 NRZ 数据格式,英文全称是 Standard Non-Return-Zero Mark/Space Data Format,可以译为"标准不归零传号/空号数据格式"。这是一个通信术语。"不归零"的最初含义是:用负电平表示一种二进制值,正电平表示另外一种二进制值,不使用零电平。Mark/Space 即"传号/空号",分别表示两种状态的物理名称,逻辑名称记为 1/0。图 3-1 给出了 8 位数据无校验情况的传输格式。

图 3-1 串行通信数据格式

这种格式的空闲状态为 1,发送器通过发送一个 0 表示一字节传输的开始,随后是数据位(在 MCU 中一般是 8 位或 9 位,也可以包含校验位)。最后,发送器发送 1～2 位的停止位,表示一字节传输结束。若继续发送下一字节,则重新发送开始位,开始一个新字节传送。若不发送新的字节,则维持 1 的状态,即使发送数据处于空闲。从开始位到停止位结束的时间间隔称为 1 帧(frame)。因此,也称这种格式为帧格式。

通过这段内容可以知道,在异步串行通信中,是通过开始位和停止位来区分每个传送字节的。因此,每发送一个字节,都要发送开始位和停止位,这是影响异步串行通信传送速度的因素之一。同时,因为每发送一个字节,必须首先发送开始位,所以称之为"异步"通信。

2) 串行通信的波特率

"位长"(bit length),也称为位的持续时间(bit duration)。其倒数就是单位时间内传送的位数。人们把每秒内传送的位数叫做波特率(baud rate)。波特率的单位是位/秒,记为 b/s 或 bps。bps 是英文 bit per second 的缩写,习惯上这个缩写不用大写,而用小写。

通常使用的波特率有 300、600、900、1200、1800、2400、4800、9600、19200、38400 b/s。在包含开始位和停止位的情况下,发送一字节数据需要 10 位,所以很容易计算出在各种波特率下,发送 1KB 所需时间。显然,这个速度相对于目前的许多通信方式是慢的,那么,异步串行通信的速度能否提的很高呢?答案是否定的。这是因为随着波特率的提高,位长变小,以致很容易受到电磁源的干扰,通信就不可靠了。当然,还有通信距离问题,距离短,可以适当提高波特率。后面还会涉及此问题。

3) 奇偶校验

在异步串行通信中,如何知道传输是正确的?最常见的方法就是增加一位(奇偶校验位),供错误检测使用。字符奇偶校验检查(character parity checking)称为垂直冗余检查(vertical redundancy checking,VRC),它是每个字符增加一个额外位使字符中的 1 的个数为奇数或是偶数。奇数或偶数依据使用的是奇校验检查还是偶校验检查而定。当使用奇校验检查时,如果字符数据位中 1 的数目是偶数,则校验位应为 1;如果 1 的数目是奇数,则校验位应为 0。当使用偶校验检查时,如果字符数位中 1 的数目是偶数,则校验位应为 0;如果是奇数,则为 1。

这里给出奇偶校验检查的一个实例,例如 ASCII 字符 R,其位构成是 01010010。由于字符 R 中有 3 个 1 位,因此若使用奇校验则校验位为 0;若使用偶校验则校验位为 1。

在传输过程中,若有1位(或奇数个数据位)发生错误,使用奇偶校验检查可以知道发生传输错误;若有2位(或偶数个数据位)发生错误,使用奇偶校验检查不能知道发生传输错误。但是奇偶校验检查方法简单,使用方便,发生1位错误的概率远大于发生2位错误的概率,所以"奇偶校验"还是最为常用的一种校验方法,几乎所有MCU的串行异步通信接口都提供这种功能。

4) 串行通信的传输方式

在串行通信中,经常用到"单工""全双工""半双工"等术语,它们是串行通信的不同传输方式。下面简要介绍这些术语的基本含义。

(1) 单工(simplex):数据传送是单向的,一端为发送端,另一端为接收端。在这种传输方式中,除了地线之外,只要一根数据线就可以了。有线广播就是单工的。

(2) 全双工(full-duplex):数据传送是双向的,且可以同时接收与发送数据。在这种传输方式中,除了地线之外,发送方和接收方均需要两根数据线,一根为发送线,另一根为接收线。一般情况下,MCU的异步串行通信接口均是全双工的。

(3) 半双工(half-duplex):数据传送也是双向的,但是在这种传输方式中,除了地线之外,一般还有一根数据线。任何一个时刻,只能由一方发送数据,另一方接收数据,不能同时收发。

2. RS-232C 接口

1) RS-232C 接口标准

MCU引脚输入/输出一般使用TTL电平,而TTL电平的1和0的特征电压分别为2.4V和0.4V(目前一些使用3V供电的MCU中,该特征值有所变动),它适用于板内数据传输。若用TTL电平将数据传输到5m之外,那么可靠性是值得考究的。为了使信号传输得更远,美国电子工业协会(Electronic Industry Association,EIA)制定了串行物理接口标准RS-232C。RS-232C采用负逻辑,$-15 \sim -3V$ 为逻辑1,$3 \sim 15V$ 为逻辑0。RS-232C最大的传输距离是30m,通信速率一般低于20Kb/s。当然,在实际应用中,也有人用降低通信速率的方法,通过RS-232C电平将数据送到300m之外,这是很少见的,且稳定性很不好。

RS-232C接口标准最初是为远程数据通信制定的,但目前主要用于几米到几十米范围内的近距离通信。有专门的书籍介绍这个标准,但对于一般的读者不需要掌握RS-232C标准的全部内容,只要了解本节介绍的这些基本知识就可以了。目前,一般的PC机均带有1或2个串行通信接口,人们也称之为RS-232C接口,简称"串口",它主要用于连接具有同样接口的室内设备。早期的标准串行通信接口是25芯插头,这是RS-232C规定的标准连接器(其中:2条地线、4条数据线、11条控制线、3条定时信号线,其余5条线备用或未定义)。后来,人们发现在计算机的串行通信中,25芯线中的大部分并不使用,于是逐渐改为使用9芯串行接口。一段时间内,市场上还有25芯与9芯的转接头,方便了两种不同类型插头之间的转换。后来,使用25芯串行插头极少见到,25芯与9芯转接头也极少有售。因此,目前几乎所有计算机上的串行接口都是9芯接口。图3-2给出了9芯串

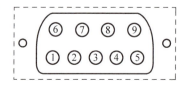

图3-2　9芯串行接口排列

行接口的排列位置,相应引脚含义如表3-1所列。

表3-1 9芯串行接口引脚含义

引脚号	功　能	引脚号	功　能
1	接收线信号检测(载波DCD)	6	数据通信设备就绪(DSR)
2	接收数据线(RxD)	7	请求发送(RTS)
3	发送数据线(TxD)	8	清除发送
4	数据终端准备就绪(DTR)	9	振铃指示
5	信号地(GND)		

在RS-232C通信中,常常使用精简的RS-232通信,通信时仅使用3根线:RxD(接收线)、TxD(发送线)和GND(地线)。其他为进行远程传输时接调制/解调器之用,有的也可以作为硬件握手信号,初学时可以忽略这些信号的含义。

2) 电平转换电路

在MCU中,若用RS-232C总线进行串行通信,则需要外接电路实现电平转换。在发送端需要用驱动电路将TTL电平转换成RS-232C电平,在接收端需要用驱动电路将RS-232C电平转换为TTL电平。电平转换器不仅可以由晶体管分立元件构成,也可以直接使用集成电路。目前使用MAX232芯片较多,该芯片能使用单一+5V电源供电实现RS-232C电平转换。图3-3给出了MAX232芯片的引脚图。

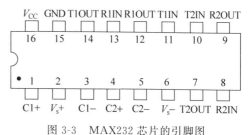

图3-3 MAX232芯片的引脚图

MAX232芯片的引脚含义如下:

V_{CC}(16脚):正电源端,一般接+5V。

GND(15脚):地。

V_s+(2脚):$V_s+=2V_{CC}-1.5V=8.5V$。

V_s-(6脚):$V_s-=-2V_{CC}-1.5V=-11.5V$。

C2+、C2-(4,5脚):一般接1μF的电解电容。

C1+、C1-(1,3脚):一般接1μF的电解电容。

MAX232芯片输入/输出引脚分两组,基本含义如表3-2所列。在实际使用时,若只需要一路SCI,可以使用其中的任何一组。

表3-2 MAX232芯片输入/输出引脚分类与基本接法

组别	TTL电平引脚	方向	典型接口	RS-232电平引脚	方向	典型接口
1	11	输入	接MCU的TxD	13	输入	连接到接口,与其他设备通过RS-232相接
	12	输出	接MCU的RxD	14	输出	
2	10	输入	接MCU的TxD	8	输入	连接到接口,与其他设备通过RS-232相接
	9	输出	接MCU的RxD	7	输出	

图 3-4 给出了一个基本 SCI 电平转换电路。

由图 3-4 可知,其基本工作过程如下:

发送过程:MCU 的 TxD(TTL 电平)经过 MAX232 的引脚 11(T1IN)进到 MAX232 内部,在内部 TTL 电平被"提升"为 RS-232 电平,通过引脚 14(T1OUT)发送出去。

接收过程:外部 RS-232 电平经过 MAX232 的引脚 13(R1IN)进入 MAX232 内部,在内部 RS-232 电平被"降低"为 TTL 电平,经过引脚 12(R1OUT)送到 MCU 的 RxD,进入 MCU 内部。

进行 MCU 的 SCI 编程时,只针对 MCU 的发送与接收引脚,与 MAX232 无关,MAX232 只起到电平转换作用。

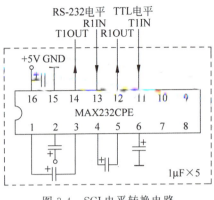

图 3-4 SCI 电平转换电路

3. SCI 通用编程原理

从基本原理角度看,串行通信接口 SCI 的主要功能是:接收时,把外部的单线输入的数据变成 1B 的并行数据送入 MCU 内部;发送时,把需要发送的 1B 的并行数据转换为单线输出。图 3-5 给出了一般 MCU 的 SCI 模块的功能描述。

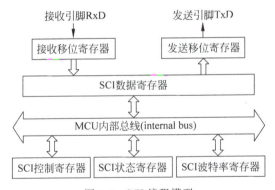

图 3-5 SCI 编程模型

为了设置波特率,SCI 应具有波特率寄存器。为了能够设置通信格式,是否校验,是否允许中断等,SCI 应具有控制寄存器;而要知道串口是否有数据可收,数据是否发送出去等,需要有 SCI 状态寄存器。当然,若一个寄存器不够用,控制与状态寄存器可能有多个。而 SCI 数据寄存器存放要发送的数据,也存放接收的数据,这并不冲突,因为发送与接收的实际工作是通过发送移位寄存器和接收移位寄存器完成的。编程时,程序员并不直接与发送移位寄存器和接收移位寄存器打交道,只与数据寄存器打交道,所以 MCU 中并没有设置发送移位寄存器和接收移位寄存器的映像地址。发送时,程序员通过判断状态寄存器的相应位,了解是否可以发送一个新的数据。若可以发送,则将待发送的数据放入 SCI 数据寄存器中即可,剩下的工作由 MCU 自动完成;将数据从 SCI 数据寄存器发送到移位寄存器,硬件驱动将发送移位寄存器的数据逐位地按照规定的波特率移到发送引脚 TxD,供对方接收。接收时,数据逐位地从接收引脚 RxD 进入接收移位寄存器,当收到一个完整字节时,

MCU 会自动将数据送入 SCI 数据寄存器,并将状态寄存器的相应位改变,供程序员判定并取出数据。

3.1.2 HCS12 单片机的 SCI

SCI 串行通信接口是一种异步串行通信系统,它是计算机最常用的通信接口之一。HCS12 单片机的 SCI 是全双工异步串行通信接口,通常用于微控制器与其他计算机、调制解调器等设备之间的通信。

1. SCI 的特点

在 HCS12 微控制器中集成了两个 SCI 串行通信模块:SCI0、SCI1。每个 SCI 模块的内部结构如图 3-6 所示。

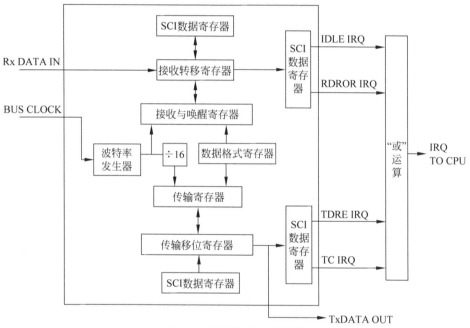

图 3-6 SCI 模块的内部结构

SCI 是一种采用标准的不归零数据(NRZ)格式的异步串行通信接口,它内置独立的波特率产生电路和 SCI 收发器,可以选择 8 或 9 个数据位(其中 9 位数据格式的第 9 位可由 SCI 控制寄存器的 M 位指定为奇或偶校验位)。发送和接收的奇偶校验位可以选择是否由硬件生成。

HCS12 单片机 SCI 的功能特点:双线串行接口;标准 NRZ 格式;硬件自动生成奇偶标志;全双工操作;独立的波特率产生逻辑;独立的发送器和接收器允许控制位;通信过程可采用中断驱动机制;具有回送方式,方便了调试;可以监视发送器的输出;实现通信过程的自诊断。

HCS12 单片机 SCI 串行通信在普通和特殊运行模式下的功能是一样的。它除了运行模式外,还有两种低电源工作模式,即等待模式和停止模式。

2. SCI 的设置

1) 波特率寄存器(SCIBDH、SCIBDL)

SCIBDH 和 SCIBDL 构成一个 16 位的波特率寄存器,其中,SCIBDH 为高 8 位波特率寄存器,SCIBDL 为低 8 位波特率寄存器。SCI0 模块的波特率寄存器写成 SCI0BDH、SCI0BDL,SCI1 模块的波特率寄存器写成 SCI1BDH、SCI1BDL。

(1) 波特率寄存器 SCIBDH

复位默认值:0000 0000B

读写	bit7	bit6	bit5	bit4	bit3	bit2	bit1	bit0
Read/Write	0	0	0	SBR12	SBR11	SBR10	SBR9	SBR8

(2) 波特率寄存器 SCIBDL

复位默认值:0000 0100B

读写	bit7	bit6	bit5	bit4	bit3	bit2	bit1	bit0
Read/Write	SBR7	SBR6	SBR5	SBR4	SBR3	SBR2	SBR1	SBR0

SBR12～SBR0 为波特率常数,SCI 的波特率计算公式如下:

$$波特率 = SCI 模式时钟/(16 \times BR)$$

式中,BR 为 SCI 波特率寄存器的常数,由 SBR12～SBR0 设定,其取值范围为 1～8191;SCI 模式时钟为主频频率(由图 3-6 可知)。

2) SCI 控制寄存器 1(SCICR1)

SCI 的工作方式主要由该寄存器设置。可选择工作模式、设置帧格式、唤醒、空闲检测类型以及奇偶校验等。SCI0 模块的控制寄存器 1 写成 SCI0CR1,SCI1 模块的控制寄存器 1 写成 SCI1CR1。

复位默认值:0000 0100B

读写	bit7	bit6	bit5	bit4	bit3	bit2	bit1	bit0
Read/Write	LOOPS	SCISWAI	RSRC	M	WAKE	ILT	PE	PT

LOOPS:循环选择位。

0——正常工作使能;

1——循环工作使能。

SCISWAI:SCI 等待模式停止位。

0——SCI 等待模式使能;

1——SCI 等待模式禁止。

RSRC:接收器信号源位。当 LOOPS 为 1 时,RSRC 决定接收器移位寄存器的信号源。

0——接收器的输入在内部连接到发送器输出;

1——接收器的输入连接到发送引脚。

M：数据帧格式位。

0—1 个起始位,8 个数据位,1 个停止位；

1—1 个起始位,9 个数据位,1 个停止位。

WAKE：唤醒条件位。

0—由空闲线唤醒；

1—地址标志也即第 9 位数据位唤醒。

ILT：空闲线类型位。

0—在一帧的开始位后立即对空闲特征位计数；

1—在停止位后开始对空闲特征位计数。

PE：奇偶校验使能位。

0—奇偶校验禁止；

1—奇偶校验使能。

PT：奇偶校验类型位。

0—偶校验；

1—奇校验。

3）SCI 控制寄存器 2(SCICR2)

SCI 控制寄存器 2 主要完成收发中断的控制、收发的允许等设置操作。SCI0 模块的控制寄存器 2 写成 SCI0CR2,SCI1 模块的控制寄存器 2 写成 SCI1CR2。

复位默认值：0000 0000B

读写	bit7	bit6	bit5	bit4	bit3	bit2	bit1	bit0
Read/Write	TIE	TCIE	RIE	ILIE	TE	RE	RWU	SBK

TIE：发送中断使能位。

0—TDRE 中断请求禁止；

1—TDRE 中断请求使能。

TCIE：发送结束中断使能位。

0—TC 中断请求禁止；

1—TC 中断请求使能。

RIE：接收满中断使能位。

0—RDRF 和 OR 中断请求禁止；

1—RDRF 和 OR 中断请求使能。

ILIE：空闲中断使能位。

0—IDLE 中断请求禁止；

1—IDLE 中断请求使能。

TE：发送允许位。

0—发送禁止；

1—发送使能。

RE：接收使能位。

0—接收器禁止；

1—接收器使能。

RWU：接收器唤醒位。

0—正常工作；

1—唤醒功能使能。

SBK：中止符发送使能位。

0—中止符产生器禁止；

1—产生中止符。

4) SCI 状态寄存器 1(SCISR1)

SCI 状态寄存器 1 可显示 SCI 的运行情况，例如接收、发送数据状态，是否出错等。SCI0 模块的状态寄存器 1 写成 SCI0SR1，SCI1 模块的状态寄存器 1 写成 SCI1SR1。

复位默认值：0000 0000B

读写	bit7	bit6	bit5	bit4	bit3	bit2	bit1	bit0
Read	TDRE	TC	RDRF	IDLE	OR	NF	FE	PF

TDRE：发送数据寄存器空标志位。

0—无字节传送到发送移位寄存器；

1—数据已被传送到发送移位寄存器，发送数据寄存器为空。

TC：发送结束标志。

0—正在发送；

1—发送结束。

RDRF：接收数据满标志。当数据从接收移位寄存器传输到 SCI 数据寄存器 RDRF 置 1，读取 SCI 状态寄存器 SCISR1 和 SCI 数据寄存器低位将会清除 RDRF。

0—SCI 数据寄存器数据无效；

1—SCI 数据寄存器接收到的数据有效。

IDLE：空闲线标志。当接收到 10 或 11 个以上连续的 1 时，IDLE 置位。

0—RxD 线非空闲；

1—RxD 线空闲。

OR：重叠标志。当接收数据寄存器中的数据未被取走之前，又要接收移位寄存器写入新的一帧数据，这种情况称重叠错误。

0—无重叠；

1—出现重叠错误。

NF：噪声标志。当 SCI 检测到接收输入端有噪声，该位置位。

0—无噪声；

1—有噪声。

FE：帧格式错误标志。如果在应该出现停止位的时刻，检测到 0，则该位置位。

0—无帧格式错误；

1—有帧格式错误。

PF：奇偶校验错误标志。当奇偶校验允许（PE 为 1），接收到数据的奇偶性与校验位 SCICR1 中的 PT 不相匹配，该位置位。

0—奇偶校验正确；

1—奇偶校验错误。

5）SCI 数据寄存器（SCIDRH、SCIDRL）

SCIDRH 和 SCIDRL 构成一个 16 位的数据寄存器，其中，SCIDRH 为高 8 位数据寄存器，SCIDRL 为低 8 位数据寄存器。SCI0 模块的数据寄存器写成 SCI0DRH、SCI0DRL，SCI1 模块的数据寄存器写成 SCI1DRH、SCI1DRL。

（1）SCI 数据寄存器 SCIDRH

复位默认值：0000 0000B

读写	bit7	bit6	bit5	bit4	bit3	bit2	bit1	bit0
Read	R8	T8	0	0	0	0	0	0
Write								

（2）SCI 数据寄存器 SCIDRL

复位默认值：0000 0100B

读写	bit7	bit6	bit5	bit4	bit3	bit2	bit1	bit0
Read	R7	R6	R5	R4	R3	R2	R1	R0
Write	T7	T6	T5	T4	T3	T2	T1	T0

R8：接收位 8。该位写操作无效。当 SCI 设置成 9 位数据运行模式（M 为 1）时，该位是从串行数据流中接收到的第 9 位。

T8：发送位 8。任何时候可读可写。当 SCI 设置成 9 位数据运行模式时，该位是送到串行数据流的第 9 位。

R7～R0：接收数据位 7～0。

T7～T0：发送数据位 7～0。

3．SCI 的应用实例

1）点对点通信

HCS12 单片机的 SCI 模块采用 RS-232 电平转换芯片 MAX232，可以利用异步串行通信协议与 PC 机进行点对点通信，如图 3-7 所示。

实验说明：

（1）HCS12 单片机的 SCI0 模块与 PC 机进行 SCI 通信；

（2）HCS12 单片机的主频为 8MHz，SCI0 波特率设置为 9600b/s；

（3）HCS12 单片机 SCI0 的数据格式设置为：正常 8 位模式，无奇偶校验；

（4）HCS12 单片机的输入/输出 A 口控制 8 个共阳发光二极管（流水灯）的亮灭；

（5）PC 机的上位机软件利用 SCI 串口小助手。

实验效果：

（1）定时方式（每隔 1s）向 PC 机发送一个字符"A"（串口小助手的接收窗口可显示）；

（2）用定时查询的方式（每隔 1ms）接收 PC 机发送过来的数据，如果接收到字符"A"流水灯亮，如果接收到其他字符流水灯灭。

程序流程图如图 3-8 所示。

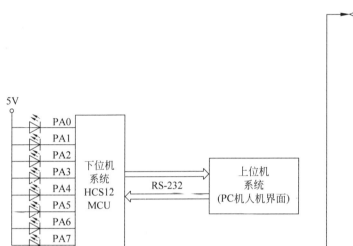

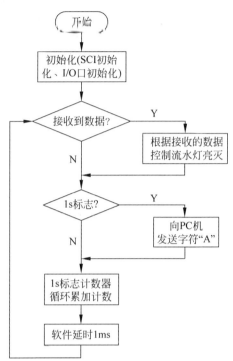

图 3-7　MCU 与 PC 机实现点对点通信　　　图 3-8　点对点 SCI 通信的程序流程图

为了方便初学者学习，本实例的程序代码都写在一个主函数内。其程序代码如下：

```
void main(void)
{
    int i,wTimeCnt;
    unsigned char t;

    DDRA = 0xFF;                    //流水灯模块的控制端口 A,设置成输出口
    SCI0BDL = 0x34;                 //须先给低 8 位赋值,波特率设置为 9600b/s
    SCI0BDH = 0x00;                 //再给高 8 位赋值
    SCI0CR1 = 0x00;                 //设置正常码输出,8 位数据,无校验
    t = SCI0DRL;                    //读数据寄存器(清 0)
    t = SCI0SR1;                    //读状态寄存器(清 0)
    SCI0CR2 = 0x0C;                 //允许 SCI0 接收和发送
    for(;;)
    {
        if((SCI0SR1&(1 << 5))!= 0)
        {
            t = SCI0DRL;
            if(t == 'A')
                PORTA = 0x00;       //流水灯亮
            else
                PORTA = 0xFF;       //流水灯灭
```

```
    }
    if(wTimeCnt == 1000)
    {
        while(1)
        {
            if((SCI0SR1&(1 << 7))!= 0)
            {
                SCI0DRL = 'A';              //向 PC 机发送字符"A"
                break;
            }
        }
    }

    wTimeCnt++;
    if(wTimeCnt > 1000)
        wTimeCnt = 0;

    for(i = 1;i < 1000;i++);                //1ms 软件延时
}
}
```

2) 主从机模式下的总线通信

HCS12 单片机的 SCI 模块也可以实现主从机模式下的总线通信。本实例以一主三从为例进行主从机模式下的 SCI 总线通信，图 3-9 为实例的结构图。

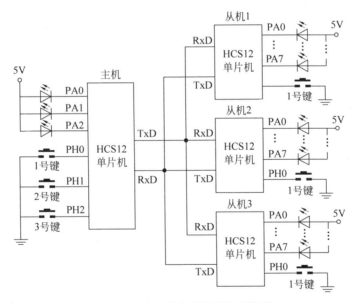

图 3-9 一主三从的总线通信结构图

图 3-9 中，主机的发送端 TxD 和三个从机的接收端 RxD 以总线方式连接，而主机的接收端 RxD 和三个从机的发送端 TxD 以总线方式连接。这种主从的总线通信架构能实现：主机向各个从机发送信息、从机向主机发送信息；但不能实现从机与从机之间的直接通信。

主机向从机发送信息时，只有主机一个发送端口，所有从机都是接收端口，所以此时不需要仲裁;但其中一个从机向主机发送信息时,只有主机一个接收端口,必须保证其他从机同时刻不发送信息,所以需要仲裁协议。SCI通信没有硬件的仲裁机制,所以只能通过软件进行仲裁,一般的做法为:由主机通过软件协议协调整个通信的机制,主机发送地址信息(也可包含控制信息)给指定的从机后,从机接收到给本机的信息后立刻发送地址信息(也可包含控制信息)给主机,必须保证在同一时刻最多只有一个从机向主机发送信息。

实例说明:

(1) 所有HCS12单片机都使用SCI1模块进行通信;

(2) 所有HCS12单片机的主频为8MHz,SCI1波特率都设置为9600b/s;

(3) 所有HCS12单片机SCI1的数据格式都设置为:正常8位模式,无奇偶校验;

(4) 主机HCS12单片机的输入/输出PA0,PA1,PA2口控制3个共阳发光二极管(流水灯)的亮灭;

(5) 从机HCS12单片机的输入/输出PA口控制8个共阳发光二极管(流水灯)的亮灭;

(6) 主机HCS12单片机的输入/输出PH0,PH1,PH2口分别作为按键1号键、2号键、3号键输入;

(7) 从机HCS12单片机的输入/输出PH0口作为按键1号键输入。

实例效果:

(1) 主机按下1号键,从机1的8个流水灯亮,若主机未按下1号键,从机1的8个流水灯灭;

(2) 主机按下2号键,从机2的8个流水灯亮,若主机未按下2号键,从机2的8个流水灯灭;

(3) 主机按下3号键,从机3的8个流水灯亮,若主机未按下3号键,从机3的8个流水灯灭;

(4) 从机1按下1号键,主机的左侧第1个流水灯亮,若从机1未按下1号键,主机的左侧第1个流水灯灭;

(5) 从机2按下1号键,主机的左侧第2个流水灯亮,若从机2未按下1号键,主机的左侧第2个流水灯灭;

(6) 从机3按下1号键,主机的左侧第3个流水灯亮,若从机3未按下1号键,主机的左侧第3个流水灯灭。

主机的程序流程图如图3-10所示。

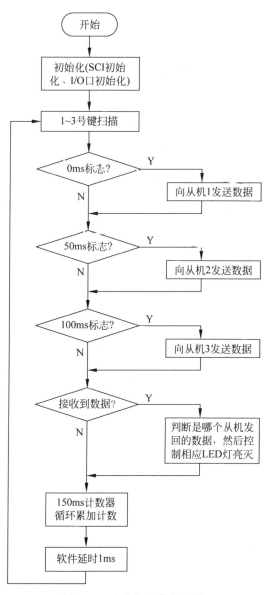

图3-10 主机的程序流程图

从机的程序流程图如图 3-11 所示。

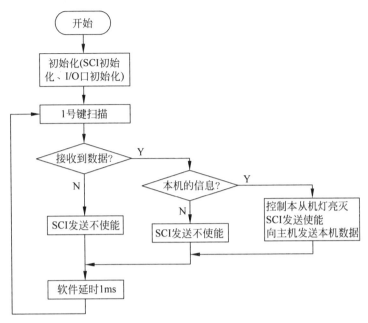

图 3-11　从机的程序流程图

本实例意在说明 SCI 实现主从总线通信的基本原理,故在通信协议方面尽可能通俗易懂。本实例中,不管是主机向从机还是从机向主机发送的有用信息都是 8 位二进制数,8 位二进制数的具体定义如表 3-3 所示。

表 3-3　发送信息(8 位二进制数)的具体定义

项目	bit7	bit6	bit5	bit4	bit3	bit2	bit1	bit0
位定义	地址位		从机3控制主机的控制位	从机2控制主机的控制位	从机1控制主机的控制位	主机控制从机3的控制位	主机控制从机2的控制位	主机控制从机1的控制位
位说明	01—从机1；10—从机2；11—从机3		1—灯亮；0—灯灭	1—灯亮；0—灯灭	1—灯亮；0—灯灭	1—灯亮；0—灯灭	1—灯亮；0—灯灭	1—灯亮；0—灯灭

为了方便初学者学习,本实例的主机程序代码和从机程序代码都写在一个主函数内。其主机的程序代码如下：

```
void main(void)
{
    int i,wTimeCnt_150ms;
    unsigned char t,SW_1_Value,SW_2_Value,SW_3_Value,SCI_TxData,SCI_RxData;

    DDRA = 0xFF;              //流水灯模块的控制端口A,设置成输出口
    SCI1BDL = 0x34;           //须先给低8位赋值
    SCI1BDH = 0x00;           //再给高8位赋值
    SCI1CR1 = 0x00;           //正常码输出,8位数据,无校验
```

```c
        t = SCI1DRL;                            //读数据寄存器(清 0)
        t = SCI1SR1;                            //读状态寄存器(清 0)
        SCI1CR2 = 0x0C;                         //允许 SCI1 接收和发送

        for(;;)
        {
            if(PTH_PTH0 == 0)                   //按键扫描
                SW_1_Value = 1;
            else
                SW_1_Value = 0;

            if(PTH_PTH1 == 0)                   //按键扫描
                SW_2_Value = 1;
            else
                SW_2_Value = 0;

            if(PTH_PTH2 == 0)                   //按键扫描
                SW_3_Value = 1;
            else
                SW_3_Value = 0;

            if(wTimeCnt_150ms == 0)             //0ms 标志
            {
                SCI_TxData = 0b01000000;
                if(SW_1_Value)
                    SCI_TxData| = 0b00000001;
                if(SW_2_Value)
                    SCI_TxData| = 0b00000010;
                if(SW_3_Value)
                    SCI_TxData| = 0b00000100;
                while(1)
                {
                    while((SCI1SR1&(1 << 7))!= 0)
                    {
                        SCI1DRL = SCI_TxData;   //发送给从机 1 的信息
                        break;
                    }
                }
            }
            else if(wTimeCnt_150ms == 50)       //50ms 标志
            {
                SCI_TxData = 0b10000000;
                if(SW_1_Value)
                    SCI_TxData| = 0b00000001;
                if(SW_2_Value)
                    SCI_TxData| = 0b00000010;
                if(SW_3_Value)
                    SCI_TxData| = 0b00000100;
                while(1)
                {
                    if((SCI1SR1&(1 << 7))!= 0)
```

```
            {
                SCI1DRL = SCI_TxData;      //发送给从机 2 的信息
                break;
            }
        }
    }
    else if(wTimeCnt_150ms == 100)        //100ms 标志
    {
        SCI_TxData = 0b11000000;
        if(SW_1_Value)
            SCI_TxData| = 0b00000001;
        if(SW_2_Value)
            SCI_TxData| = 0b00000010;
        if(SW_3_Value)
            SCI_TxData| = 0b00000100;
        while(1)
        {
            if((SCI1SR1&(1 << 7))!= 0)
            {
                SCI1DRL = SCI_TxData;      //发送给从机 3 的信息
                break;
            }
        }
    }

    if((SCI1SR1&(1 << 5))!= 0)
    {
        SCI_RxData = SCI1DRL;
        if((SCI_RxData&0b11000000) == 0b01000000)        //从机 1 发回的控制信息
        {
            if((SCI_RxData&0b00001000) == 0b00001000)
                PORTA_BIT0 = 0;
            else
                PORTA_BIT0 = 1;
        }
        else if((SCI_RxData&0b11000000) == 0b10000000)   //从机 2 发回的控制信息
        {
            if((SCI_RxData&0b00010000) == 0b00010000)
                PORTA_BIT1 = 0;
            else
                PORTA_BIT1 = 1;
        }
        else if((SCI_RxData&0b11000000) == 0b11000000)   //从机 3 发回的控制信息
        {
            if((SCI_RxData&0b00100000) == 0b00100000)
                PORTA_BIT2 = 0;
            else
                PORTA_BIT2 = 1;
        }
    }
```

```c
        for(i = 1;i < 1000;i++);                    //1ms 软件延时
        wTimeCnt_150ms++;
        if(wTimeCnt_150ms >= 150)
            wTimeCnt_150ms = 0;
    }
}
```

从机 1 的程序代码如下：(其他从机的程序代码与此代码类似，限于篇幅就不列出了)

```c
void main(void)
{
    int i;
    unsigned char t,SW_1_Value,SCI_TxData,SCI_RxData;

    DDRA = 0xFF;                        //流水灯模块的控制端口 A,设置成输出口
    SCI1BDL = 0x34;                     //须先给低 8 位赋值
    SCI1BDH = 0x00;                     //再给高 8 位赋值
    SCI1CR1 = 0x00;                     //正常码输出,8 位数据,无校验
    t = SCI1DRL;                        //读数据寄存器(清 0)
    t = SCI1SR1;                        //读状态寄存器(清 0)
    SCI1CR2 = 0x04;                     //允许 SCI1 接收

    for(;;)
    {
        if(PTH_PTH0)                    //按键扫描
            SW_1_Value = 1;
        else
            SW_1_Value = 0;

        if((SCI1SR1&(1 << 5))!= 0)
        {
            SCI_RxData = SCI1DRL;
            if((SCI_RxData&0b00000001) == 0b00000001)
                PORTA = 0x00;
            else
                PORTA = 0xFF;

            if((SCI_RxData&0b11000000) == 0b01000000)
            {
                SCI1CR2 |= 0b00001000;          //SCI1 发送使能
                SCI_TxData = 0b01000000;
                if(SW_1_Value)
                    SCI_TxData |= 0b00001000;
                while(1)
                {
                    if((SCI1SR1&(1 << 7))!= 0)
                    {
                        SCI1DRL = SCI_TxData;   //向主机发回本从机的信息
                        break;
                    }
                }
```

```
        }
        else
            SCI1CR2& = 0b11110111;              //SCI1 发送不使能
    }
    else
        SCI1CR2& = 0b11110111;                  //SCI1 发送不使能

    for(i = 1;i < 1000;i++);                    //1ms 软件延时
    }
}
```

3.2 CAN 总线通信模块

CAN 的通信特点是：实时性传输，抗电磁干扰强，高效率及高带宽等。一些著名的汽车制造厂商如 BENZ(奔驰)、BMW(宝马)、PORSCHE(保时捷)等，都使用 CAN 来实现汽车内部控制系统与检测和执行机构间的数据通信。目前，支持 CAN 协议的有 Intel、Motorola、Philips、NEC、Siemens 等百余家国际著名大公司。由于其良好的功能特性和极高的可靠性，CAN 已经被广泛应用于各个领域。

CAN 的相关基础知识在第 1 章和第 2 章都有介绍，本节以 HCS12 单片机的 MSCAN12 模块为例，介绍 CAN 通信接口的实现方法，并给出了编程设计实例。

3.2.1 MSCAN12 模块简介

MSCAN12 是 Motorola(摩托罗拉)可升级控制器局域网(Motorola scalable controller area network，MSCAN)在 Freescale HCS12 系列 MCU 中的具体实现。MSCAN12 模块是一个实现 CAN2.0A/B 协议的通信控制器。图 3-12 描述了 MSCAN12 模块的框图。

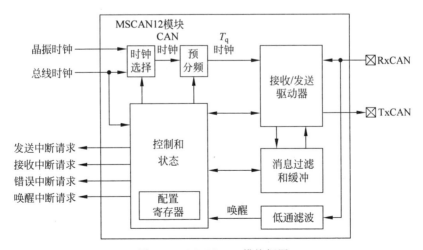

图 3-12　MSCAN12 模块框图

1. MSCAN12 特性

MSCAN12 模块符合 CAN2.0A/B 协议标准；支持标准和扩展数据帧格式；数据长度为 0~8B；最大可编程位速率为 1Mb/s；支持远程帧；拥有 5 个 FIFO 机制的接收缓冲区和 3 个具有局部优先级的发送缓冲区；具有灵活的标识符验收模式,可配置成两个 32 位过滤码、4 个 16 位过滤码和 8 个 8 位过滤码；内置低通滤波的远程唤醒功能；可编程为方便调试的自环工作模式,也可编程仅作为 CAN 总线监听模式；具有隔离和中断所有 CAN 发送和接收器错误状态的能力；可编程 MSCAN 时钟源,可以选择总线时钟或者晶振时钟；内置时钟模块,用于设置接收和发送的时间戳；具有睡眠、掉电和 MSCAN 使能 3 种低功耗模式；可以全局初始化和配置寄存器。

2. 外部引脚

MSCAN12 有两个外部引脚：1 个输入引脚（RxCAN）和 1 个输出引脚（TxCAN）。TxCAN 引脚代表了 CAN 上的逻辑电平：0 为显性电平；1 为隐性电平。一个由 MSCAN12 模块构建的典型 CAN 系统如图 3-13 所示。

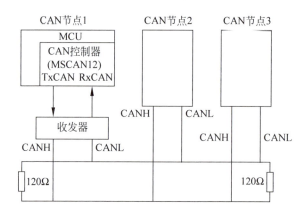

图 3-13　由 MSCAN12 模块构建的典型 CAN 系统

3. 报文存储结构

MSCAN12 的报文缓冲区组织结构如图 3-14 所示。

1) 发送

为了能够预先装载多个报文以获得实时传输性能,MSCAN12 提供了 3 个发送缓冲区,这 3 个缓冲区的组织如图 3-14 所示。

每个发送缓冲区包含 13B 的数据结构（和接收缓冲区相同）,并有 1B 的局部优先场和 2B 的时间戳。

要发送报文时,CPU 首先通过 CANTFLG 寄存器的 TXEx 位来查找是否有空闲的发送缓冲区。如果有,则通过设置 CANTBSEL 寄存器来选中相应的发送缓冲区,这样就将该缓冲区映射到了 CANTXFG（MSCAN12 的发送前台缓冲区）。发送程序只需要访问一个固定的地址（即 CANTXFG 的地址）,就可以完成对多个发送缓冲区的操作,从而简化了软

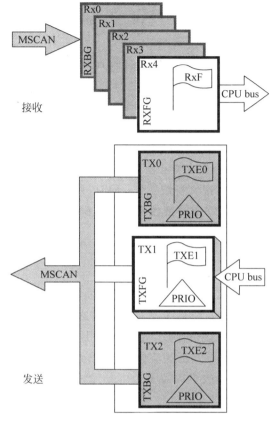

图 3-14 MSCAN12 报文缓冲区组织图

件的接口。当报文成功存储到发送缓冲区后,清 TXEx 位来通知 MSCAN12 模块发送缓冲区已经准备就绪。

发送成功后,MSCAN12 模块将 TXEx 位置 1,并允许重新向该缓冲区写数据。

当多个发送缓冲区均处于就绪状态时,MSCAN12 采用了局部优先级策略来对 3 个缓冲区进行优先级设置。每个发送缓冲区都有一个 8 位的局部优先级字节(PRIO)。应用程序可设置该优先级,数值越小,相应发送缓冲区优先级越高。

当低优先级报文正在发送而又需要发送高优先级报文时,可通过软件方式(设置 CANTARQ 寄存器)中止低优先级报文的发送。应用程序可通过查看缓冲区的中止响应标志确认报文最终被成功发送(ABTAK 为 0)还是被中止(ABTAK 为 1)了。

2) 接收

接收的信号存入 5 个通向 FIFO 队列的缓冲区中,这 5 个缓冲区交替被映射到同一个存储区,如图 3-14 所示。其中后台接收缓冲区(RXBG)只能由 MSCAN12 访问,前台接收缓冲区(RXFG)只与 CPU 通信。所有的接收缓冲区只能存入 15B 的内容(与发送缓冲区比较,少了 PRIO)。

当 CAN 总线上有报文传输时,总线上除发送节点以外的所有节点都将成为接收节点;接收节点将报文暂时存放在一个激活的 RXBG 中并进行滤波比较。如果该报文通过本地验收,则 MSCAN12 将此报文复制到接收器的 FIFO 队列中,并置接收满标志位 RXF 和产生一个中断信号通知 CPU,用户接收程序可以读取 RXFG 中的数据;如果没通过验收,则 RXBG 中的内容会被下一个报文覆盖。当 CPU 取完数据后,必须复位接收满标志位 RXF 来释放 RXFG。

当 MSCAN12 发送时,它会将自己的报文接收到 RXBG 中。正常情况下,RXBG 的报文不会进入接收器的 FIFO 队列中,因而也不会产生接收中断。但有一个例外,就是在自环模式(loop-back)下,MSCAN12 会将自己发送出去的报文当成其他节点发送过来的报文一样进行接收。MSCAN12 在丢失仲裁的情况下才接收自己的报文。当仲裁丢失时,MSCAN12 必须是做好接收准备的,才能接收自己的报文。

当 FIFO 队列中的所有接收缓冲区已经存放满了通过验收的报文,而总线上又有新的报文到达时,会产生溢出,后到的报文将被丢失;同时,如果错误中断允许,将产生一个指示溢出的中断。MSCAN12 在 FIFO 中的接收缓冲区都满了的情况下仍然可以发送报文,但是接收报文都将会丢失。

4. 标识符验收滤波

MSCAN12 标识符验收寄存器(CANIDAC)用于标准帧标识符(ID10~ID0)或扩展帧标识符(ID28~ID0)的接收模式。当总线上有报文到达时,MSCAN12 会将该报文的标识符与标识符验收寄存器中的内容进行比较,对应位值相同的位直接验收通过;值不同的,与标识符屏蔽寄存器(CANIDMR0~7)的相应位定义值有关,定义值为 1 报文验收通过,定义值为 0 报文验收不通过。报文验收过程如图 3-15 所示。

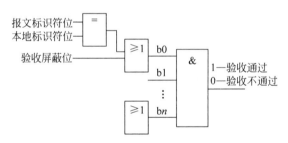

图 3-15 MSCAN12 报文验收过程示意图

当标识符验收通过时,MSCAN12 置接收缓冲区满标志(RXF 为 1),并在标识符验收控制寄存器(CANIDAC)中利用命中标志位(IDHIT2~0)来指示是哪个标识符验收通过。这种方式简化了编程工作量,不需要依靠编程识别接收器的中断源。当多个命中产生时,值小的命中享有优先权。

在接收报文时,需要对哪些位进行验收比较与当前的滤波器方式有关。MSCAN12 有 4 种滤波器方式,下面予以简要介绍。

1) 双标识符验收过滤器

双标识符验收过滤器中的每个滤波器被用于:

(1) 扩展帧:29 位标识符和 RTR、IDE、SRR 位。

(2) 标准帧:11 位标识符和 RTR、IDE 位。

图 3-16 显示了第 1 个 32 位过滤器段(CANIDAR0~3、CANIDMR0~3)产生过滤器 0 命中,而第 2 个 32 位过滤器段(CANIDAR4~7、CANIDMR4~7)产生过滤器 1 命中。

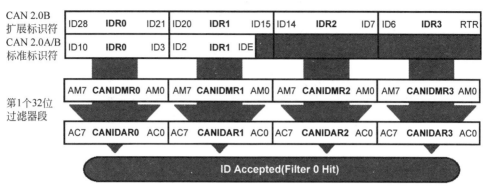

图 3-16　32 位可屏蔽标识符验收过滤器

2) 4 个标识符验收过滤器

4 个标识符验收过滤器中的每个滤波器被用于：

(1) 扩展帧：标识符的高 14 位和 SRR、IDE 位。

(2) 标准帧：11 位标识符和 RTR、IDE 位。

图 3-17 显示了第 1 个 32 位过滤器段（CANIDAR0～3、CANIDMR0～3）产生过滤器 0 和过滤器 1 命中，而第 2 个 32 位过滤器段（CANIDAR4～7、CANIDMR4～7）产生过滤器 2 和过滤器 3 命中。

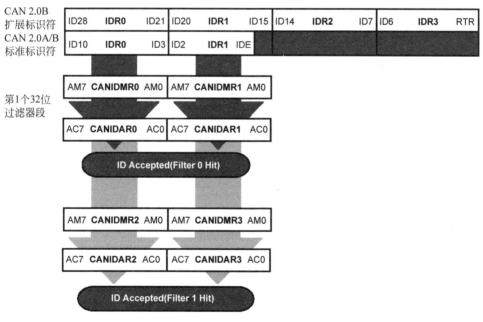

图 3-17　16 位可屏蔽标识符验收过滤器

3) 8 个标识符验收过滤器

8 个标识符验收过滤器中的每个滤波器被用于：

(1) 扩展帧：标识符的高 8 位。

(2) 标准帧：标识符的高 8 位。

该方式采用 8 个独立的滤波器，可对标准帧或扩展帧的高 8 位标识符进行滤波比较，如图 3-18 所示。第 1 个 32 位过滤器段（CANIDAR0～3,CANIDMR0～3）产生过滤器 0～3 命中，而第 2 个 32 位过滤器段（CANIDAR4～7,CANIDMR4～7）产生过滤器 4～7 命中。

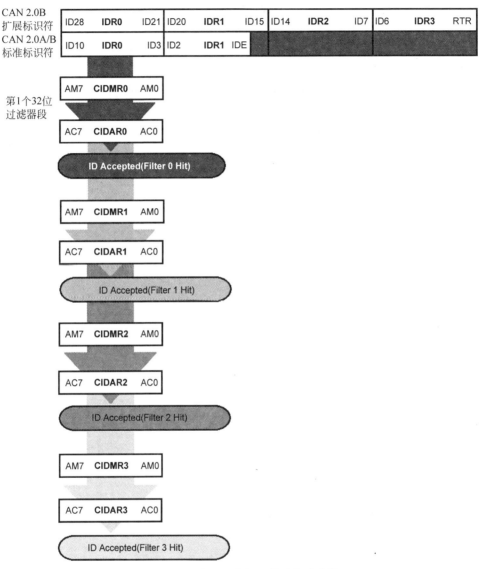

图 3-18　8 位可屏蔽标识符验收过滤器

4）关闭过滤器

在这种模式下，报文不会被放入到接收前台缓冲区 RXFG,RXF 接收标志也不会被置位。

3.2.2　MSCAN12 模块的内存映射及寄存器定义

1. MSCAN12 模块内存映射

MSCAN12 占用了 64B 的内存空间，图 3-19 和表 3-4 介绍了 MSCAN 的所有寄存器和它们的地址。寄存器的地址由基址和偏移地址组成,基址在 MCU 级定义,而偏移地址在模块内部定义。当 MCU 选定时,MSCAN 的基址就确定了。

```
地址偏移量
$00   ┌─────────────┐
      │  控制寄存器  │
$0B   │     12B     │
$0C   ├─────────────┤
      │    保留     │
$0D   │     2B      │
$0E   ├─────────────┤
      │  错误计数器  │
$0F   │     2B      │
$10   ├─────────────┤
      │ 标识符过滤器 │
$1F   │    16B      │
$20   ├─────────────┤
      │  接收缓冲区  │
$2F   │ 16B(窗口机制)│
$30   ├─────────────┤
      │  发送缓冲区  │
$3F   │ 16B(窗口机制)│
      └─────────────┘
```

图 3-19 MSCAN 寄存器组织图

表 3-4 各功能模块寄存器地址分配表

偏移地址	功能模块	访问权限
$00、$01	MSCAN 控制寄存器 0、1(CANCTL0、CANCTL1)	读/写
$02、$03	MSCAN 总线时钟寄存器(CANBTR0、CANBTR1)	读/写
$04	MSCAN 接收标志寄存器(CANRFLG)	读/写
$05	MSCAN 接收中断使能寄存器(CANRIER)	读/写
$06	MSCAN 发送标志寄存器(CANTFLG)	读/写
$07	MSCAN 发送中断使能寄存器(CANTIER)	读/写
$08	MSCAN 发送消息中止控制请求寄存器(CANTARQ)	读/写
$09	MSCAN 发送消息中止应答寄存器(CANTAAK)	读/写
$0A	MSCAN 发送缓冲区选择寄存器(CANTBSEL)	读/写
$0B	MSCAN 标识符验收控制寄存器(CANTDAC)	读/写
$0C、$0D	保留	
$0E	MSCAN 接收错误计数寄存器(CANRXERR)	读
$0F	MSCAN 发送错误计数寄存器(CANTXRRR)	读
$10~$13	MSCAN 标识符验收码寄存器 0~3(CANIDAR0~3)	读/写
$14~$17	MSCAN 标识符屏蔽码寄存器 0~3(CANIDMR0~3)	读/写
$18~$1B	MSCAN 标识符验收码寄存器 4~7(CANIDAR4~7)	读/写
$1C~$1F	MSCAN 标识符屏蔽码寄存器 4~7(CNAINDMR4~7)	读/写
$20~$2F	接收前台缓冲区(CANRXFG)	读
$30~$3F	发送前台缓冲区(CANTXFG)	读/写

2. MSCAN12 模块寄存器

下面将详细描述 MSCAN12 模块的所有寄存器和寄存器的位。每个寄存器都配有一个标准的寄存器位表,寄存器位的功能介绍按位的顺序安排在位表的后面。

1) 控制寄存器

(1) MSCAN 控制寄存器 0(CANCTL0)

MSCAN 控制寄存器 0 提供 MSCAN 模块的各种控制。其偏移地址为 $00,各位的定义如下：

数据位	bit7	bit6	bit5	bit4	bit3	bit2	bit1	bit0
定义	RXFRM	RXACT	CSWAI	SYNCH	TIME	WUPE	SLPRQ	INITRQ
复位	0	0	0	0	0	0	0	1

RXFRM：接收帧标志位。该位只读且只能清零。当正确接收到一个有效报文时，该位置1，而不依赖过滤器的设置。被置1后需要软件设置或复位才能清零。对该位写1可以清零；写0无效。该位在自环模式下无效。RXFRM 为1，接收到有效报文；RXFRM 为0，未接收到有效报文。

RXACT：接收激活状态位。该只读位指示 MSCAN 正在接收数据，受接收器控制，在自环模式下无效。RXACT 为1，MSCAN 正在接收数据（或者仲裁丢失）；RXACT 为0，MSCAN 正在发送数据或者空闲。

CSWAI：在等待模式下的 CAN 停止位。该位置1，则在低功耗的等待模式下关闭所有 MSCAN 模块总线接口的时钟。CSWAI 为1，在等待模式下模块停止时钟；CSWAI 为0，在等待模式下模块不受影响。

SYNCH：同步状态位。该只读位指示 MSCAN 模块是否同步于 CAN 总线。该位由 MSCAN 设置和清除。SYNCH 为1，MSCAN 模块同步于 CAN 总线；SYNCH 为0，MSCAN 模块不同步于 CAN 总线。

TIME：时钟允许位。该位激活一个内置16位自由运行时钟模块。当时钟模块激活后，每个发送/接收缓冲区消息上打上16位的时间戳。一旦消息被 CAN 总线接收，时间戳就将写在相应的最高字节（$_E、$_F）。TIME 为1，允许 MCSAN 内置时钟模块；TIME 为0，禁止 MSCAN 内置时钟模块。

WUPE：唤醒使能位。该位允许 MSCAN 模块在检测到 CAN 总线通信时从睡眠模式开启。WUPE 为1允许 MSCAN 唤醒；WUPE 为0，不允许 MSCAN 唤醒，使 MSCAN 忽略 CAN 总线通信。

SLPRQ：睡眠模式请求位。该位要求 MSCAN 模块进入睡眠模式。SLPRQ 为1，提出睡眠模式请求，当 CAN 总线空闲时 MSCAN 模块进入睡眠模式；SLPRQ 为0，MSCAN 模块正常工作。

INITRQ：初始化模式请求位。INITRQ 为1，提出 MSCAN 模块初始化模式请求；INITRQ 为0，MSCAN 模块正常工作。

(2) MSCAN 控制寄存器1(CANCTL1)

MSCAN 控制寄存器1提供 MSCAN 模块的各种控制和握手状态信息。其偏移地址为 $01，各位的定义如下：

数据位	bit7	bit6	bit5	bit4	bit3	bit2	bit1	bit0
定义	CANE	CLKSRC	LOOPB	LISTEN	0	WUPM	SLPAK	INITAK
复位	0	0	0	1	0	0	0	1

CANE：MSCAN 模块使能位。CANE 为 1，MSCAN 模块使能；CANE 为 0，MSCAN 模块禁止。

CLKSRC：MSCAN 时钟源位。CLKSRC 为 1，采用总线时钟；CLKSRC 为 0，采用晶振时钟。

LOOPB：自环自测自检模式位。LOOPB 为 1，自环自测自检模式使能；LOOPB 为 0，自环自测自检模式禁止。

LISTEN：监听模式位。该位使得 MSCAN 模块作为一个总线监听器。当该位置 1 时，所有 ID 匹配的有效 CAN 信息被接收，但不发送任何数据帧或错误帧，错误检测被冻结。LISTEN 为 1，监听模式激活；LISTEN 为 0，正常工作。

WUPM：唤醒模式位。该位定义了集成低通滤波器是否应用于保护 MSCAN 模块，以防止被假唤醒。WUPM 为 1，MSCAN 只有当总线上产生一个长度为 T_{wup} 的有效电平且 CANCTL0 寄存器 WUPE 为 1 时唤醒 CPU；WUPM 为 0，MSCAN 在总线上收到有效跳变沿后且 CANCTL0 寄存器 WUPE 为 1 时唤醒 CPU。

SLPAK：睡眠模式应答位。该位指示 MSCAN 模块是否进入睡眠模式，作为 SLPRQ 睡眠模式请求的应答握手标志。SLPAK 为 1，MSCAN 模块进入睡眠模式；SLPAK 为 0，MSCAN 模块正常工作。

INITAK：初始化模式应答位。该位指示 MSCAN 模块是否进入初始化模式，作为 INITRQ 初始化模式请求的应答握手标志。INITAK 为 1，MSCAN 模块已经进入初始化模式；INITAK 为 0，MSCAN 模块正常工作。

(3) MSCAN 总线时钟寄存器 0(CANBTR0)

MSCAN 总线时钟寄存器 0 提供 MSCAN 模块的各种总线时钟控制。其偏移地址为 $02，各位的定义如下：

数据位	bit7	bit6	bit5	bit4	bit3	bit2	bit1	bit0
定义	SJW1	SJW0	BRP5	BRP4	BRP3	BRP2	BRP1	BRP0
复位	0	0	0	0	0	0	0	0

SJW1、SJW0：同步跳越宽度位。该位定义了一位可以被缩短或延长来从新同步总线数据传递的时间量子(T_q)时钟周期的最大数，取值为 1～4，如表 3-5 所列。

BRP5～BRP0：波特率预分频位。该位取值为 1～64，如表 3-6 所列。

表 3-5 同步跳越宽度

SJW1	SJW0	跳跃宽度
0	0	$1T_q$ 时钟周期
0	1	$2T_q$ 时钟周期
1	0	$3T_q$ 时钟周期
1	1	$4T_q$ 时钟周期

表 3-6 波特率预分频

DHP	BRP4	BRP3	BRP2	BRP1	BRP0	预分频
0	0	0	0	0	0	1
0	0	0	0	0	1	2
⋮	⋮	⋮	⋮	⋮	⋮	⋮
1	1	1	1	1	1	64

(4) MSCAN 总线时钟寄存器 1(CANBTR1)

MSCAN 总线时钟寄存器 1 提供 MSCAN 模块的各种总线时钟控制。其偏移地址为 $03,各位的定义如下:

数据位	bit7	bit6	bit5	bit4	bit3	bit2	bit1	bit0
定义	SAMP	TSEG22	TSEG21	TSEG20	TSEG13	TSEG12	TSEG11	TSEG10
复位	0	0	0	0	0	0	0	0

SAMP:采样位。该位定义了每位的采样次数,在高速下建议设置 SAMP 为 0。SAMP 为 1,每位采样 3 次;SAMP 为 0,每位采样 1 次。

TSEG22~TSEG20:时间段 2 位。该位在位时间内的时间段 2 确定每个位时间的时钟周期数和采样点的位置,取值为 $(1\sim8)T_q$,如表 3-7 所列。

TSEG13~TSEG10:时间段 1 位。该位在位时间内的时间段 1 确定每个位时间的时钟周期数和采样点的位置,取值为 $(1\sim16)T_q$,如表 3-8 所列。

表 3-7 时间段 2 的值

TSEG22	TSEG21	TSEG20	时间
0	0	0	$1T_q$
0	0	1	$2T_q$
⋮	⋮	⋮	⋮
1	1	0	$7T_q$
1	1	1	$8T_q$

表 3-8 时间段 1 的值

TSEG13	TSEG12	TSEG11	TSEG10	时间
0	0	0	0	$1T_q$
0	0	0	1	$2T_q$
⋮	⋮	⋮	⋮	⋮
1	1	1	0	$15T_q$
1	1	1	1	$16T_q$

位时间由时钟频率 f_{CANCLK}、波特率预分频和每位的 T_q 数量决定。其公式如下:

$$位时间 = 预分频值 \times T_q 数 / f_{CANCLK}$$

(5) MSCAN 接收标志寄存器(CANRFLG)

接收标志寄存器(CANRFLG)中的每个标志对应 CANRIER 寄存器的一个中断使能

位。其偏移地址为$04,各位的定义如下:

数据位	bit7	bit6	bit5	bit4	bit3	bit2	bit1	bit0
定义	WUPIF	CSCIF	RSTAT1	RSRAT0	TSTAT1	TSTAT0	OVRIF	RXF
复位	0	0	0	0	0	0	0	0

WUPIF:唤醒中断标志位。WUPIF 为 1,MSCAN 检测到总线活动并请求唤醒;WUPIF 为 0,在睡眠模式下没有检测到唤醒请求。

CSCIF:CAN 状态变化中断标志。CSCIF 为 1,MSCAN 改变当前总线状态;CSCIF 为 0,从上次中断后总线状态没有变化。

RSTAT1、RSTAT0:接收器状态位。

00—RxOK(0≤接收错误计数≤96);

01—RxWRN(96<接收错误计数≤127);

10—RxERR(127<接收错误计数≤255);

11—Bus-Off(接收错误计数>255)。

TSTAT1、TSTAT0:发送器状态位。

00—TxOK(0≤发送错误计数≤96);

01—TxWRN(96<发送错误计数≤127);

10—TxERR(127<发送错误计数≤255);

11—Bus-Off(发送错误计数>255)。

OVRIF:溢出中断标志位。OVRIF 为 1,检测到数据溢出;OVRIF 为 0,无数据溢出。

RXF:接收缓冲区满标志位。RXF 为 1,接收器 FIFO 非空,RXFG 寄存器中有一个新消息可访问;RXF 为 0,RXFG 寄存器中无可访问新消息。

(6) MSCAN 接收中断使能寄存器(CANRIER)

接收中断使能寄存器(CANRIER)偏移地址为$05,各位的定义如下:

数据位	bit7	bit6	bit5	bit4	bit3	bit2	bit1	bit0
定义	WUPIE	CSCIE	RSTATE1	RSTATE0	TSTATE1	TSTATE0	OVFIE	RXFIE
复位	0	0	0	0	0	0	0	0

WUPIE:唤醒中断使能位。WUPIE 为 1,一个唤醒事件将产生一个唤醒中断请求;WUPIE 为 0,一个唤醒事件不产生中断请求。

CSCIE:CAN 状态变化中断使能位。CSCIE 为 1,CAN 总线状态变化事件将产生一个错误中断请求;CSCIE 为 0,CAN 总线状态变化事件不产生中断请求。

RSTATE1、RSTATE0:接收器状态变化使能位。

11—所有接收器状态变化都产生 CSCIF 中断;

10—仅当接收器进入或离开 RxERR 或 Bus-Off 状态时产生 CSCIF 中断;

01—仅当接收器进入或离开 Bus-Off 状态时产生 CSCIF 中断;

00—不产生因接收器状态变化引起的 CSCIF 中断。

TSTATE1、TSTATE0：发送器状态变化使能位。

11——所有发送器状态变化都将产生 CSCIF 中断；

10——发送器进入或离开 TxERR 或 Bus-Off 状态都将产生 CSCIF 中断；

01——发送器进入或离开 Bus-Off 状态都将产生 CSCIF 中断；

00——不产生因发送器状态变化引起的 CSCIF 中断。

OVRIE：溢出中断使能位。OVRIF 为 1，数据溢出事件将产生一个错误中断请求；OVRIF 为 0，数据溢出事件不产生中断请求。

RXFIE：接收缓冲区满中断使能位。RXFIE 为 1，接收缓冲区满事件将产生一个接收器中断请求；RXFIE 为 0，接收缓冲区满事件不产生中断请求。

(7) MSCAN 发送标志寄存器(CANTFLG)

发送缓冲区空标志在 CANTIER 寄存器中都有一个相应的中断使能位。其偏移地址为 $06，各位的定义如下：

数据位	bit7	bit6	bit5	bit4	bit3	bit2	bit1	bit0
定义	0	0	0	0	0	TXE2	TXE1	TXE0
复位	0	0	0	0	0	1	1	1

TXE2~TXE0：发送缓冲区空标志位。TXEx 为 1(x=2,1,0)，相应消息缓冲区空；TXEx 为 0(x=2,1,0)，相应消息缓冲区满。

(8) MSCAN 发送中断使能寄存器(CANTIER)

CANTIER 寄存器的偏移地址为 $07，各位的定义如下：

数据位	bit7	bit6	bit5	bit4	bit3	bit2	bit1	bit0
定义	0	0	0	0	0	TXEIE2	TXEIE1	TXEIE0
复位	0	0	0	0	0	0	0	0

TXEIE2~TXEIE0：发送缓冲区空中断使能位。TXEIEx 为 1(x=2,1,0)，相应的发送缓冲区空事件将产生一个发送器中断请求；TXEIEx 为 0(x=2,1,0)，相应的发送缓冲区空事件不产生中断请求。

(9) MSCAN 发送消息中止控制请求寄存器(CANTARQ)

CANTARQ 寄存器提供队列消息的发送中止请求位。其偏移地址为 $08，各位的定义如下：

数据位	bit7	bit6	bit5	bit4	bit3	bit2	bit1	bit0
定义	0	0	0	0	0	ABTRQ2	ABTRQ1	ABTRQ0
复位	0	0	0	0	0	0	0	0

ABTRQ2~ABTRQ0：中止请求位。ABTRQx 为 1(x=2,1,0)，提交中止请求；ABTRQx 为 0(x=2,1,0)，无中止请求。

(10) MSCAN 发送消息中止控制应答寄存器(CANTAAK)

CANTAAK 寄存器提供中止请求是否成功标志位。其偏移地址为 $09，各位的定义如下：

数据位	bit7	bit6	bit5	bit4	bit3	bit2	bit1	bit0
定义	0	0	0	0	0	ABTAK2	ABTAK1	ABTAK0
复位	0	0	0	0	0	0	0	0

ABTAK2～ABTAK0：中止请求是否成功标志位。ABTAKx 为 1(x=2,1,0)，消息被中止；ABTAKx 为 0(x=2,1,0)，消息没有被中止。

(11) MSCAN 发送缓冲区选择寄存器(CANTBSEL)

CANTBSEL 寄存器允许选中发送消息缓冲区。其偏移地址为 $0A，各位的定义如下：

数据位	bit7	bit6	bit5	bit4	bit3	bit2	bit1	bit0
定义	0	0	0	0	0	TX2	TX1	TX0
复位	0	0	0	0	0	0	0	0

TX2～TX0：发送消息缓冲区选中标志位。TXx 为 1(x=2,1,0)，相应消息缓冲区被选中；TXx 为 0(x=2,1,0)，相应的消息缓冲区没有被选中。

(12) MSCAN 标识符验收控制寄存器(CANTIDAC)

CANTIDAC 寄存器提供标识符验收控制。其偏移地址为 $0B，各位的定义如下：

数据位	bit7	bit6	bit5	bit4	bit3	bit2	bit1	bit0
定义	0	0	IDAM1	IDAM0	0	IDHIT2	IDHIT1	IDHIT0
复位	0	0	0	0	0	0	0	0

IDAM1～IDAM0：标识符验收模式设置位，如表 3-9 所列。

表 3-9 标识符验收模式设置

IDAM1	IDAM0	标识符验收模式
0	0	2 个 32 位验收过滤器
0	1	4 个 16 位验收过滤器
1	0	8 个 8 位验收过滤器
1	1	过滤器关闭

IDHIT2～IDHIT0：过滤器命中指示位，如表 3-10 所列。

表 3-10 过滤器命中指示

IDHIT2	IDHIT1	IDHIT0	过滤器命中指示
0	0	0	过滤器 0 命中
0	0	1	过滤器 1 命中
⋮	⋮	⋮	⋮
1	1	1	过滤器 7 命中

(13) MSCAN 接收错误计数寄存器(CANRXERR)

CANRXERR 寄存器反映 MSCAN 的接收错误计数。其偏移地址为 $0E,各位的定义如下:

数据位	bit7	bit6	bit5	bit4	bit3	bit2	bit1	bit0
定义	RXERR7	RXERR6	RXERR5	RXERR4	RXERR3	RXERR2	RXERR1	RXERR0
复位	0	0	0	0	0	0	0	0

(14) MSCAN 发送错误计数寄存器(CANTXERR)

CANTXERR 寄存器反映 MSCAN 的发送错误计数。其偏移地址为 $0F,各位的定义如下:

数据位	bit7	bit6	bit5	bit4	bit3	bit2	bit1	bit0
定义	TXERR7	TXERR6	TXERR5	TXERR4	TXERR3	TXERR2	TXERR1	TXERR0
复位	0	0	0	0	0	0	0	0

(15) MSCAN 标识符验收码寄存器(CANIDAR0~7)

CANIDAR0 寄存器的偏移地址为 $10,各位的定义如下:

数据位	bit7	bit6	bit5	bit4	bit3	bit2	bit1	bit0
定义	AC7	AC6	AC5	AC4	AC3	AC2	AC1	AC0
复位	0	0	0	0	0	0	0	0

AC7~AC0:标识符验收码位。AC7~AC0 组成了一个用户定义位序列。

CANIDAR1 寄存器的偏移地址为 $11,各位的定义与 CANIDAR0 寄存器相同。
CANIDAR2 寄存器的偏移地址为 $12,各位的定义与 CANIDAR0 寄存器相同。
CANIDAR3 寄存器的偏移地址为 $13,各位的定义与 CANIDAR0 寄存器相同。
CANIDAR4 寄存器的偏移地址为 $18,各位的定义与 CANIDAR0 寄存器相同。
CANIDAR5 寄存器的偏移地址为 $19,各位的定义与 CANIDAR0 寄存器相同。
CANIDAR6 寄存器的偏移地址为 $1A,各位的定义与 CANIDAR0 寄存器相同。
CANIDAR7 寄存器的偏移地址为 $1B,各位的定义与 CANIDAR0 寄存器相同。

(16) MSCAN 标识符屏蔽寄存器(CANIDMR0~7)

标识符屏蔽寄存器定义了哪些接收寄存器相应的位与接收过滤器相关。在 32 位过滤器模式下,接收标准的标识需要对 CANIDMR1 和 CANIDMR5 的最后 3 位(AM2~AM0)编程,使得其被忽略;在 16 位过滤器模式下,接收标准的标识需要对 CANIDMR1、CANIDMR3、CANIDMR5 和 CANIDMR7 的最后 3 位(AM2~AM0)编程,使得其被忽略。

CANIDMR0 寄存器的偏移地址为$14，各位的定义如下：

数据位	bit7	bit6	bit5	bit4	bit3	bit2	bit1	bit0
定义	AM7	AM6	AM5	AM4	AM3	AM2	AM1	AM0
复位	0	0	0	0	0	0	0	0

AM7～AM0：接收掩码位。0—接收代码位与验收位要匹配；1—忽略匹配。

CANIDMR1 寄存器的偏移地址为$15，各位的定义与 CANIDMR0 寄存器相同。
CANIDMR2 寄存器的偏移地址为$16，各位的定义与 CANIDMR0 寄存器相同。
CANIDMR3 寄存器的偏移地址为$17，各位的定义与 CANIDMR0 寄存器相同。
CANIDMR4 寄存器的偏移地址为$1C，各位的定义与 CANIDMR0 寄存器相同。
CANIDMR5 寄存器的偏移地址为$1D，各位的定义与 CANIDMR0 寄存器相同。
CANIDMR6 寄存器的偏移地址为$1E，各位的定义与 CANIDMR0 寄存器相同。
CANIDMR7 寄存器的偏移地址为$1F，各位的定义与 CANIDMR0 寄存器相同。

2) 报文缓冲区寄存器

为了简化编程接口，接收和发送报文缓冲区采用统一的结构。如表 3-11 所列，每个缓冲区拥有 16B，其中包括 13B 的数据结构。发送报文缓冲区有一个优先级寄存器（TBPR），而接收报文缓冲区没有。最后的 2B 存储了个特殊的 16 位的时间戳，只能由 MSCAN12 模块进行写操作，CPU 只能读取其中的内容。

表 3-11　报文缓冲区结构

地　　址	寄存器名称
$x0～$x3	标识符寄存器 0～3
$x4～$xB	数据段寄存器 0～7
$xC	数据长度寄存器
$xD	发送缓冲区优先级寄存器
$xE	时间戳寄存器（高字节）
$xF	时间戳寄存器（低字节）

发送缓冲区任何时刻都可以读取，写入则必须要发送标志 TXEx 置位且相应的发送缓冲区被选中（由 CANTBSEL 设置来确定）。接收缓冲区不能写，当 RXF 标志置位时可以读取。

(1) 标识符寄存器(IDR0～3)

适应扩展帧的标识符由全部的 32 位组成，包括 ID28～ID0、SRR、IDE 和 RTR 位。而适应标准帧的标识符由 13 位组成，包括 ID10～ID0、RTR 和 IDE 位。

ID28～ID0：扩展帧标识符。这个 29 位的标识符适用于扩展帧，ID28 是最重要的位，并在总线仲裁时先被发送，数值小的标识符拥有更高的优先级。

ID10～ID0：标准帧标识符。这个 11 位的标识符适用于标准帧，ID10 是最重要的位，并在总线仲裁时先被发送，数值小的标识符拥有更高的优先级。

SRR：替代远程请求位。这个固定的接收位仅适用于扩展帧模式。它处于扩展格式的标准帧 RTR 位的位置，因此可代替标准帧的 RTR 位。

IDE：识别符扩展位。该标志指示是标准模式还是扩展模式。IDE 为 1，扩展帧模式（29 位）；IDE 为 0，标准帧模式（11 位）。

RTR：远程发送请求位。该标志指示是数据帧还是远程帧。RTR 为 1，远程帧；RTR 为 0，数据帧。

图 3-20 描述了适用于扩展帧标识符的发送、接收缓冲区中的标识符寄存器的数据结构。

		bit7	6	5	4	3	2	1	bit 0	地址
IDR0	读写	ID28	ID27	ID26	ID25	ID24	ID23	ID22	ID21	$x0
IDR1	读写	ID20	ID19	ID18	SRR(=1)	IDE(=1)	ID15	ID14	ID15	$x1
IDR2	读写	ID14	ID13	ID12	ID11	ID10	ID9	ID8	ID7	$x2
IDR3	读写	ID6	ID5	ID4	ID3	ID2	ID1	ID0	RTR	$x3

图 3-20　扩展帧标识符寄存器的数据结构

图 3-21 描述了适用于标准帧标识符的发送、接收缓冲区中的标识符寄存器的数据结构。

		bit7	6	5	4	3	2	1	bit 0	地址
IDR0	读写	ID10	ID9	ID8	ID7	ID6	ID5	ID4	ID3	$x0
IDR1	读写	ID2	ID1	ID0	RTR	IDE(=0)				$x1
IDR2	读写									$x2
IDR3	读写									$x3

注：▨ 为不用

图 3-21　标准帧标识符寄存器的数据结构

（2）数据段寄存器(DSR0～7)

这 8 个寄存器中包含实际发送或接收的数据。

（3）数据长度寄存器(DLR)

数据长度寄存器中的数据长度码指示了数据场里的字节数量，取值为 0～8，如表 3-12 所列。数据段寄存器和数据长度寄存器的数据结构如图 3-22 所示。

表 3-12　数据长度码

数据长度码				数据字节数
DLC3	DLC2	DLC1	DLC0	
0	0	0	0	0
0	0	0	1	1
⋮	⋮	⋮	⋮	⋮
1	0	0	0	8

（4）发送缓冲区优先级寄存器(TBPR)

这个寄存器定义了相应发送缓冲区的局部优先级。较小的二进制数值具有较高的优先级。

		bit7	6	5	4	3	2	1	bit 0	地址
DSR0	读写	DB7	DB6	DB5	DB4	DB3	DB2	DB1	DB0	$x4
DSR1	读写	DB7	DB6	DB5	DB4	DB3	DB2	DB1	DB0	$x5
DSR2	读写	DB7	DB6	DB5	DB4	DB3	DB2	DB1	DB0	$x6
DSR3	读写	DB7	DB6	DB5	DB4	DB3	DB2	DB1	DB0	$x7
DSR4	读写	DB7	DB6	DB5	DB4	DB3	DB2	DB1	DB0	$x8
DSR5	读写	DB7	DB6	DB5	DB4	DB3	DB2	DB1	DB0	$x9
DSR6	读写	DB7	DB6	DB5	DB4	DB3	DB2	DB1	DB0	$xA
DSR7	读写	DB7	DB6	DB5	DB4	DB3	DB2	DB1	DB0	$xB
DLR	读写					DLC3	DLC2	DLC1	DLC0	$xC

注: ▓ 为不用

图 3-22 数据段寄存器和数据长度寄存器的数据结构

思考与练习题

3.1 分析异步串行通信(SCI)的数据格式。

3.2 分析串行通信中奇偶校验的基本原理。

3.3 分析 SCI 通用编程原理。

3.4 分析 MSCAN12 的特性。

3.5 分析 MSCAN12 的报文存储结构。

3.6 分析 MSCAN12 的 4 种标识符验收滤波方式。

第 4 章 车载网络系统分析与故障诊断

4.1 车载网络诊断技术

4.1.1 车载网络系统故障类型

一般说来,引起车载网络系统故障的原因有三类:①电源系统故障;②车载网络信息传输系统的链路(或通信线路)故障;③车载网络信息传输系统的节点(电控模块)故障。

1. 车载网络电源系统故障

车载网络信息传输系统的核心部分是含有通信 IC 芯片的电控模块(ECM),电控模块的正常工作电压在 10.5~15.0V。如果汽车电源系统提供的工作电压低于该范围,就会造成一些对工作电压要求高的电控模块出现短暂的停工,从而使整个汽车多路信息传输系统出现短暂无法通信的现象。这类故障产生的原因主要是蓄电池、发电机、供电线路、熔断器等元器件有故障。

2. 车载网络链路故障

当车载网络信息传输系统的链路(或通信线路)出现故障时,如通信线路的短路、断路,以及线路物理性质引起的通信信号衰弱或失真,都会引起多个电控单元无法工作或电控系统错误,使多路信息传输系统无法工作。车载网络链路故障类型如图 4-1 所示。

3. 车载网络节点故障

节点是车载网络信息传输系统中的电控模块,因此节点故障就是电控模块的故障,它包括软件故障和硬件故障两类。软件故障,即传输协议和软件程序有缺陷或冲突,从而使汽车多路信息传输系统通信出现混乱或无法工作,这种故障一般成批出现,且无法维修。硬件故障,一般由于通信芯片或集成电路故障,造成汽车多路信息传输系统无法正常工作。这类故障产生的原因主要是各类控制单元、传感器等元器件有故障。

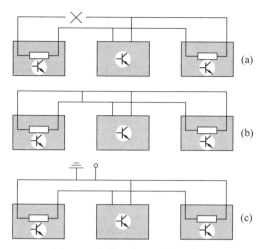

图 4-1 车载网络链路故障类型
(a) 通信线路断路；(b) 通信线路短路；(c) 通信线路对地或正极短路

4.1.2 车载网络系统故障诊断

装有车载网络系统的汽车出现故障时，应该首先检测多路信息传输系统的工作状况。由于许多控制信息是通过多路信息传输系统进行传输的，如果多路信息传输系统有故障，则这些信息将无法传输，导致网络终端节点无法正常工作，给故障诊断带来了困难。

1. 车载网络系统故障诊断注意事项

（1）使用测试器时，其开放端口电压应为 7V 或更低。不要在测量端口施加 7V 或更高的电压。

（2）在检查电路之前确保关闭点火开关，断开蓄电池负极电缆。禁止在点火开关接通时断开或重新连接动力系统接口模块线束连接器。

（3）在利用电焊设备进行焊接时，必须从动力系统接口模块上断开线束连接器。

（4）不要触摸动力系统接口模块线束连接器端子或动力系统接口模块电路板上的锡焊元件，以防静电放电造成损坏。

（5）为避免损坏线束连接器端子，在对动力系统接口模块线束连接器进行测试时，务必使用合适的线束测试引线。

（6）动力系统接口模块对电磁干扰（EMI）极其敏感。在执行维修程序时，要确保动力系统接口模块线束布设正确，且牢固装在安装夹上。

（7）由于动力系统接口模块电路具有一定的敏感性，因此制定了专门的线路修理程序，要严格执行。

（8）确保所有线束连接器正确固定。

（9）发动机运行时，不得从车辆电气系统上断开蓄电池。

（10）在充电前，务必从车辆电气系统上断开蓄电池。

（11）切勿使用快速充电器启动车辆。

(12) 确保蓄电池电缆端子坚固。

(13) 在安装新的动力系统接口模块前,确保要安装的类型正确,务必参见最新的备件信息。

(14) 当接头需要更换时,只能更换认可的电气接头,以保证正确的配合并防止线路中电阻过大。在更换新的控制单元后,必须对新的控制单元进行重新编码(recoded),控制单元的编码(coding)工作可以用厂家专用的诊断仪进行,按菜单提示进行操作。

2. 车载网络系统故障诊断基本步骤

针对车载网络系统常见的三种故障类型,基本的诊断步骤如下:

(1) 了解该车型的汽车多路传输系统特点,包括传输介质、几种子网系统及汽车多路信息传输系统的结构形式等。

(2) 检查汽车多路信息传输系统的功能,包括有无唤醒功能和休眠功能等。

(3) 检查汽车电源系统是否存在故障,如交流发电机的输出波形是否正常(若不正常将导致信号干扰故障)等。

(4) 检查汽车多路信息传输系统的链路是否存在故障,可采用替换法或跨线法进行检测。

(5) 如果是节点故障,只能采用替换法进行检测。

(6) 利用车载网络故障自诊断功能。

3. 车载网络系统故障诊断检测方法

在车载网络系统的检测中,故障代码、数据流和波形分析是判断故障的主要手段,但在进行故障具体检测和诊断中,一定要搞清楚待诊断车辆的网络结构,分析网络中各个控制模块之间的相互关系。

1) 车载网络电源系统故障检测

车载网络系统正常的工作电压应该保证为 $10.5 \sim 15.0V$。如果汽车电源系统提供的电压低于该范围,就会造成某些电控设备不能正常工作,从而使整个通信网络中断。

对于电源故障,需要检查蓄电池电压、发电机工作情况,熔断器、接插件的连接状况,搭铁处的连接状况等。

2) 车载网络链路故障检测

判断是否为链路故障时,一般采用示波器或汽车专用检测仪来观察通信数据信号是否与标准通信数据信号相符。

3) 车载网络节点故障检测

在检查车载网络传输系统前,首先要检查网络中各节点的工作状况,判断是否存在功能性故障,功能性故障会影响网络中局部系统的工作。若存在功能性故障,应首先排除。传感器是否有功能性故障,可以通过检测传感器的电压值、电阻值等参数来诊断。

若车载网络系统有故障,将会出现一定的故障现象。常见的网络故障现象如下:

(1) 数据总线的两根导线短路。若两根导线之间短路,将导致整个网络失效。

(2) 导线对地短路。若两根导线中的某一根接地短路,则接上解码器诊断时无模块响应。

(3) 导线对电源短路。若两根导线中的某一根对电源短路,将导致整个网络失效。

(4) 一根导线断路。若一根导线断路,则仍可进入"DATA LINK DIAGNOSTIC"(数据链接诊断)菜单并进行测试。

(5) 两根导线都断路。若两根导线在靠近数据链接接头(诊断接头)处发生断路,解码器和网络之间将无法通信。不过在网络的一个分支上两根导线都断路时,只有断点后面的模块无法与解码器通信。

(6) 两根导线均对地短路。若两根导线都对地短路,将导致整个网络失效,各控制单元将按"故障模式"工作。汽车可以启动或行驶,但模块将只能使用与其直接连接的传感器。

(7) 控制单元内部故障。若网关彻底损坏,将导致整个网络失效。

当初步判断为某两个控制单元之间的数据总线出现故障时,可以用万用表对这两个模块之间的数据总线进行检查,并注意检查线束连接器端口和接头是否损坏、弯曲和松脱(接头侧和线束侧)。

实际检查时,还可充分利用两个数据传递终端电阻进行数据线路故障范围的确定。在系统完全正常的情况下,断开电源,拔下整个网络数据传输系统中除作为数据传输系统终端的两块控制单元外的任一模块,在拔下的模块上找到数据总线,用万用表测量线束侧的两数据总线之间的电阻都应约为两个数据传递终端电阻并联后的电阻值(高速数据传输系统通常为 60Ω 左右),否则说明通信线路或作为数据传输系统终端的两块控制单元产生故障。此时再检查作为网络数据传输系统终端的两块控制单元的数据传递终端电阻,如正常,则为总线通信线路故障。

4.1.3 车载网络系统故障自诊断

现代车载网络多路传输系统都支持故障自诊断功能,故障自诊断模块监测的对象是电控汽车上的各种传感器、电子控制系统本身以及各种执行元件。故障自诊断模块共用汽车电子控制系统的信号输入电路,在汽车运行过程中不断监测上述三种对象的输入信号,当某一信号超出对应的范围或元件出现故障,将把这一故障以故障码的形式存入内部存储器,同时点亮仪表盘上的故障指示灯。

针对各种传感器、电子控制系统本身以及各种执行元件产生的故障,故障自诊断模块采取不同的应急措施。

(1) 当某一传感器或电路产生了故障后,其信号就不能再作为汽车的控制参数,为了维护汽车的运行,故障自诊断模块便从其程序存储器中调出预先设定的经验值,作为该电路的应急输入参数,保证汽车可以继续工作。

(2) 当电子控制系统自身产生故障时,故障自诊断模块便触发备用控制回路对汽车进行应急的简单控制,使汽车可以开到修理厂进行维修,这种应急功能叫做"安全回家功能"。

(3) 当某一执行元件出现可能导致其他元件损坏或严重后果的故障时,为了安全起见,故障自诊断模块采取一定的安全措施,自动停止某些功能的执行,这种功能称为故障保险。例如,当点火器出现故障时,故障自诊断模块就会切断燃油喷射系统电源,使喷油嘴停止喷油,防止未燃烧混合气体进入排气系统引起爆炸。

车载网络总线自诊断系统能识别的故障有:①一条数据线断路;②两条数据线同时断路;③数据线对地短路或对正极短路;④一个或多个电子控制单元(ECU)有故障。

1. 自诊断系统的功能

1) 发现故障

输入到微处理器的电压信号在正常状态下有一定的范围,如果此范围以外的信号被输入时,ECU 就会诊断出该信号系统处于异常状态下。例如,发动机冷却水温信号系统规定正常状态时,传感器的电压为 0.08~4.8V(−50~+139℃),超出这一范围即被诊断为异常。如果 ECU 本身发生故障则由设有紧急监控定时器(WDT)的限时电路加以监控。如果出现程序异常,则定期进行时限的电路再设置停止工作,以便采用 ECU 再设置的故障检测方法。

2) 故障分类

当中央处理器工作正常时,通过诊断程序检测输入信号的异常情况,再根据检测结果分为轻度故障、引起功能下降的故障以及重大故障等,并且将故障按重要性分类,预先编辑在程序中。当中央处理器本身发生故障时,则通过 WDT 进行故障分类。

3) 故障报警

一般通过设置在仪表板上报警灯的闪亮来向车主报警。在装有显示器的汽车上,也有直接用文字来显示报警内容的。

4) 故障存储

当检测故障时,在存储器中存储故障部位的代码,一般情况下,即使点火开关处于断开位置,中央处理器和存储部分的电源也保持接通状态而不使存储的内容丢失。只有在断开蓄电池电源或拔掉熔丝时,由于切断了中央处理器的电源,存储器内的故障码才会被消除。

5) 故障处理

在汽车运行过程中如果发生故障,为了不妨碍正常行驶,由中央处理器进行调控,利用预编程序中的代用值(标准值)进行计算以保持基本的行驶性能,待停车后再由车主或维修人员进行相应的检修。

6) 故障自诊断模块

从上述基本工作原理分析来看,故障自诊断模块应该包括监测输入、逻辑运算及控制、程序及数据存储器、备用控制回路、信息和数据驱动输出等模块。

2. OBD-II 标准诊断仪接口

自 1987 年起,美国加州大气资源局(CARB)规定车载故障自诊断系统必须能够对汽车排气部件进行监测。1994 年,CARB 颁布了更为严格的废气排放控制法规,规定与排气相关的部件必须与被称为万能扫描工具的故障诊断仪进行通信。同时,美国环境厅(EPA)也采取相应措施在全美推广使用。在 CARB 的要求下,美国汽车工程学会(SAE)进一步推进了与故障诊断仪相关的标准化工作,形成了诊断仪接口的 OBD-II 标准。

OBD-II 是 on-board diagnostics-II 的缩写,即第二代随车自诊断系统,它代表了目前大部分诊断仪的技术水平,可以说是一个实际的标准,因而得到了汽车制造商的支持。其主要特点有:

(1) 诊断插座统一为 16 针插座,并统一安装于驾驶室仪表板下方。诊断插座如图 4-2 所示,引脚定义见表 4-1。

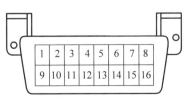

图 4-2 OBD-II 诊断插座

表 4-1　诊断插座引脚定义

引脚号	功　　能	引脚号	功　　能
1	点火开关正极	9	未连接
2	未连接	10	未连接
3	网络诊断(高电平)	11	未连接
4	地线	12	网络计算机 K 线路
5	地线	13	未连接
6	网络通信(高电平)	14	网络通信(低电平)
7	自动变速器电控单元和发动机计算机 K 线路	15	未连接
		16	蓄电池
8	网络诊断(低电平)		

（2）串行数据通信协议采用 ISO 9141 和 SAE 两个标准。

（3）具有统一的 5 位故障代码。例如，P1352 的第一个英文字母代表被测控制器，如 P 代表发动机计算机控制器(power)，B 代表车身计算机控制器(body)，C 代表底盘计算机控制器(chassis)；第二个字代表制造厂；第三个字代表 SAE 定义的故障范围码；最后两个字代表原厂故障码。

（4）具有用诊断仪直接读取并清除故障码的功能。

（5）具有行车记录功能，能记录车辆行驶过程中的有关数据资料。

（6）具有记忆并重新显示故障信息的功能。

4.2　常用车载网络检测仪器

4.2.1　万用表

万用表(multi meter)分为指针式万用表和数字式万用表两大类。万用表是一种多功能、多量程的测量仪表，一般万用表可测量直流电流、直流电压、交流电流、交流电压、电阻和音频电平等，有的还可以测电容量、电感量及半导体的一些参数(如晶体三极管共发射极电流放大系数 β 等)。

目前，在汽车维修领域，多使用数字式多功能汽车万用表。数字式多功能汽车万用表(见图 4-3)除具有一般万用表的通断性、电压、电流、电阻测试功能之外，还具有信号频率测量、发动机转速测量、脉宽测量、温度测量、占空比测量等汽车电路检测的实用功能，是汽车电工必备的得力工具。

使用多功能汽车万用表进行汽车电路检测时，必须遵循以下基本原则：

（1）检测电压时必须并联万用表；

（2）检测电流时必须串联万用表；

（3）检测电阻、二极管时必须在断路状态下进行，不得带电测试；

（4）测试时应根据测试项目及数据大小选择适当的挡位、量程及表笔插孔。

4.2.2　示波器

示波器(oscilloscope)是一种用途十分广泛的电子测量仪器。它能把人的肉眼看不见的电信号变换成看得见的图像,便于人们研究各种电现象的变化过程。

示波器利用狭窄的、由高速电子组成的电子束,打在涂有荧光物质的屏幕上,就可产生细小的光点。在被测信号的作用下,电子束就像一支笔的笔尖,可以在屏幕上描绘出被测信号瞬时值的变化曲线。

利用示波器能观察各种不同信号幅度随时间变化的波形曲线,还可以用它测试各种不同的电量,如电压、电流、频率、相位差、幅值等。

与汽车万用表相比,示波器具有更加精确及描述细致的优点。汽车万用表通常只能用一两个电参数来反映电信号的特征,而示波器则用电压随时间变化的图像来反映一个电信号,它显示的电信号比汽车万用表更准确、更形象。

汽车示波器不仅可以快速捕捉电信号,还可以记录信号波形,显示电信号的动态波形,便于观察与分析。无论是高速信号(如喷油器、间歇性故障信号)还是低速信号(如节气门位置变化及氧传感器信号),用汽车示波器都可得到真实的波形曲线。

在车载网络系统的故障诊断、检测中,既可以采用多通道通用示波器(见图4-4)对总线波形进行分析,也可以使用具有示波器功能的汽车专用检测仪对总线波形进行分析。

图4-3 多功能汽车万用表

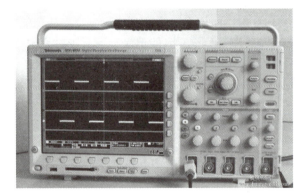

图4-4 多通道通用示波器

4.2.3 汽车检测仪

汽车检测仪是现代汽车故障诊断、检测和维修必不可少的设备。汽车检测仪一般都具有读取故障码、清除故障码、动态数据分析和执行元件测试等功能。此外,还具有支持特定车系/车型的专业功能,如提供系统基本调整、自适应匹配(含防盗控制单元及钥匙匹配)、编码、单独通道数据、登录系统、传送汽车底盘号码等专业功能。下面以大众汽车集团专用汽车检测仪 VAS5051 为例来说明汽车检测仪的功能及使用方法。

VAS5051是大众、奥迪车系的专用汽车检测仪,是一个集车辆诊断、检测、信息系统于一体的综合式检测仪,在大众、奥迪车系电路检测,特别是汽车网络系统的故障诊断、检测和波形分析中发挥着不可替代的作用。

VAS5051实际上是一个检测仪系列,按照其推出时间和功能上的差异,可以分为VAS5051汽车检测仪(见图4-5)、VAS5051B汽车检测仪(见图4-6)、VAS5052汽车检测仪(见图4-7)和VAS5053汽车检测仪(见图4-8)4种,可以用于捷达、宝来、迈腾、速腾、高尔夫、奥迪、桑塔纳、高尔、帕萨特、波罗以及红旗等车型的车载网络系统的故障诊断与检测。

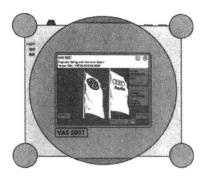

图 4-5　VAS5051 汽车检测仪

图 4-6　VAS5051B 汽车检测仪

图 4-7　VAS5052 汽车检测仪

图 4-8　VAS5053 汽车检测仪

作为大众早期检测仪 VAG1551 和 VAG1552 的更新换代产品，凡是 VAG1551 和 VAG1552 具有的功能，VAS505X 系列检测仪也都具备。

VAS5051 系列汽车检测仪通过 CAN 总线诊断接口与汽车进行通信（见图 4-9），实现汽车故障的诊断、检测和维修指导。

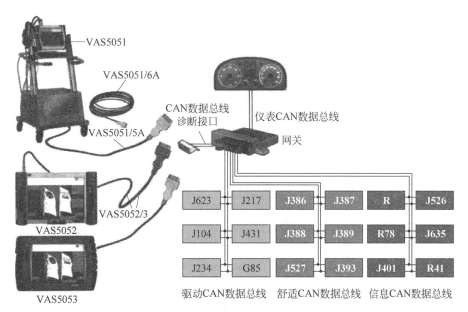

图 4-9　VAS505X 系列汽车检测仪通过 CAN 总线诊断接口与汽车进行通信

加装专用的以太网网卡和相应软件之后,VAS5051 还可以与 Internet 连接,实现远程故障诊断(tele-diagnosis)。

4.2.4 CAN 分析仪

CAN 分析仪用于分析 CAN 总线网络数据、错误状态、网络负载、应用层协议(如 DeviceNet、CANopen、J1939 等)或模拟 CAN 总线应用终端的工作状态等,是 CAN 总线网络开发和维护的好帮手,方便实现网络维护、查错、管理等复杂工作。

CANScope 是致远电子推出的一款 CAN 分析仪(见图 4-10),它不仅具有成熟稳定的 CAN 高层协议分析处理能力,同时还集成了数字示波器的核心功能,使用户在获取 CAN 报文信息的同时,还可以实时观测总线物理层上的模拟波形。

CANScope 不但可以测量不同的线缆类型、线缆长度以及外界环境、终端电阻等物理因素对总线信号的影响,还可以收发和解析报文,帮助用户定位高层协议中存在的问题。借助 100Mb/s 的高速示波器技术、512MB 的超大缓存空间、可编程的模拟通道以及高端 FPGA 的控制配合,CANScope 可以实时完成眼图叠加、波形显示等复杂功能。

图 4-10　CAN 分析仪外观

4.3　传统汽车车载网络系统分析及故障诊断——以大众车系为例

1997 年,大众公司在帕萨特(PASSAT)的舒适系统上采用了传输速率为 62.5Kb/s 的 CAN 总线;1998 年,PASSAT 和高尔夫(Golf)的驱动系统上增加了传输速率为 500Kb/s 的 CAN 总线;2000 年,大众在 PASSAT 和 Golf 上都采用了带有网关的第 2 代 CAN 总线;2001 年,大众公司提高了 CAN 总线的设计标准,将舒适系统 CAN 总线的传输速率提高到 100Kb/s,驱动系统的传输速率提高到 500Kb/s;2002 年,大众在新 PQ24 平台上使用带有车载网络控制单元的第 3 代 CAN 总线;2003 年,大众在新 PQ35 平台上使用 5 重结构的 CAN 总线系统,并且出现了单线的 LIN 总线。

大众车系的 CAN 总线系统设定为驱动系统、舒适系统、信息系统、仪表系统、诊断系统这 5 个子系统局域网,如图 4-11 所示。

图 4-11　大众车系 CAN 总线的 5 个子系统

宝来是高尔夫四代的三厢版本,1998年开始在海外上市,一汽大众生产的是经过改进之后的2001款,后续都是在这个版本的基础上推出的新宝来。本部分以一汽大众的宝来(Bora)轿车为例进行传统汽车车载网络系统的分析。

4.3.1 大众宝来车载网络系统分析

一汽大众生产的宝来(Bora)轿车在动力系统和舒适系统中装用了两套CAN数据传输系统,如图4-12所示。

动力CAN总线将发动机电控单元、变速器电控单元和自动防抱死/电子差速锁(ABS/EDL)电控单元连接为一体,形成一个完整的局域网络;舒适CAN总线将1个中央电控单元和4个车门电控单元连接为一体,形成一个完整的局域网络。

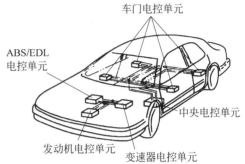

图4-12 宝来轿车CAN总线

1. 动力CAN总线

动力CAN总线连接3个电控单元,即发动机、ABS/EDL及变速器电控单元(动力CAN总线实际还连接安全气囊SRS、四轮驱动及组合仪表等电控单元)。动力CAN总线同时传输10组数据:发动机电控单元5组;ABS/EDL电控单元3组;变速器电控单元2组。

1) 传输特点

(1) CAN通过两条数据总线传输信息,为避免电磁干扰和对外辐射,两条数据总线相互缠绕成双绞线。

(2) 数据总线以500Kb/s的速率传输数据,即传输速率在125~1000Kb/s范围内(高速CAN总线传输),每一组数据传输大约需0.25ms时间,每一个电控单元(根据单元类型)每隔7~20ms发送一次数据。

(3) 优先权顺序:ABS/EDL电控单元→发动机电控单元→变速器电控单元。

(4) 在动力与传动系统中,数据传输应尽可能快,以便及时利用数据,所以需要一个高性能的发送器。高速发送器会加快点火系统间的数据传输,使接收到的数据立即应用到下一个点火脉冲。

2) 信息传输

动力系统中各电控单元的信息传输非常重要,如由ABS/EDL电控单元决定的安全因素信息是发动机电控单元决定的点火控制和燃油喷射质量信息以及由变速器电控单元决定的驾驶方便性信息。动力CAN信息传输见表4-2。

动力系统中各电控单元需要传输的信息很多,下面以节气门位置为例说明信息的传输原理。节气门当前位置信息由8位二进制数组成,可产生256种排列,即从0°到120°的节气门位置信息可按0.4°的间隔传输,见表4-3。

表 4-2　动力 CAN 信息传输

优先权顺序	数 据 来 源	信 息 举 例
1	ABS/EDL 电控单元	1. 发动机制动控制请求(EBC) 2. 牵引力控制请求(TCS)
2	数据组 1 发动机电控单元	1. 发动机转速 2. 节气门位置 3. 换低挡
3	数据组 2 发动机电控单元	1. 冷却液温度 2. 车速
4	变速器电控单元	1. 换挡机构 2. 应急模式 3. 选挡手柄位置

表 4-3　节气门位置信息的传输

位　　序	节气门开度	位　　序	节气门开度
0000 0000	0°	0101 0100	33.6°
0000 0001	0.4°	…	…
0000 0010	0.8°	1111 1111	120°
…	…	…	…

2．舒适 CAN 总线

舒适 CAN 总线连接 5 个电控单元，能实现中央门锁、电动车窗、照明开关、电动调节和电热后视镜及自诊断等控制功能。电控单元的各条传输线以星状汇聚一点，其优点是若一个电控单元发生故障，其他电控单元仍可发送各自的数据。

1）传输特点

（1）通过车门连接只需电源线和通信线，线路很少。

（2）若出现对搭铁短路、对正极短路或线路间短路，舒适 CAN 总线会转为紧急模式运行和单线模式运行。

（3）由于自诊断完全由中央电控单元控制，所以只需要较少的自诊断线。

（4）由于舒适系统中的数据可以以较低的速率传输，所以发送器需要较低的功率。若一根数据线传输发生故障，该系统可转换到单线模式运行，从而保证数据传输。

（5）舒适系统包含两条用于传送信息的数据线，为了防止电磁波干扰和向外辐射，两条数据线缠绕在一起。

（6）舒适系统传输数据的速率为 62.5Kb/s，在 0～125Kb/s 范围内传输（低速状态）。一个数据报告传输大约需 1ms。每个电控单元每隔 20ms 发送一次数据。

（7）优先权顺序：中央电控单元→驾驶员侧车门电控单元→前排乘客车门电控单元→左后车门电控单元→右后车门电控单元。

2）信息传输

舒适系统 CAN 总线信息与各自的功能状态有关，如无线电遥控操作信息、当前的中央门锁状态信息、故障信息等。表 4-4 是以驾驶员侧车门电控单元为例的中央门锁状态和电动车窗状态的传输信息。

表 4-4 驾驶员侧车门电控单元的部分传输信息

功能状态	信 息	位序（数据线的电压）/V					位值
		bit5	bit4	bit3	bit2	bit1	
中央门锁	基本状态			0	0	0	000
				0	0	5	001
	安全			0	5	0	010
	锁止（中央门锁）			0	5	5	011
	车门锁止			5	0	0	100
	打开（中央门锁）			5	0	5	101
	信号错误输入传感器			5	5	0	110
	错误状态			5	5	5	111
电动车窗	运动中	0	0				00
	静止状态	0	5				01
	在行程范围内	5	0				10
	最上端停止点	5	5				11

4.3.2 大众宝来车载网络系统故障诊断

1. 动力 CAN 总线的故障诊断

现代车载网络多路传输系统都支持故障自诊断功能，故障自诊断模块监测的对象是电控汽车上的各种传感器、电子控制系统本身以及各种执行元件。大众车系也可通过 OBD-Ⅱ 自诊断系统对 CAN 总线进行故障诊断。

宝来轿车的组合仪表连接在 CAN 总线上，通过组合仪表内的 OBD-Ⅱ 自诊断接口连接 VAG1551、VAG1552 或 VAS505X 等故障阅读仪，可以读取故障码和数据流等。利用 VAG1551 故障阅读仪可以得到宝来轿车 CAN 总线系统的故障码，见表 4-5。

表 4-5 宝来轿车 CAN 总线系统故障码

打印信息	故障原因	可能影响	故障诊断与排除
00778—转向角传感器 G85 无法通信	转向角传感器 G85 通过总线接收不正常	与数据总线相连的系统功能不正常	1. 检查数据总线自诊断接口的编码 2. 读取 ABS 故障码，并排除故障 3. 按照电路图检查插接转向传感器 G85 的数据总线
01044—电控单元编码错误	与数据总线相连的某电控单元编码错误	行驶性能不良（自动变速器换挡冲击，负荷变化冲击），无行驶动力控制	1. 读取测量数据块 2. 读取与数据总线相连的所有电控单元存储的故障码，并排除故障 3. 检查并更改电控单元编码，如果需要，可更换电控单元

续表

打印信息	故障原因	可能影响	故障诊断与排除
010312—数据总线损坏	数据总线有故障；数据总线在BUS-OFF状态	行驶性能不良（自动变速器换挡冲击，负荷变化冲击），无行驶动力控制	1. 读取测量数据块 2. 检查电控单元编码 3. 按照电路图检查数据总线 4. 更换损坏的电控单元
01314—发动机电控单元无法通信	发动机电控单元通过数据总线的数据接收不正常	行驶性能不良（自动变速器换挡冲击，负荷变化冲击），无行驶动力控制	1. 读取测量数据块 2. 读取变速器故障码，并排除故障 3. 按照电路图检查变速器电控单元数据总线
01315—变速器电控单元无法通信	变速器电控单元通过数据总线的数据接收不正常	行驶性能不良（自动变速器换挡冲击，负荷变化冲击），无行驶动力控制	1. 读取测量数据块 2. 读取变速器故障码，并排除故障 3. 按照电路图检查变速器电控单元数据总线
01316—ABS电控单元无法通信	ABS电控单元通过数据总线的数据接收不正常	行驶性能不良（自动变速器换挡冲击，负荷变化冲击），无行驶动力控制	1. 读取测量数据块 2. 读取ABS故障码，并排除故障 3. 按照电路图检查ABS电控单元数据总线
01317—组合仪表电控单元J285无法通信	组合仪表电控单元J285数据总线有故障；组合仪表电控单元J285损坏	行驶性能不良（自动变速器换挡冲击，负荷变化冲击），无行驶动力控制	1. 读取J553的测量数据块 2. 读取组合仪表故障码，并排除故障 3. 按照电路图检查数据总线
01321—SRS电控单元J234无法通信	SRS电控单元通过数据总线的数据接收不正常	SRS警告灯亮	1. 读取测量数据块 2. 读取SRS故障码，并排除故障 3. 按电控单元电路图检查SRS电控单元数据总线
01324—四轮驱动电控单元J492无法通信	四轮驱动电控单元通过数据总线的数据接收不正常	行驶性能不良（自动变速器换挡冲击，负荷变化冲击），无行驶动力控制	1. 读取测量数据块 2. 读取四轮驱动装置故障码，并排除故障 3. 按照电路图检查四轮驱动电控单元数据总线

动力系统CAN总线的故障除了使用自诊断接口进行诊断，还可以使用示波器测量CAN总线数据的波形，从而对故障波形进行故障分析、诊断和排除。

2. 舒适CAN总线的故障诊断

舒适系统CAN总线具有自诊断功能，使用VAG1551、VAG1552或VAS505X进入地址码"46"。舒适系统电控单元进行自诊断，使用功能码"02"，读取舒适系统中央电控单元故障码。宝来轿车舒适系统CAN总线的故障码及其含义见表4-6。

利用VAG1551、VAG1552或VAS505X进入地址码"46"，对舒适系统电控单元进行自诊断，使用功能码"08"，读取测量数据块。进入"12"通道（中央电控单元），即显示CAN总线相关的4组数据区域，各数据区域的显示内容见表4-7。

表 4-6 宝来轿车舒适系统 CAN 总线的故障码及其含义

故障码	故障码含义	故障部位及原因
01328	电控单元存在故障;导线或插接器故障	1. 电控单元故障 2. 两条数据线断路 3. 插头和插座连接故障
01329	舒适 CAN 总线处于紧急模式	1. 某一根数据线断路 2. 插头和插座连接故障

表 4-7 数据区域的显示内容

数据区域	显示内容
1	检测传输数据。该区域显示数据传输是否正确
2	前排装备情况。显示前排车门电控单元在传输数据过程中是否匹配
3	后排装备情况。显示后排车门电控单元在传输数据过程中是否匹配
4	其他附属情况。该区域显示座椅与后视镜调整记忆系统是否合适,舒适系统与记忆系统是否交换数据

和动力系统 CAN 总线相同,舒适系统 CAN 总线的故障除了使用自诊断接口进行诊断,还可以使用示波器测量 CAN 总线数据的波形,从而对故障波形进行故障分析、诊断和排除。

4.4 电动汽车车载网络系统分析及故障诊断——以北汽 EV200 为例

电动汽车是一个高度集成的电气化系统,包括驱动电动机控制系统、能源管理系统、车载充电系统、电子辅助系统、低压电气系统等各子系统,必须通过一个整车控制系统来进行各子系统的协调控制,从而实现整车的最佳性能。

整车控制系统主要包括整车控制器、电动机控制器、能源管理系统、车身控制管理系统、信息显示系统和通信系统等。整车控制器是整车控制系统的核心,承担了数据交换与管理、故障诊断、安全监控、驾驶员意图解释等功能。各系统之间的信息传递通过网络通信系统实现,目前常用的通信协议是 CAN 协议,具有较好的可靠性、实时性和灵活性。信息显示系统可以实现整车工作状态实时显示,如车速、电池状态(电压、电流、剩余电量等)、电动机状态、故障显示灯,方便驾驶员了解车辆的实时状态。整车控制系统必须具有较高的可靠性、容错性、电磁兼容性和环境适应性等,以保障电动汽车整车安全、可靠地运行。

北汽 EV200 是北京汽车于 2014 年年底推出的一款纯电动汽车,是一款集动感时尚、超强性能、科技配置、贴身安全、健康环保五大亮点为一体的轿车。本部分以北汽 EV200 电动汽车为例进行电动汽车车载网络系统的分析。

4.4.1 北汽 EV200 车载网络系统分析

北汽 EV200 的整车车载网络系统如图 4-13 所示。

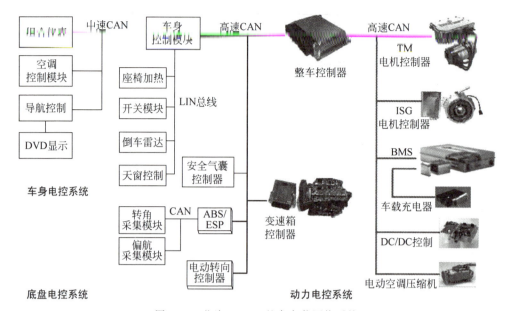

图 4-13 北汽 EV200 整车车载网络系统

图 4-13 中,由高速 CAN 总线将整车控制器(vehicle control unit,VCU)、驱动电机控制器、ISG 电机控制器、电池管理系统(BMS)、车载充电器、DC/DC 控制器和电动空调控制器等组成动力电控系统,这套 CAN 总线网络简称新能源 CAN 总线;车身电控系统和底盘电控系统部分 CAN 总线和 LIN 总线还沿用了北汽传统燃油汽车的网络架构,这部分网络简称原车网络。

北汽 EV200 整车车载网络除了以上两套网络,还有两套 CAN 总线网络:快充 CAN 总线网络、动力电池内部 CAN 总线网络。

整车控制器,即动力总成控制器,是整个电动汽车的核心控制部件,它采集加速踏板信号、制动踏板信号及其他部件信号,并做出相应判断后,控制下层的各部件控制器的动作,驱动汽车正常行驶。作为汽车的指挥管理中心,动力总成控制器的主要功能包括驱动力矩控制、制动能量优化控制、整车的能量管理、CAN 网络的维护和管理、故障诊断和处理、车辆状态监测等,它起着控制车辆运行的作用。因此 VCU 的优劣直接影响着整车性能。

与各部件控制器的动态控制相比,整车控制器属于管理协调型控制和决策层控制,它是车辆智能化的关键,收集车辆运行过程中的信息,并根据智能算法的决策向物理器件层控制单元发送命令;动力源控制单元负责调解动力源系统部件以满足决策层控制单元的命令要求;驱动/制动控制单元则调节双向变量电动机和能耗制动系统实现车辆各种工况,如驱动控制、防抱制动等。整车控制系统采用一体化集成控制与分布式处理的体系结构,各部件都有独立的控制器,整车控制器对整个系统进行管理及各部件的协调。为满足系统数据交换量大,实时性、可靠性要求高的特点,整个分布式控制系统之间采用 CAN 总线进行通信。整车控制器通过 CAN 总线接口连接到整车的 CAN 网络上与整车其余控制节点进行信息交换和协调控制。

4.4.2 北汽 EV200 的 CAN 总线故障诊断

当北汽 EV200 电动汽车发生 CAN 总线系统故障时,可用北汽新能源 VCI 诊断仪查询到 CAN 总线系统的故障存储记录。至于可能的故障原因和故障排除方法,需要具体参阅维修手册或者使用故障指南。图 4-14 为北汽新能源 VCI 诊断仪的软件界面。

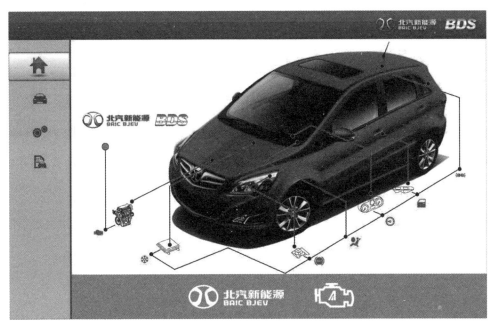

图 4-14　北汽新能源自诊断仪器 VCI 的软件界面

当故障存储记录中出现"CAN 总线故障"时,可以使用示波器进行故障波形分析,这样可以很方便地确定故障点的位置以及引发故障的原因。下面以北汽 EV200 汽车上的新能源 CAN 总线的故障为例进行分析。

北汽 EV200 汽车上的新能源 CAN 总线采用的是高速 CAN 总线,正常情况下 CANH 和 CANL 的电压波形如图 4-15 所示。

图 4-15 中,通道 1(上面的线)为 CANH 电压波形,通道 2(下面的线)为 CANL 电压波形;通道 1 和通道 2 的电压显示单位都为 1V/格。

当 CANH 和 CANL 的电压基本相同,都约等于 2.5V,此时两条线间的差分电压近似为 0,表示 CAN 总线的"隐性电平",也就是逻辑"1"。

当 CANH 输出高电平 3.5V 时,CANL 同时输出低电平 1.5V,此时两条线间差分电压约为 2V,表示 CAN 总线的"显性电平",也就是逻辑"0"。

1. CANL 导线与正极短路

CANL 导线与正极短路的示意图如图 4-16 所示,其故障波形如图 4-17 所示。

图 4-17 中,通道 1(上面的线)为 CANH 电压波形,通道 2(下面的线)为 CANL 电压波形;通道 1 和通道 2 的电压显示单位都为 5V/格。发生 CANL 导线对正极短路故障时,

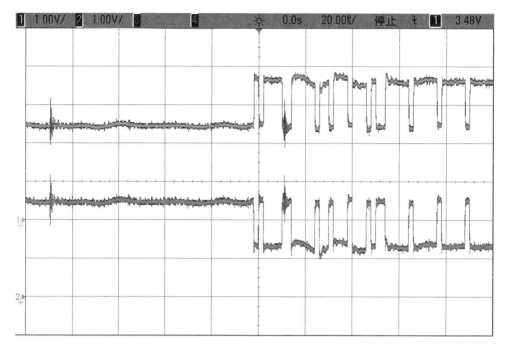

图 4-15　正常情况下 CANH 和 CANL 的电压波形

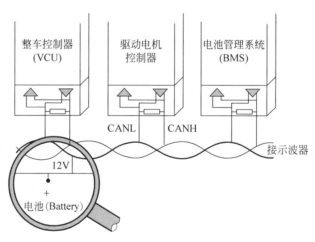

图 4-16　CANL 导线与正极短路的示意图

CANL 导线的电压恒为蓄电池电压（大约 14V），且 CANH 导线能继续传送 CAN 总线信号。

这种故障是由于 CANL 导线和电源正极（12V 常火线）连接引起的，可以通过插拔新能源 CAN 总线上的控制单元对故障点进行判断。如果是线束短路引起的故障，需要将 CAN 线组（CANH 导线和 CANL 导线）从总线节点处依次拔除，同时注意示波器的波形变化。当故障线组被拔下后，示波器的波形应恢复正常。

需要指出的是：处于休眠状态下的中低速 CAN 总线波形与此相类似，但区别在于，休眠状态下的中低速 CAN 总线的 CANH 导线上的电压恒为 0V，且无明显波动。

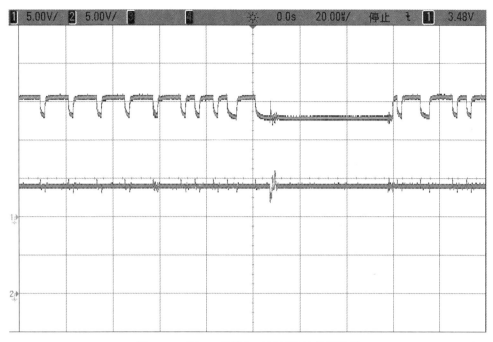

图 4-17 CANL 导线与正极短路的故障波形

2. CANH 导线对正极短路

CANH 导线对正极短路的故障波形如图 4-18 所示。

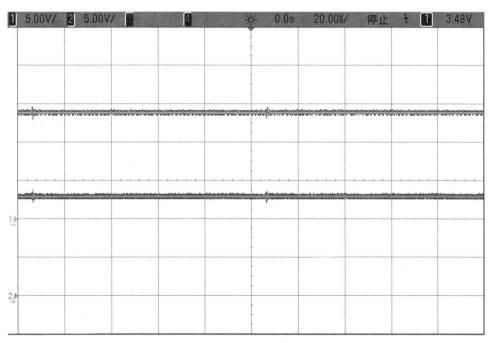

图 4-18 CANH 对正极短路的故障波形

图 4-18 中,通道 1(上面的线)为 CANH 电压波形,通道 2(下面的线)为 CANL 电压波形,通道 1 和通道 2 的电压显示单位都为 5V/格。发生 CANH 导线对正极短路故障时,CANH 导线的电压被置于蓄电池电压(大约 14V),CANL 导线的隐性电平也被置于蓄电池电压(大约 13V)。

这种故障是由于 CANH 导线和电源正极(12V 常火线)连接引起的,可以通过插拔新能源 CAN 总线上的控制单元对故障点进行判断。如果是线束短路引起的故障,需要将 CAN 线组(CANH 导线和 CANL 导线)从总线节点处依次拔除,同时注意示波器的波形变化。当故障线组被拔下后,示波器的波形应恢复正常。

3. CANL 导线对地短路

CANL 导线对地短路的故障波形如图 4-19 所示。

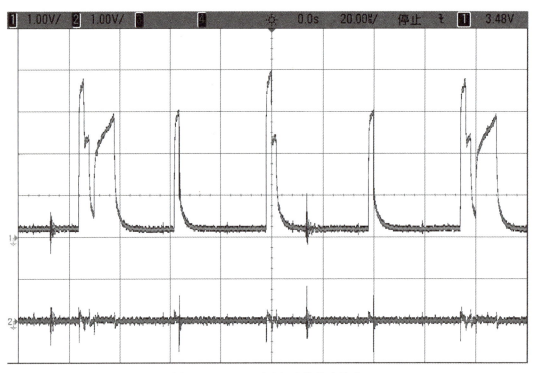

图 4-19 CANL 对地短路的故障波形

图 4-19 中,通道 1(上面的线)为 CANH 电压波形,通道 2(下面的线)为 CANL 电压波形;通道 1 和通道 2 的电压显示单位都为 1V/格。发生 CANL 导线对地短路故障时,CANL 导线的电压大约为 0V;CANH 导线的隐性电压也被降至 0V,且显性电平有些杂波。

这种故障是由于 CANL 导线和电源地线连接引起的,可以通过插拔新能源 CAN 总线上的控制单元对故障点进行判断。如果是线束短路引起的故障,需要将 CAN 线组(CANH 导线和 CANL 导线)从总线节点处依次拔除,同时注意示波器的波形变化。当故障线组被拔下后,示波器的波形应恢复正常。

4. CANH 导线对地短路

CANH 导线对地短路的故障波形如图 4-20 所示。

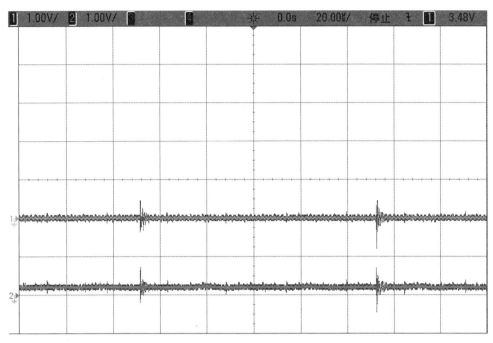

图 4-20　CANH 对地短路的故障波形

图 4-20 中,通道 1(上面的线)为 CANH 电压波形,通道 2(下面的线)为 CANL 电压波形;通道 1 和通道 2 的电压显示单位都为 1V/格。发生 CANH 导线对地短路故障时,CANH 导线的电压位于 0V;CANL 导线的电压大于 0V 一点点。

这种故障是由于 CANH 导线和电源地线连接引起的,可以通过插拔新能源 CAN 总线上的控制单元对故障点进行判断。如果是线束短路引起的故障,需要将 CAN 线组(CANH 导线和 CANL 导线)从总线节点处依次拔除,同时注意示波器的波形变化。当故障线组被拔下后,示波器的波形应恢复正常。

5. CANL 导线断路

CANL 导线断路的示意图如图 4-21 所示。

发生 CANL 导线断路故障时,CANL 波形变化范围很大且杂乱无章(可能有其他控制单元的信号窜入),新能源 CAN 总线无法正常工作,可以通过插拔新能源 CAN 总线上的控制单元对故障点进行判断。如果是线束断路引起的故障,需要将 CAN 线组(CANH 导线和 CANL 导线)从总线节点处依次拔除,同时注意示波器的波形变化。当故障线组被拔下后,示波器的波形应恢复正常。

6. CANH 导线断路

发生 CANH 导线断路故障时,CANH 波形变化范围很大且杂乱无章(可能有其他控制

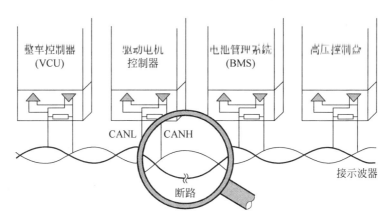

图 4-21 CANL 导线断路的示意图

单元的信号窜入),高速 CAN 总线无法正常工作,可以通过插拔新能源 CAN 总线上的控制单元对故障点进行判断。如果是线束断路引起的故障,需要将 CAN 线组(CANH 导线和 CANL 导线)从总线节点处依次拔除,同时注意示波器的波形变化。当故障线组被拔下后,示波器的波形应恢复正常。

7. CANH 导线与 CANL 导线短路

CANH 导线与 CANL 导线短路的故障波形如图 4-22 所示。

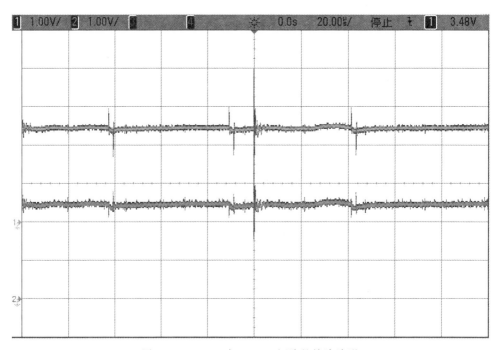

图 4-22 CANH 与 CANL 短路的故障波形

图 4-22 中,通道 1(上面的线)为 CANH 电压波形,通道 2(下面的线)为 CANL 电压波形;通道 1 和通道 2 的电压显示单位都为 1V/格。发生 CANH 与 CANL 短路故障时,

CANH 导线与 CANL 导线的波形一致,其电压置于隐性电压值(大约 2.5V)。

控制单元内部短路或 CANH 导线和 CANL 导线连接在一起都可能导致这种短路故障,可以通过插拔新能源 CAN 总线上的控制单元对故障点进行判断。如果是线束短路引起的故障,需要将 CAN 线组(CANH 导线和 CANL 导线)从总线节点处依次拔除,同时注意示波器的波形变化。当故障线组被拔下后,示波器的波形应恢复正常。

8. CANH 导线和 CANL 导线均对正极短路

CANH 导线和 CANL 导线均对正极短路的故障波形如图 4-23 所示。

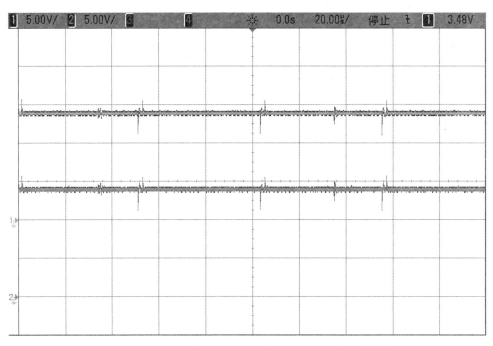

图 4-23　CANH 导线和 CANL 导线均对正极短路的故障波形

图 4-23 中,通道 1(上面的线)为 CANH 电压波形,通道 2(下面的线)为 CANL 电压波形;通道 1 和通道 2 的电压显示单位都为 5V/格。发生 CANH 导线和 CANL 导线均对正极短路故障时,CANH 导线和 CANL 导线两条导线的电压都约为蓄电池电压(大约 14V)。

发生这种故障时,可以通过插拔新能源 CAN 总线上的控制单元对故障点进行判断。如果是线束短路引起的故障,需要将 CAN 线组(CANH 导线和 CANL 导线)从总线节点处依次拔除,同时注意示波器的波形变化。当故障线组被拔下后,示波器的波形应恢复正常。

9. CANH 导线和 CANL 导线装混

CANH 导线和 CANL 导线装混的示意图如图 4-24 所示。

发生 CANH 导线和 CANL 导线装混故障时,暂时在示波器上不一定能看出有什么差别。出现差别的频率可能非常低,以至于经过很长时间也不会显示出来。

如果控制单元装混了,那么就无法进行数据交换,CAN 信息中断导致控制单元相互干扰,这种情况积累多了就会产生 CAN 数据总线故障记录。一般这种故障多发生在安装新

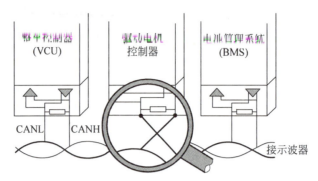

图 4-24　CANH 导线和 CANL 导线装混的示意图

件(新的控制单元)时或以前曾经修理过 CAN 总线导线的情况下。

这种故障的排查方法:仔细测量无法进行通信的控制单元和可以进行通信的控制单元之间的导线(按电路图),故障肯定就在这两个控制单元之间。

4.4.3　CAN 总线静态电流和终端电阻的检测

1. 静态电流检测

为降低车辆不运行时的电能消耗,CAN 总线具有休眠模式。CAN 总线处于休眠模式时,其静态电流(亦称暗电流、休眠电流)为 6~8mA;而处于非休眠模式(激活状态)时,其静态电流约为 700mA。

如果系统电路或控制单元有故障,会导致 CAN 总线无法进入休眠模式。此时,其静态电流约为 700mA。若故障长时间存在,将使蓄电池亏电。这一故障俗称汽车"漏电"或"跑电"。当出现"漏电"故障,蓄电池亏电时,应首先判断"漏电"是由一般性的电器故障引起的还是由 CAN 总线的休眠/唤醒功能出现问题引起的。

可先采用依次拔除电路熔断器(拔保险丝)的方法加以判别。如果将某个电路的熔断器拔除后,故障消失,则说明"漏电"是由一般性的电器故障引起的。顺着这条被拔除熔断器的电路逐段检查线束,顺藤摸瓜,就可以找到故障点,并加以排除。

如果"漏电"不是由一般的电器故障引起的,那就要怀疑是不是 CAN 总线无法进入休眠模式了。此时,可利用示波器对总线波形和静态电流进行检测。

2. 终端电阻检测

高频信号传输时,信号波长相对传输导线较短,信号在传输导线终端会形成反射波,干扰原来的信号,所以需要在传输导线的末端加装终端电阻,使信号到达传输导线末端后不再反射。

终端电阻一般装在系统(如新能源 CAN 总线)的两个控制单元内。如果终端电阻出现故障,则因为总线线路上出现反射信号的干扰,可能导致 CAN 总线无法正常工作。可用示波器对 CAN 总线信号进行检测,如果实测 CAN 总线信号波形与标准信号波形不符,则可能为终端电阻损坏。

装在高速 CAN 总线上的终端电阻可以用万用表进行测量,但是装在低速 CAN 总线上不能用万用表测量,可用CAN分析仪进行测量。

终端电阻的测量步骤如下:

(1) 将蓄电池正、负极接线柱上的导线(电缆)拆下。

(2) 等待大约5min,直到所有的电容器都充分放电。

(3) 连接CAN分析仪,调用万用表功能,连接测量导线,测量终端电阻的总阻值并做好记录。

(4) 将一个带有终端电阻控制单元(如整车控制器)的线束插头拔下来,观察终端电阻的总阻值是否发生变化。

(5) 将第一个控制单元(带有终端电阻,如整车控制器)的线束插头连接好,再将第二个控制单元(带有终端电阻)的线束插头拔下来,观察终端电阻的总阻值是否发生变化。

(6) 分析测量结果,带有终端电阻的两个控制单元是由CAN导线连接相通的,两个终端电阻在总线上处于并联连接状态。正常情况下,每一个终端电阻的阻值大约为120Ω,总的阻值约为60Ω。

思考与练习题

4.1 分析车载网络系统故障类型。

4.2 掌握示波器的使用。

4.3 掌握CAN分析仪的使用。

4.4 分析大众宝来轿车CAN总线网络架构。

4.5 分析北汽EV200电动汽车CAN总线网络架构。

第 5 章 汽车电路基础知识

5.1 电路概述

5.1.1 电路的定义

电路是由一些电气设备、电气元件按一定的方式组合起来,构成的电流的通路。图 5-1(b)所示为由电池、小灯泡、开关和连接导线构成的一个简单电路。当合上开关时,电池向外输出电流,电流流过小灯泡,小灯泡就会发光。灯泡发光的电路图电路一般是由电源、负载、中间环节三部分组成的,如图 5-1(a)所示。

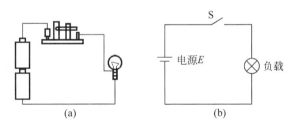

图 5-1 灯泡发光的电路

电源是提供电能的装置,它把其他形式的能量转换为电能,如蓄电池、发电机等。

负载是取用电能的装置,是各种用电设备的总称。它把电能转换为其他形式的能量,如电灯、电炉、电动机等。

导线、开关等称为中间环节。它是用来传送、分配电能,控制电路的通/断,保护电路安全正常运行。

5.1.2 电路的基本物理量

1. 电流

电荷的定向移动便形成电流,正电荷和负电荷的定向移动都形成电流。在金属导体中,电流是自由电子有规则的定向运动形成的。电流的大小用电流强度来表示。电流强度简称为"电流",它等于单位时间内通过某一导体横截面的电荷量。电流分两种,即直流电流和交流电流。电流强度单位是安培,简称安(A)。

2. 电压和电位

电压是电路中两点之间的电位差,它反映了电场力对电荷做功的能力,数值上等于电场力把单位正电荷从电源的正极经外电路移到负极所做的功。其单位是伏特,简称伏(V)。如图5-2所示,在电路中任选一点为参考点,则某点到参考点的电压就叫做这一点(相对于参考点)的电位。参考点在电路图中用符号"⊥"表示,在电气设备和汽车中常用大地、机壳及汽车车身作为接地点。电路中某一点的电位实质上就是将单位正电荷从电路中的某一点移到参考点时获得或失去的能量大小。

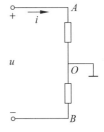

图 5-2 电位的表示

电位与电压的关系:①电路中某一点的电位等于该点与参考点之间的电压。因此,离开参考点讨论电位是没有意义的。②参考点选的不同,电路中各点的电位值也不同,但是两点之间的电压值是一定的。

3. 电动势

非电场力把单位正电荷从电源内部低电位端移到高电位端所做的功称为电动势,用字母 E 表示:

$$E = \frac{W}{Q} \tag{5-1}$$

电动势的单位与电压相同,也用伏(V)表示。电动势的极性和实际方向是客观存在的。在电路中,要想维持电流流动,必须有一种外力把正电荷源源不断地从低电位处移到高电位处,才能在整个闭合的电路中形成电流的连续流动,这个任务是由电源来完成的。在电源内部,由于电源力的作用,正电荷从低电位移向高电位。在不同类型的电源中,电源力的来源不同。例如,电池中的电源力是由化学作用产生的;发电机的电源力则是由电磁作用产生的。电源电动势的实际方向由负极指向正极,即由电源的低电位指向高电位,也就是电位升高的方向。

4. 电能与电功率

电流能使电灯发光、电动机转动、电炉发热,这些都说明电流通过电气设备时做了功,消耗了电能,我们把电气设备在工作时间消耗的电能(也称为电功)用 W 表示。电能的大小与通过电气设备的电流和加在电气设备两端的电压以及通过的时间成正比,即

$$W = UIt \tag{5-2}$$

电能的单位是焦耳,简称焦(J)。

电气设备在单位时间 T 内消耗的电能称为电功率,简称功率,用 P 表示,即

$$P = \frac{W}{T} = \frac{UQ}{T} = \frac{UIt}{T} \tag{5-3}$$

电功率的单位是瓦特,简称瓦(W)。

在电工应用中,功率的常用单位是千瓦(kW),电能的常用单位是千瓦时,1千瓦时即为

1度电。千瓦时与焦耳之间的换算关系是：1度＝1kW·h＝1000W·h＝3.6×10⁶J。

电气设备在给定的工作条件下正常运行的规定最大允许值称为额定值。实际工作时，如果超过额定值工作，会使电气设备使用寿命缩短或损坏；如果小于额定值，则会使电气设备的利用率降低甚至不能正常工作。额定电压、额定电流、额定功率分别用 U_N、I_N、P_N 来表示。

5. 电阻与欧姆定律

电路中具有阻碍电流通过的作用称为电阻，电阻的单位为欧姆，简称欧(Ω)。电路中流过电阻值 R 的电流值 I，与电阻两端的电压值 U 成正比，这就是欧姆定律，其表达式如下：

$$R = \frac{U}{I} \tag{5-4}$$

5.1.3 电路的工作状态

1. 有载工作状态

在有负载的工作状态下，负载电流的变化将引起端电压的变化。在图 5-3 所示电路中，当开关合上之后，就是电路的有载工作状态。

图 5-3 中，有载工作状态下电路中的电流为

$$I = \frac{U_S}{R_0 + R_L} \tag{5-5}$$

当电压 U_S 和内阻值 R_0 一定时，由式(5-5)可见，电路有载工作状态的负载电阻越小，则电路中的电流越大。

2. 开路状态

若图 5-4 所示电路中的开关是断开的，电路即处于开路状态。电路开路时，外电路的电阻对电源来说等于无穷大，因此电路中的电流为零。此时负载上的电流、电压、功率都等于零。开路时电源的端电压叫做开路电压，用 U 表示。由于开路时电流 $I=0$，故开路电压 $U=U_S$，即开路电压等于电源电压。

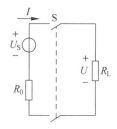

图 5-3 电路的有载工作状态

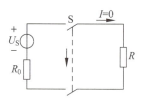

图 5-4 电路的开路状态

3. 短路状态

在正常状态下工作的电路中，如果电路由于绝缘损坏或接线不当或操作不慎等原因，使

负载端或电源端造成电源线直接触碰或搭接,则形成电路的短路状态。如图 5-5 所示,电源和负载都被短路,此时,电流不再流经负载,外电路的电阻对电源来讲为零。

图 5-5 中,电路的短路电流 I_S 为

$$I_S = \frac{U_S}{R_0} \quad (5-6)$$

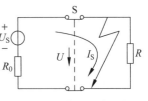

图 5-5 电路的短路状态

由式(5-6)可知,电路的短路状态由于内阻 R_0 很小,所以短路电流 I_S 很大,一般超过电源的额定电流许多倍,这样大的电流不仅在内阻 R_0 上会产生很大的功率损失,还会使电源严重发热。短路通常是一种严重故障,应该尽量防止。为此,电路中一般都要接入熔断器或其他自动保护装置,以便发生短路时在规定的时限内自动切断故障电路与电源的联系。

5.1.4 电路的串联与并联

1. 串联电路

把电阻一个接一个地首尾依次连接起来,就组成了串联电路,如图 5-6 所示。

串联电路的基本特点如下:①电阻的串联电路中各处的电流强度相等;②电路两端的总电压等于各部分电路两端的电压之和;③串联电路的总电阻等于各个电阻之和,即 $R = R_1 + R_2 + R_3$;④串联电路中各个电阻两端的电压与它的阻值成正比。

2. 并联电路

把两个或两个以上电阻接到电路中的两点之间,电阻两端承受的是同一个电压的电路,叫做电阻并联电路。图 5-7 所示为三个电阻组成的并联电路。

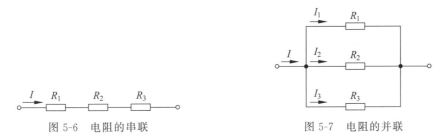

图 5-6 电阻的串联　　　　图 5-7 电阻的并联

并联电路的基本特点如下:①电路中各支路两端的电压相等;②电路中的总电流强度等于各支路的电流强度之和;③并联电路的总电阻的倒数,等于各个电阻的倒数之和;④并联电路中通过各个电阻的电流强度与它的阻值成反比。

5.2　汽车电路概述

5.2.1　汽车电路的定义

为了使汽车的电器工作,就要根据它们的工作特性及相互之间的关系用导线和车体把

它们连接起来,组成电流流通的路径,即汽车电路。也就是说,汽车电路就是由电源、过载保护器件、控制器件、用电器和导线组成的回路,如图 5-8 所示。

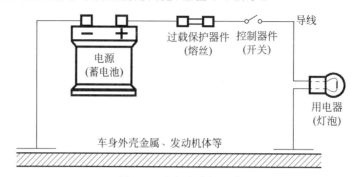

图 5-8 汽车电路的组成

1. 电源

汽车上的电源为蓄电池和发电机,发电机为主要电源,蓄电池为辅助电源,它们的作用是向用电设备提供电能。

2. 过载保护器件

过载保护器件主要有熔丝(俗称保险丝)、电路断电器及易熔线等。

熔丝一般有管式和片式两种,片式熔丝以其塑料外壳的颜色代表其额定电流值。一般情况下,环境温度在 18～32℃ 情况下,流过熔丝的电流为额定电流的 1.1 倍时,熔丝不熔断;达到 1.35 倍时,熔丝在 60s 内熔断;达到 1.5 倍时,20A 以内的熔丝在 15s 以内熔断,30A 的熔丝在 30s 以内熔断。

电路断电器利用金属(双金属片)热膨胀系数的不同,断开电路。当过大的电流经过时,双金属片受热膨胀使触点断开;而在电路断电冷却后,触点自动闭合。它一般用于前照灯、电动座椅、电动门锁及电动车窗等电路中。

易熔线由标准铜导线绞合而成,其外部是特殊的不易燃烧绝缘层。其截面尺寸比要保护的电路中的导线小一个线规标号,但由于导线外部的加厚绝缘层使其看起来比同一条电路上的导线要粗。如果通过的电流过大,导线发热使绝缘层外部开始冒烟,5s 后绝缘层内导线熔断。除起动电源线外,其他电源一般都经过易熔线到达用电器。

3. 控制器件

除了传统的各种手动开关、压力开关、温控开关外,现代汽车还大量使用电子控制器件,包括简单的电子模块(如电子式电压调节器等)和微型计算机形式的电子控制单元(如发动机电控单元、自动变速器电控单元、能源管理系统和电机驱动控制单元等)。电子控制器件和传统开关在电路上的主要区别是电子控制器件需要单独的工作电源及需要配用各种形式的传感器。

4. 用电器

用电器包括电动机、电磁阀、灯泡、仪表、各种电子控制器件和部分传感器等。

5. 导线

导线用于将以上各种装置连接起来构成电路。此外,汽车上通常用车体代替部分从用电器返回电源的导线,这种连接方式称为单线制。

5.2.2 汽车电路的分类

汽车电路可以按照控制方式分类。根据有无使用继电器可分为直接控制电路和间接控制电路;根据是否使用电子控制器件可分为非电子控制电路和电子控制电路。

1. **直接控制电路与间接控制电路**

汽车电路根据控制器件与用电器之间是否使用继电器,可分为直接控制电路和间接控制电路。

1) 直接控制电路

直接控制电路指不使用继电器,控制器件直接控制用电器的汽车电路。这是最简单、最基本的电路。在这样的电路中,控制器件与用电器串联,直接控制用电器。

2) 间接控制电路

在控制器件与用电部件之间使用继电器或电子控制器的电路称为间接控制电路。如图 5-9 所示,继电器主要由电磁线圈和触点等组成,控制器件和继电器内的电磁线圈所处的电路为控制电路,用电器和继电器内的触点所处的电路为主电路。

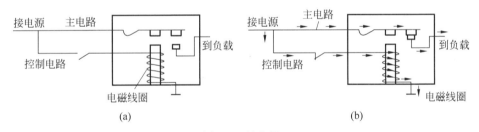

图 5-9 继电器

(a) 开关断开时;(b) 开关闭合时

继电器的作用是通过线圈的小电流控制经过触点的用电器的大工作电流,它解决了控制器件所允许通过的电流较小和用电器所需的电流较大的矛盾。继电器或电子控制器对受其控制的用电器来讲是控制器件,但继电器和晶体管同时又受到各种开关、电控单元等控制器件的控制,从这个意义上来讲它们又是执行器件,所以其具有双重性。

2. **非电子控制电路与电子控制电路**

1) 非电子控制电路

非电子控制电路指的是由手动开关、压力开关、温控开关及滑线变阻器等传统控制器件对用电器进行控制的汽车电路。

汽车上的手动开关主要是点火开关、照明灯开关、信号灯开关及各控制面板与驾驶座附近的按键式、拨杆式开关及组合式开关等。

2）电子控制电路

目前电子控制取代其他控制模式成为现代汽车控制的主要方式，如发动机的机械控制燃油喷射被电控燃油喷射所取代，自动变速器及 ABS 由液压控制转变为电子控制等。电子控制电路是指增加了信号输入元件和电子控制器件，由电子控制器件对用电器进行自动控制的一种电路，此时用电器一般称为执行器。

电子控制器件包括简单的电子模块和微电脑形式的电子控制单元（简称电控单元或 ECU），它们通过接收输入元件的信号，根据其内部的固定线路或程序（微电脑形式）对信号进行处理，然后直接或间接控制各执行器的工作。电子控制电路以电控单元为中心，系统的基本组成都包括传感器、电子控制单元（ECU）、执行器三大部分。汽车电子控制电路的组成如图 5-10 所示。

图 5-10　汽车电子控制电路的组成

（1）传感器

传感器是一种变换器，亦可称为 ECU 的输入装置，它可把某些物理量、化学量等信息转变为 ECU 或微机能够识别的电信号。例如利用传感器能将温度、压力、流量、振动等状态参数检测出来并转换成电信号，以作为 ECU 的输入信号。由此可见，传感器是电子控制系统的关键性部件。如果没有传感器，ECU 或微机根本无法实现对汽车的各种控制。

（2）电子控制单元

电子控制单元（ECU）又称电子控制器，是实现汽车电子控制的核心部件。ECU 主要由输入接口、计算机（微机）和输出接口等组成，如图 5-11 所示。

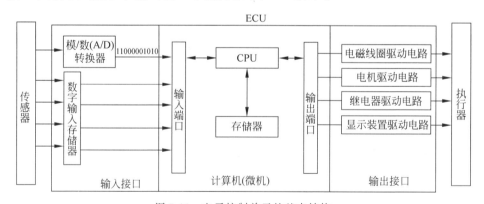

图 5-11　电子控制单元的基本结构

（3）执行器

执行器的主要任务是根据电子控制器输出的控制信号来完成所需的机械动作，以实现某一系统的调整和控制。将电信号转换为机械运动的方式有多种，按其实现机械运动的形式来分类，执行器大致可分为直行式执行器和旋转式执行器两大类；若从具体的结构来看，真正实现这一转换的部件分别是电磁线圈、电机、压电元器件等。

5.2.3 传统汽车电路的基本组成及特点

1. 传统汽车电路的基本组成

传统汽车电气系统包括车载电源和用电设备两大部分,通过导线和配电装置连接成传统汽车电路。传统汽车电路功能齐全、结构庞大,用电设备按其功能可大致分为起动系统、照明系统、信号系统、仪表系统、点火系统、辅助电器、汽车电子控制系统等,如图5-12所示。

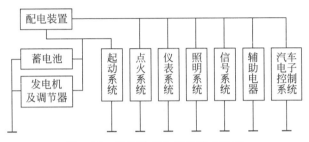

图5-12 传统汽车电路的基本组成

1) 汽车电源系统

汽车电源系统由蓄电池、发电机及调节器、配电装置等组成。蓄电池是发动机电力起动的电源,并在发电机不发电或电压低时向用电设备提供电能;在发动机工作时,则是由发电机及调节器向汽车用电设备提供电压稳定的电源,并向电能不足的蓄电池充电。

蓄电池和发电机通过配电装置向各用电设备供电,配电装置主要包括电路保护元件(易熔线、熔断器等)和电路控制器件(开关、继电器等)及线路连接器等,现代汽车配电装置通常集装在一个或几个接线盒中。

2) 起动系统

起动系统由起动开关、起动继电器(有的车没有)和起动机组成,用于起动发动机。当需要起动发动机时,起动机工作,驱动发动机曲轴转动,直至发动机自行运转。

3) 照明系统

照明系统由各灯开关和照明灯组成,用于汽车夜间或能见度较低的阴雨天、雾天的道路照明和车内照明。在一些汽车上照明系统还配有自动变光(远光/近光)、前照灯延时关灯、灯开关未关警告等控制电路。

4) 信号系统

汽车信号系统包括声响信号装置和灯光信号装置,用于向附近行人和汽车司机发出警告,以确保行车安全。汽车的声响信号装置是电喇叭,由喇叭、喇叭按钮、喇叭继电器(有的车没有)组成;有的车还装有倒车蜂鸣器。灯光信号包括转向信号灯、制动灯、示廓灯、停车灯等,转向信号装置由闪光器、转向开关和转向灯组成,其他灯光信号由各灯具和相应的灯开关组成。

5) 仪表系统

仪表系统包括各指示仪表和各指示/警告灯,用于向驾驶员反映汽车工作状况,以确保行车安全并及时发现故障。传统的仪表有电流表、机油压力表、发动机冷却液温度表、车速里程表、燃油表等,由各指示表和相应的传感器组成。现代轿车上一般都装有发动机转速表,但不装电流表。汽车的指示/警告灯有很多,一般安装在仪表板上,由各指示/警告灯具和控制开关组成。

6) 点火系统

点火系统主要由点火开关、点火线圈、分电器(采用电子点火配电的则无分电器)、火花塞等组成,用于准确、及时地向发动机燃烧室提供电火花,点燃可燃混合气,使发动机正常运转。

7) 辅助电器

辅助电器包括风窗玻璃刮水器/洗涤器、电动玻璃升降器、电动天窗调节器、电动车门/中央门锁控制装置、电动座椅调节装置、电动后视镜、音响系统、点烟器等,其主要功能是提高车辆的安全性、舒适性和使用方便性。辅助电器根据汽车档次的不同,其配置也有所不同。

8) 汽车电子控制系统

汽车电子控制系统由传感器、控制器和执行器组成,用于降低油耗和污染物排放、提高汽车的安全性和舒适性。在现代汽车上,燃油喷射控制、点火时间控制、怠速控制等发动机控制装置,防抱死制动控制系统及安全气囊系统等安全性电子控制装置已较为普及,悬架、巡航等安全、舒适性电子控制装置目前还只在档次较高的汽车上装用。

2. 传统汽车电路的特点

汽车电路具有其他电路的一般特性,如汽车电路的基本连接方式为串联和并联;汽车电路的基本状态是通路、短路和断路;电路中的元器件在电路图中用专门的符号或图框加文字标注表达。

传统汽车电路又有以下不同于一般电路的特点:

(1) 采用低压直流电源(12V、24V、42V)。

(2) 采用负极接地的单线制。单线制是指靠车体的金属部分代替一部分导线的连接方式,减少了导线的使用量,简化了线路。电源及用电器与车体金属连接的部位叫接地,又称为搭铁。

(3) 各用电器为并联连接关系。为了让各用电器能独立工作,互不干扰,各用电器均采用并联方式连接,每条电路均有自己的控制器件及过载保护器件。

5.2.4 电动汽车电路的基本组成及特点

1. 电动汽车电路的基本组成

纯电动汽车是指以车载电源为动力,用电动机驱动车轮行驶,符合道路交通、安全法规各项要求的车辆。一般采用高效率充电蓄电池为动力源。纯电动汽车无须再用内燃机,因此,纯电动汽车的电动机相当于传统汽车的发动机,蓄电池相当于原来的油箱,电能是二次能源,可以来源于风能、水能、热能、太阳能等多种方式。

电动汽车主要由电力驱动系统、电源系统和辅助系统 3 部分组成。当电动汽车行驶时,由蓄电池输出电能(电流)通过控制器驱动电动机运转,电动机输出的转矩经传动系统带动车轮前进或后退。电动汽车续驶里程与蓄电池容量有关,蓄电池容量受诸多因素限制。要提高一次充电续驶里程,必须尽可能地节省蓄电池的能量。

典型的电动汽车组成框图如图 5-13 所示。

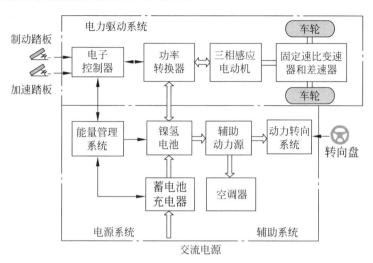

图 5-13　典型电动汽车组成框图

1)电力驱动系统

电力驱动系统主要包括电子控制器、功率转换器、电动机、机械传动装置和车轮等。它的功用是将存储在蓄电池中的电能高效地转化为车轮的动能,并能够在汽车减速制动时,将车轮的动能转化为电能充入蓄电池。

电动汽车应用较多的电动机有直流电动机和交流电动机两大类。电动汽车的驱动系统采用直流电动机时,虽然在结构上有许多独到之处,如不需要离合器、变速器,并具有起步加速牵引力大、控制系统较简单等优点,但它的整个动力传动系统效率低,所以逐渐被其他驱动类型电动机替代。电动汽车使用的交流电动机驱动系统,突出的优点是体积小、质量轻、效率高、调速范围宽和基本免维护等;但其制造成本较高。随着电力电子技术的进一步发展,成本将随之降低,采用这类驱动系统的电动汽车将具有强大的生命力。

电动汽车的控制系统的性能直接影响着汽车的性能指标。该控制系统控制电动汽车在各类工况下的行驶速度、加速度和能源转换情况。它类似于燃油汽车的加速踏板和变速器,包括电动机驱动器、控制器及各种传感器,其中最关键的是电动机逆变器。

电动机不同,控制器也有所不同。控制器将蓄电池直流电逆变成交流电后驱动交流驱动电动机,电动机输出的转矩经传动系统驱动车轮,使电动汽车行驶。

2)电源系统

电源系统主要包括电源、能量管理系统和充电机等。它的功用是向电动机提供驱动电能、监测电源使用情况以及控制充电机向蓄电池充电。

纯电动汽车的常用电源有铅酸电池、镍镉电池、镍氢电池、锂离子电池等。

纯电动汽车和混合动力汽车的能量管理不同。纯电动汽车主要是电池管理系统,它的主要功用是对电动汽车用电池单体及整组进行实时监控、充放电、巡检、温度监测等。

3)辅助系统

辅助系统主要包括辅助动力源、空调器、动力转向系统、导航系统、刮水器、收音机以及照明和除霜装置等。辅助系统除辅助动力源外,其余的依据车型不同而不同。

辅助动力源主要由辅助电源和 DC/DC 功率转换器组成。它的功用是向动力转向系统、空调器及其他辅助设备提供动力。

2. 电动汽车电路的特点

电动汽车电路具有其他电路的一般特性,同时沿用了传统汽车电路的用法。电动汽车电路的特点如下:

1) 传统电气系统的电子化

电动汽车的传统电气系统还是沿用传统汽车电路,其发展方向是电子化。电动汽车传统电气系统采用直流 12V 或 24V 电源,一方面为灯光、刮水器等车辆的常规低压电器供电,另一方面为整车控制器、高压电气设备的控制电路和辅助部件供电。

2) 高压电气系统的使用

电动汽车高压电气系统主要由动力电池/燃料电池、驱动电机和功率变换器等大功率、高电压电气设备组成,根据车辆行驶的功率需求完成从动力电池或燃料电池到驱动电机的能量变换与传输过程。

3) 模块化的设计

电动汽车是一个高度集成的电气化系统,包括驱动电动机控制系统、能源管理系统、车载充电系统、电子辅助系统、低压电气系统等各子系统,各个子系统都采用模块化设计,整车控制系统负责各子系统的协调控制,从而实现整车的最佳性能。

4) 车载网络技术的应用

电动汽车将计算机网络技术用于对传统汽车电气系统布线方式的改革。计算机的总线结构和数据传输方式改变了单线控制模式,使得电动汽车电器与电子控制装置各控制模块实现信息共享和多路集中控制,简化了电动汽车线束。这种网络化的电动汽车多路集中控制系统已经得到了广泛应用。

5.3　汽车电路的基本组成元素

5.3.1　汽车用导线

1. 低压导线

1) 导线的型号与规格

普通低压导线有采用聚氯乙烯作绝缘包层的 QVR 型,也有采用聚氯乙烯-丁腈复合物作绝缘包层的 QPR 型两种。这两种绝缘层的耐低温性、耐油性和阻燃性都比较好,以后者为佳。

普通低压导线采用多股铜质线芯结构,这是由于铜质多股线芯能够反复弯曲而不易折断,制成线束后的柔性仍较好,安装方便。汽车用低压导线的型号与规格见表 5-1。

表 5-1　汽车用低压导线的型号与规格

型号	名称	标称截面积/mm²	芯线结构 根数	芯线结构 直径/mm	绝缘层标称厚度/mm	导线最大外径/mm
QVR	聚氯乙烯绝缘低压导线	0.5			0.6	2.2
		0.6			0.6	2.3
		0.8	7	0.39	0.6	2.5
		1.0	7	0.43	0.6	2.6
		1.5	17	0.52	0.6	2.9
		2.5	19	0.41	0.8	3.8
QFR	聚氯乙烯-丁腈复合物绝缘低压导线	4	19	0.52	0.8	4.4
		6	19	0.64	0.9	5.2
		8	19	0.74	0.9	5.7
		10	49	0.52	1.0	6.9
		16	49	0.64	1.0	8.0
		25	98	0.58	1.2	10.3
		35	133	0.58	1.2	11.3
		50	133	0.58	1.4	13.3

2）导线的选择

汽车上各种电气设备所用的连接导线，通常是根据用电设备的负载电流大小来选择其截面积。其选择的原则是：长时间工作的电气设备可选用实际载流量60%的导线；短时间工作的用电设备可选用实际载流量60%～100%之间的导线。

在选用导线时，还应考虑电路中的电压降和导线发热等情况，以免影响用电设备的电气性能和超过导线的允许温度。对于一些工作电流很小的电器，为保证导线应具有一定的机械强度，汽车电系中所用导线截面积至少不得小于0.5mm²。各种低压导线截面积所允许的负载电流见表5-2。

表 5-2　低压导线截面积允许的负载电流值

导线标称截面积/mm²	0.5	0.8	1.0	1.5	2.5	4.0	6.0	10	16	25	35	50
允许电流值(60%)/A	7.5	9.6	11.4	14.4	19.2	25.2	33	45	63	82.8	102	129
允许电流值(100%)/A	12.5	16	19	24	32	42	55	75	105	138	170	215

所谓标称截面积是经过换算而统一规定的线芯截面积，不是实际线芯的几何面积，也不是各股线芯几何面积之和。

汽车12V电系主要线路导线标称截面积推荐值见表5-3。

表 5-3　12V电系主要线路截面积推荐值

标称截面积/mm²	用途
0.5	尾灯、顶灯、指示灯、仪表灯、刮水器电动机、电钟、水温表、油压表等电路用的导线
0.8	转向灯、制动灯、停车灯、分压器等电路用的导线
1.0	前照灯、喇叭(3A以下)等电路用的导线
1.5	前照灯、喇叭(3A以上)等电路用的导线

续表

标称截面积/mm²	用 途
1.5~4.0	其他5A以上的电路用的导线
4~6	柴油机电热塞电路用的导线
6~25	电源电路用的导线
16~95	起动电路用的导线

3）导线的电气特性

导线电气特性主要是指对低压电路的电压降。如果某一电路由于导线造成过大的电压降，将严重影响用电设备的正常工作和电源的供电效能。在汽车低压线路中，对起动机线路，一般要求每100A电流产生的电压降不得大于0.1~0.15V，在起动机起动时的电压降不允许超过0.5V。发电机处于额定负载时，线路压降不得大于0.3V。整车线路的总电压降，在不计接触电阻的情况下，不得超过0.8V。从压降的角度看，在许可的条件下，导线越短越好。当线芯长期工作温度不超过70℃、环境温度在－40~70℃范围内时，导线的正常车用寿命不得低于$(6~8)×10^4$km。

4）导线的颜色

为便于汽车电路的连接和维修，汽车用低压线的颜色必须符合有关标准。各国（厂家）汽车用单色线的颜色代号见表5-4。双色线的颜色由表5-4规定的两种颜色配合组成。双色线的主色所占有比例大些，辅助颜色所占有比例小些。辅助色条纹与主色条纹沿圆周表面的比例为1∶3~1∶5。双色线的标注第一色为主色，第二色为辅色。

表5-4 各国（厂家）汽车用单色线的颜色代号

国家或厂商	颜 色									
	黑	白	红	绿	黄	蓝	粉红	紫	橙	灰	棕
中国	B	W	R	G	Y	Bl	P	V	O	Gr	Br
美国	BLK	WHT	RED	GRN	YEL	BLU	PNK	PPL	ORN	GRY	BRN
日本	B	W	R	G	Y	L	P	Pu	Or	Gr	Br
德国	SW	WS	RT	GN		BL		VI			BK
法国	BL	W	R	GN	Y	BU		VI		G	
波兰	N	B	R	V	G	A	S	Z	C	H	M
现代	BLK	WHT	RED	GRN	YEL	BLU	PNK	PUR	ORN	GRY	BRN
奔驰	BK	WT	RD	GN	YL	BU	PK	VI		GY	BR
宝马	SW	WS	RT	GN	GE	BL	RS	VI	OR	GR	BR
宝来	sw	ws	ro	gn	ge	bl		li	or	gr	br
丰田	B	W	R	G	Y	L	P	V	O	GR	BR
福特	BK	W	R	GN	Y	BL	PK	P	O	GY	BR
斯堪尼亚	01	05	02	03	04	08		09		07	

国外汽车厂商在电路图上多以英文字母来表示电线外皮的颜色及其条纹的颜色。日本常用单个字母表示，个别用双字母，其中后一个是小写字母。美国常用2~3个字母表示一种颜色，如果电线上有条纹，则要书写较多字母。德国汽车电线颜色代号，各厂商甚至各牌号不尽一致，奥迪、宝马、奔驰、桑塔纳的颜色代号各不相同，在读图时要注意区别。也有厂

商如斯堪尼亚汽车电线采用数字代号表示颜色。

2．高压导线

传统燃油汽车中,高压导线是指点火系统中承担高电压传送任务的导线。由于工作电压一般在 15kV 以上,电流强度较小,因此,高压导线一般绝缘包层厚,线芯截面积较小,耐压性能高。

电动汽车中,高压导线是指高压电气系统中承担高电压传送任务的导线。由于工作电压一般较高,电流强度很大,因此,高压导线一般绝缘包层厚,线芯截面积较大,耐压性能高。

5.3.2 线束

在汽车上,为了使全车线路不零乱、安装方便,以及保护导线不被水、油侵蚀和磨损,汽车导线除高压线和蓄电池导线外,都用绝缘材料包扎成束,称为线束。

汽车用的线束是一种将各电器之间的连线选择最短的途径,并把同一路径的若干导线用绝缘带包扎而成的,故其主要由各种颜色的低压导线,以及相关连接插件、接线端子、绝缘包扎材料等组成。

包扎线束的绝缘材料通常采用棉纱编织的套管或聚氯乙烯胶带,有的还在包扎好的线束外面再套上一根波纹管。

1．汽车线束的制作

线束的制作通常按以下程序进行。

1）下线

先根据线束图上所给出的各电气设备所需的导线颜色、截面积,以及线路走径及距离,将各种导线从整捆线上截取,备齐待用。

2）压接分支

对于有分支的线路应先连接好,连接方法有两种,一种是压接,另一种是锡焊。但无论采用哪一种方法,都必须保证分支连接处的良好接触和牢固性。分支线线头有的先作有记号,以免搞混。

3）上模板捆扎

根据线束图,将各导线按图上的分布情况,在模板上分路、分段集中排列好,经检查无误后,先用绳带每隔一段距离捆扎一次,有分支的地方也应先捆一下,然后用白布带或塑料绝缘胶带采用半叠包扎法依次包紧即可。如用白布带包扎,还必须再浸绝缘漆以增强绝缘性能。

所谓半叠包扎法,就是包带的后层与前层都重叠一半宽,如图 5-14 所示。在导线较长、导线根数较少或无分支的情况下,亦可视情况套上塑料套管,仅将两头包好。

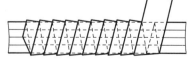

图 5-14 线束半叠包扎方法

4）套玻纹管

现在有些汽车的线束,仅在模板上用塑料绝缘胶带将分支处进行捆扎,距离较长的束线每隔一段距离捆扎一次,然后直接用玻纹管套在线束上,在玻纹管的外层用塑料绝缘胶带每隔一段距离捆扎一下,并将玻纹管各端头包裹好。

5) 压装接线端子

包扎好的线束按规定的距离去掉多余部分,除去导线端头的绝缘包层,根据线束图上的要求焊接或压装上各种接线端子。一般对拆卸机会少的线头,采用闭口式接线端子(图 5-15(a)),而对经常拆卸的线头,多采用开口式接线端子(图 5-15(b))。

注意:在焊接或压装接线端子之前,一般还在导线上先套一适当长短和粗细的绝缘管(图 5-15(c)),以便罩封其裸露的部分,防止与其他电路短路或搭铁。

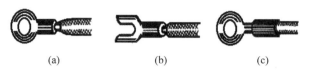

(a)　　　　　　(b)　　　　　　(c)

图 5-15　接线端子形状及加绝缘套管示意图
(a) 闭口式接线端子;(b) 开口式接线端子;(c) 套绝缘管

现代汽车上的线束接头多采用插件式。插件的插座外壳一般用聚乙烯制成,由于带锁舌,故不易松动。插座大小各异,且又为非对称结构,由此可避免插错插头而造成故障。

2. 汽车线束的安装

安装汽车线束时,应注意如下事项:

(1) 线束应用卡簧和绊钉固定,以免松动磨坏;
(2) 线束在拐弯处或有发生相对移动的部件不应拉得太紧;
(3) 在穿过洞口和绕过锐角处,应用橡皮、毛毡类垫子或套管保护,使其不被磨损而造成搭铁、短路甚至酿成火灾等危险;
(4) 各个接线端子必须连接可靠、接触良好。

3. 维修线束时应注意的问题

汽车线束在长期的使用过程中,由于水、油的侵蚀及磨损,容易使其外面的包皮损坏或导线折断,这就需要重新更换导线、包扎线束。

1) 按图自制电线束方法

重新自制线束时,如有线束图,自制线束就很方便。可先按原线束的规格(导线直径、长度、颜色等)备齐导线。而后将应扎在一起的导线集中,并按线束原来的形式,该分支的分支,该留头的留出规定长度,从而布置成形。在各分支处的交叉点及线束端,用胶布缠好,以免包扎时松散零乱。然后用白纱带或塑料绝缘胶带进行包扎。再将各线头上套以不同颜色的塑料管,焊上接线端子或各种插件接头。用白纱带包扎的线束,最后还应在纱布层上涂一层青漆,经晾干后即可上车使用。

2) 无图自制电线束方法

进口汽车线束和国产汽车线束的结构基本相同,但往往缺少这类线束图。修理时需重新自制线束,如没有尺寸根据,可将旧线束拆下,实测出各部分的长度,也可在汽车上直接大概测量尺寸。

在包扎电线时,应按照线束原来的形式分支,露出部分应符合规定长度,接头不能有裸露部分,焊接的地方应加绝缘套管并进行包扎。

各电线的接头处如不是原颜色,应加套原色塑料管,以便于识别。线束和电气设备接头处的插接器应匹配,如原件仍可利用,则可用原件;如原件已不能用或有锈蚀现象,均应换新件,实在无新件可用时,也应对原件进行彻底清洗后再用。

5.3.3 插接器

插接器又称为连接器,由插头和插座组成。插接器是汽车电路中线束的中继站,线束与线束(或导线与导线)、线束(导线)与电器部件之间的连接一般采用插接器。

为了防止插接器在汽车行驶中脱开,所有的插接器均采用了闭锁装置。

1. 插接器的表示方式

汽车上不同位置所用插接器的端子数目、几何尺寸和形状各不相同。为保证连接可靠,插接器设有锁止装置,大多数插接器具有良好的密封性,以防止油污、水及灰尘等进入而使端子锈蚀。有的插接器还设有未插紧识别机构和插接器拔开端子短接保护机构。

插接器的实例如图5-16所示。不同国家、不同汽车公司其汽车电路图上插接器的图形符号表示方法不尽相同,但方格中的数字都是代表插接器各端子号。通常用涂黑表示插头,不涂黑的表示插座;有倒角的表示插头插脚呈柱状,直角的表示插头插脚为片状。

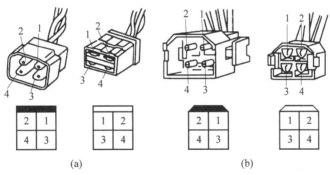

图5-16 插接器的表示方式
(a) 片状插脚的插头和插座;(b) 柱状插脚的插头和插座

2. 插接器的连接方法

插接器一般都有导向槽,导向槽是为了使插接器接合正确而设置的凸凹轨。插接器接合时,应把插头与插座的导向槽重叠在一起,使插头和插孔对准,然后平行插入即可十分牢固地连接在一起。

插接器连接后,其导线的连接关系如图5-17所示。例如A线的插孔①与a线的插头①是相配合的,其余以此类推。

3. 插接器的拆卸方法

为了防止汽车在行驶过程中插接器脱开,所有的插接器均采用闭锁装置。如图5-18所示,要拆开插接器时,首先要解除闭锁,然后把插接器拉开,不允许在未解除闭锁的情况下用力拉导线,因为这样会损坏闭锁装置或连接导线。

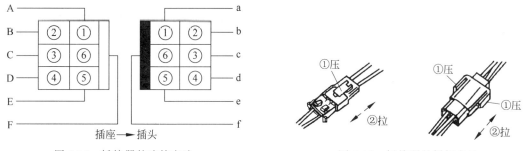

图 5-17　插接器的连接方法　　　　图 5-18　插接器的拆卸方法

4．插接器的检修

在检查线路的电压或导通情况时,不必脱开插接器,只用万用表两表针插入插接器尾部的线孔内进行检查即可。

修理中如需要更换电线或取下插接器接线端子,应先把插头、插座分开,用小螺丝刀插入插头或插座的尾部的线孔内,撬起电线锁紧凸缘,并将电线从后端拉出。安装时,将电线头推入,直至接线端子被锁住为止,然后向后拉动电线,以确认是否锁紧。

5.3.4　开关

1．开关的作用与类型

开关在汽车电路中起接通/关断电路的控制作用。汽车电路中的开关很多,种类也多。按操纵方式不同分为手动(旋转、推拉、按压)开关、压力控制开关、温度控制开关、机械控制开关等;按开关的通断状态分为动合(常开)开关、动断(常闭)开关两种类型。

汽车电路中一些开关为复合型开关,具有两个或两个以上的电路通断功能,如点火开关、风扇开关、灯光开关等。现代汽车上还使用了组合开关,组合开关是将两种或两种以上的开关集装在一起,可使操纵更加方便。

2．开关功能的识别

对于复合型开关和组合开关,控制的电路比较多,认清开关在各状态下其线路连接端子和电路通断关系,对理解电路原理及故障诊断是很有必要的。开关在汽车电路图中的表示方法有结构图表示法、表格表示法和图形表示法。下面以点火开关为例,分别用开关原理图和开关挡位图进行分析。

1) 开关原理图

在一些汽车电路原理图中,用开关原理图来表示复合开关各挡位电路通断情况。点火开关属于复合开关,是整车起动控制的钥匙开关,图 5-19 所示的是用开关原理图表示点火开关所控制的电路。

图 5-19 右侧表示此开关为旋转式 3 挡点火开关。虚线中间下三角及数字表示开关在

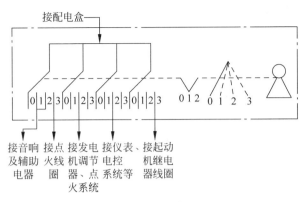

图 5-19 点火开关原理图

0、1、2 位可以是定位,3 位不能定位,即将开关旋转至 3 位松开时,能自动回到 2 位。

图 5-19 左侧表示开关的通断功能:0 位为 OFF 位,点火开关不接通任何控制电路;1 位为辅助挡,点火开关旋转至 1 位时,辅助电器(如音响、电动车窗等)电源电路接通;2 位为点火挡,点火开关接通点火系、仪表系统、汽车电子控制系统等电源电路;3 位为起动挡,点火开关接通起动控制电路、点火系统电路等。

2) 开关挡位图

在许多汽车电路图中,用开关挡位图来直观地表示复合式开关和组合式开关的通断功能。图 5-20 所示的是用开关挡位图表示的点火开关控制电路。

接线柱 开关挡位	1 (BAT)	2 (IG)	3 (ACC)	4 (ST)
LOCK(-Ⅰ)				
OFF(0)				
ACC(Ⅰ)	○——————○		○	
ON(Ⅱ)	○————○——○			
ST(Ⅲ)	○————○——————————○			

○——○ 表示内部连接

图 5-20 点火开关挡位图

点火开关挡位图表示了该点火开关有 4 个接线端子:

1 号(BAT)端子为电源端子,连接蓄电池与发电机的正极;

2 号(IG)为点火接线端子,连接点火电路、仪表电路、发电机励磁电路及电子控制装置电源电路等;

3 号(ACC)端子为辅助电器接线端子,连接收放机、电动车窗等辅助电器的控制开关;

4 号(ST)为起动接线端子,连接起动电路。

点火开关挡位图表示了该点火开关有 5 个挡位:

LOCK 位,是转向盘锁止挡,从 OFF 位逆转至该位,可锁止转向盘;

OFF 位,是点火开关的断开位,点火开关在该位时,2、3、4 号接线端子与 1 号接线端子均处于断开状态;

ACC 位,是辅助电器挡(从 OFF 位顺转 1 位),点火开关在该挡位时 1、3 号端子相连接,使辅助电器电路接通电源;

ON 是点火挡(从 OFF 位顺转 2 位),点火开关在该挡位时 1、2、3 号端子相连接,使点火电路、仪表电路等接通电源;

ST 是起动挡(从 OFF 位顺转 3 位),点火开关在该挡位时 1、2、4 号端子相连接,使点火电路、起动电路接通电源。

5.3.5 继电器

1. 继电器概述

继电器主要由电磁线圈和触点等组成,其作用是通过线圈的控制电流控制经过触点的工作电流。图 5-21 为 5 脚继电器的原理结构图。

图 5-21 中,电磁线圈的两端一般分别用标号 85、86 表示,触点的公共端一般用标号 30 表示,常开触点一般用标号 87 表示,常闭触点一般用标号 87a 表示。

继电器在电路图中用符号表达,如图 5-22 所示。

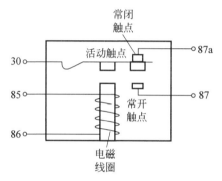
图 5-21 5 脚继电器的原理结构图

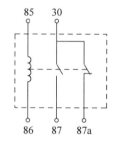
图 5-22 继电器的符号

图 5-22 中,继电器的符号由线圈与开关组成。继电器的符号中开关一般处于不工作状态时的位置,也就是开关如断开即为常开继电器,反之则为常闭继电器。

2. 继电器的种类

继电器分为电流型和电压型两种形式。

1) 电流型继电器

电流型继电器的特点是电磁线圈通过的电流较大,而经过触点的电流较小。如舌簧继电器(图 5-23),圆管玻璃内有两个舌形触点,玻璃管外有粗导线线圈。电磁线圈通电时,触点闭合;电磁线圈断电时,触点断开。它常用于对灯的监测电路(图 5-24),电磁线圈和灯泡串联,触点控制仪表板上的相应故障指示灯的工作。

2) 电压型继电器

电压型继电器的特点是电磁线圈通过的电流较小,而经过触点的电流较大。电压型继电器一般有以下几种。

(1) 常开式：电磁线圈通电时，触点闭合。

图 5-23　舌簧继电器

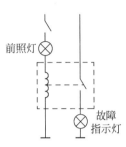

图 5-24　前照灯监测电路

(2) 常闭式：电磁线圈通电时，触点断开。

(3) 切换式：同一继电器内有两对触点。一对触点常开，另外一对触点常闭。电磁线圈通电时，常开触点闭合，常闭触点断开。

(4) 有多个电磁线圈的继电器：多个电磁线圈共同控制一对触点，常用于多个控制器件控制同一用电器。

3．继电器的主要特性参数

1) 额定工作电压和工作电流

额定工作电压和工作电流是指继电器正常吸合时线圈需要的电压或电流值。同种型号的继电器其构造大体相同，为使同种型号的继电器能适应不同的电路，有多种额定工作电流以供选用，并用规格号加以区别。

2) 线圈电阻

线圈电阻是指继电器线圈的直流电阻。一般手册上通常都给出了某型号继电器的额定工作电压 U 和线圈电阻 R，这时可根据欧姆定律 $I=U/R$ 求出流过继电器线圈中的额定工作电流。

3) 吸合电压或电流

吸合电压或电流是指继电器能够产生吸合动作的最小电压或电流。如果只给继电器线圈通入电流或仅加上吸合电压，此时的吸合动作不可靠。只有使线圈通过额定工作电流，或给线圈加上额定工作电压，继电器的吸合动作才可靠。通常最低吸合电压为额定工作电压的 75% 左右。但实际使用时，施加电压不得大于额定工作电压的 1.5 倍，否则容易烧毁线圈。

4) 释放电压或电流

当继电器线圈两端的电压减小到一定数值时，继电器就从吸合状态转换到释放状态。释放电压或释放电流是指产生释放动作的最大电压或电流。释放电压比吸合电压小很多。

5) 触点负荷

触点负荷是指触点控制负载电流的能力，即继电器触点允许控制的电压和电流，它决定继电器能控制的电压和电流的大小。使用时，不允许用触点负荷小的继电器去控制大电流或高电压。例如不允许用 12V 继电器代换 24V 继电器。

4．继电器的检测

1）检测电阻

可用万用表电阻挡判断继电器的好坏。用万用表 R×100 欧姆挡检查接线端子 85 脚与 86 脚应有 80Ω 左右的电阻；30 脚与 87 脚应断开，电阻为无穷大；30 脚与 87a 脚应导通，电阻为 0。如检测结果与上述情况不符，则说明继电器有故障。

2）通电检测

如果上述检查无问题，可在接线端子 85 脚与 86 脚之间加 12V 供电，用万用表检查 30 脚与 87 脚应导通，而 30 脚与 87a 脚应断开。如检测结果与上述情况不符，或通电后继电器发热，均说明继电器已损坏。

5.3.6　电路保护装置

电源与用电设备之间，当用电设备或线路发生短路或过载时，切断电源电路，以免电源、用电设备和线路损坏。汽车上广泛使用的电路保护装置有熔断器、易熔线和电路断电器。

1．熔断器（保险丝）

熔断器又称为保险丝。熔断器用于对局部电路进行保护，按形状可分为丝状、管状和片状。

1）熔断器的熔断特性

熔断器能承受长时间的额定电流负载，在过载的情况下，熔断器会很快熔断（表 5-5）。熔断器的熔断包括两个动作过程，即熔体发热熔化过程和电弧熄灭过程。这两个过程进行的快慢，取决于熔断器中流过的电流值的大小和本身的结构参数。很明显，当电流超过额定值倍数较大时，发热量增加，熔体很快就达到熔化温度，熔化时间大为缩短；反之，在熔断丝过载倍数不是很大时，熔化时间将增长。

表 5-5　熔断器的熔断特点

流过熔断器的电流（标注电流）	熔断器的熔断时间
流过的电流为标注电流 110% 时	不熔断
流过的电流为标注电流 135% 时	在 60s 内熔断
流过的电流为标注电流 150% 时	20A 以内的熔断器，15s 以内熔断
	30A 熔断器，30s 以内熔断

2）熔断器的检查和检修

熔断器熔断后，一般用观察法就可以发现。对于较隐蔽的故障，需要进行详细检查。具体方法是用万用表电阻挡测量熔断器是否熔断，也可用试灯进行检查。熔断器只能一次作用，每次烧断必须更换。检查熔断器时应注意以下几点。

（1）熔断器熔断后，必须真正找到故障原因，彻底排除故障。

（2）更换熔断器时，一定要与原规格相同；不要随意使用比原规定容量大的熔断器。在汽车上增加用电设备时，不要随意改用容量大的熔断器，对于这类情况，最好另外安装熔断器。

(3) 熔断器支架与熔断器接触不良会产生电压降和发热现象。因此,特别要注意检查熔断器支架有无氧化现象和脏污。有脏污和氧化物时必须用细砂纸打磨光,使其接触良好。安装时要保证良好接触。

3) 熔断器的应急修理

(1) 熔断器熔断后,在没有备用熔断器的情况下,绝不能用锡箔纸或其他金属箔或丝代替熔断器。如果装上锡箔纸,即使流过锡箔纸 50A 以上的电流,锡箔纸除了会发热变红之外,也不会熔断,这将会引起火灾,因而是十分危险的。

(2) 在应急修理时,可用细导线代替熔断器。可把汽车上使用的 $0.5mm^2$ 多股绞合线拆开,使用其中的一股。这种细导线一般相当于大约 15A 的熔断器。

上述是行驶途中的应急修理方法,一旦回到目的地或有新熔断器时,应及时换上。

2. 易熔线

易熔线是一种截面一定的、可长时间通过额定电流(如 30A、40A、60A 等)的合金导线,用于保护总体线路或较重要电路。如早期的北京切诺基汽车设有 5 条易熔线,分别保护充电电路、预热加热器、灯光、雾灯及辅助装置电路。

1) 易熔线的规格

易熔线的规格通常用颜色来加以区别,几种常见易熔线的规格见表5-6。

表 5-6 易熔线的规格

颜 色	尺寸/mm^2	芯线结构	长度1m时的电阻值/Ω	连续通电电流/A	5s 以内熔断时的电流/A
茶	0.3	$\phi0.32\times5$ 股	0.0475	13	约 150
绿	0.5	$\phi0.32\times7$ 股	0.0325	20	约 200
红	0.85	$\phi0.32\times11$ 股	0.0205	25	约 250
黑	1.25	$\phi0.5\times7$ 股	0.0141	33	约 300

2) 易熔线检查和维修注意事项

(1) 易熔线在 5s 内熔断时的电流为 150~300A,因此,不论在任何条件下都绝不允许换用比规定容量大的易熔线。

(2) 易熔线熔断时,可能是电源电路或大电流电路等主要电路发生短路。因此需要仔细检查,找出短路原因,彻底排除故障隐患。

(3) 易熔线的四周绝对不能缠绕聚氯乙烯绝缘带,更不能和其他用电设备的导线绞合在一起,也不能和材料是乙烯树脂或橡胶的元件相接触。

3) 易熔线熔断后应急修理方法

易熔线熔断后,如一时无相同规格的易熔线可换,可以暂时用同容量的熔断器串接在电路上或用粗导线代用,但过后一定要及时换用符合要求的易熔线。

3. 电路断电器

对于那些在平常工作时容易过载的电路,一般用电路断电器保护。有些电路断电器须手工复原,有些则必须撤了电源才能复原,目前最常用的是可以自己复原的循环式电路断电器。循环式电路断电器一般是利用双金属片对过电流起不同程度的反应的特性工作的,如图 5-25 所示。

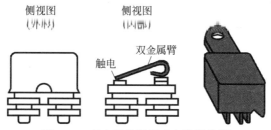

图 5-25　双金属片循环式电路断路器

图 5-25 中,当双金属片循环式电路断路器出现过载或电路故障引起过电流时,双金属片被流过的大电流加热而弯曲,触点副随之张开。触点一旦张开,电流便不再流过双金属片,双金属片自然冷却而再次将触点副闭合。如果电路仍然引起过电流,则电路断电器触点再次张开,如此,电路断电器便周期性地张开和闭合,直至不过载为止。

5.3.7　中央配电盒

现代汽车一般均设有中央配电盒,汽车电气系统以中央配电盒为核心进行控制。大部分继电器和熔断器都安装在中央配电盒正面,当产生故障时,便于更换和检修。中央配电盒上一般标有线束和导线插接位置的代号及接点的数字号,主线束从中央配电盒背面插接后通往各用电设备。

桑塔纳轿车中央配电盒的正面如图 5-26 所示。在中央配电盒的继电器上面标有阿拉伯数字,该数字表示该继电器在中央配电盒正面的插接位置。如小圆圈中的数字为 5,表示该继电器应当插接在中央线路板正面的 5 号继电器位置上。继电器端子上标有诸如"3/49a"等字样,其中分子"3"表示继电器位置上的 3 号插孔,49a 表示继电器或控制器的 49a 号端子(插头),分子与分母是一一对应的,设计继电器插座与插头时已经保证不会插错。

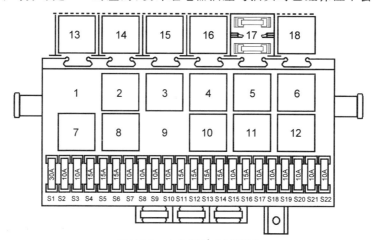

图 5-26　中央配电盒正面图

1、3、4、9、11、13、15、16、17、18—空位;2—进气预热继电器;5—空调继电器;6—双音喇叭继电器;7—雾灯继电器;8—减荷继电器;10—前风窗刮水和清洗器继电器;12—报警、转向继电器;14—冷却液不足指示控制器

在中央配电盒下方安装有 22 个熔断器，各熔断器上都标明了该熔断器的编号、被保护的电路和额定电流，如表 5-7 所示（备注：由于车型不同和出厂年代不同，其定义会有所不同）。

表 5-7 中央配电盒中保险丝的定义

编　号	定　义	编　号	定　义
S1	散热器风扇保险丝	S13	后风窗除霜器保险丝
S2	制动灯保险丝	S14	空调鼓风机保险丝
S3	点烟器、收放机、室内灯等保险丝	S15	倒车灯保险丝
S4	危险报警灯保险丝	S16	喇叭保险丝
S5、S12	空位	S17	进气预热保险丝
S6	雾灯保险丝	S18	喇叭、制动警报灯保险丝
S7	尾灯、左侧灯保险丝	S19	转向信号灯保险丝
S8	尾灯、右侧灯保险丝	S20	牌照灯、杂物箱灯保险丝
S9	右大灯远光保险丝	S21	左大灯近光保险丝
S10	左大灯远光保险丝	S22	右大灯近光保险丝
S11	刮水器及清洗装置保险丝		

桑塔纳轿车中央配电盒背面的结构如图 5-27 所示，各种插接器的插座均固定在中央线路板背面，与相应的线束插头连接后通往各个电器部件。每个插座的位置代号均用英文字母标注在线路板上，各连接器的颜色及插座与线束插头代号如表 5-8 所示。插接线束插头时，线束插头字母代号必须与相同字母的插座连接，以便于检查与维修。

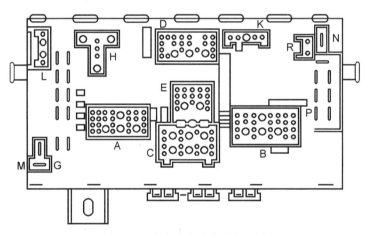

图 5-27 中央配电盒背面布置图

表 5-8 中央线路板连接器插座代号及其连接线束的名称

插接器代号	颜　色	连　接　对　象
A	蓝色	仪表盘线束
B	红色	仪表盘线束
C	黄色	发动机室左侧线束
D	白色	发动机室右侧线束
E	黑色	车辆的后部线束
G		单端子插座（主要用于冷却液不足指示控制器）

续表

插接器代号	颜　　色	连　接　对　象
H	棕色	空调系统线束
K		预留
L	灰色	双音喇叭线束
M		预留
N		单端子插座（主要用于连接进气预热器加热电阻电源线）
P		单端子插座（主要用于连接蓄电池火线与中央线路板 30 号电源线）
R		预留

5.3.8　图形符号

图形符号是用于电气图或其他文件中的表示项目或概念的一种图形、标记或字符，是电气技术领域中最基本的工程语言。因此，为了看懂汽车电路图，我们要学会熟练地运用图形符号。

1. 图形符号的种类

汽车电路图中常用的图形符号可分为：限定符号；导线、端子和导线的连接符号；触点与开关符号；电气元件符号；仪表符号；各种传感器符号；电气设备符号。

不同的汽车公司有不同图形符号的标准，故图形符号的认知在具体车型的章节有详细讲解。

2. 图形符号的使用原则

（1）在满足条件的情况下，应首先采用最简单的形式，但图形符号必须完整。

（2）在同一份电路图中同一图形符号应采用同一种形式。

（3）符号方位不是固定的，在不改变符号意义的前提下，符号可根据图面布置的需要旋转或成镜像放置，但文字和指示方向不得倒置。

（4）图形符号中一般没有端子代号，如果端子代号是符号的一部分，则端子代号必须画出。

（5）导线符号可以用不同宽度的线条表示，如电源线路（主电路）可用粗实线表示，控制、保护线路（辅助电路）则可用细实线表示。

（6）一般连接线不是图形符号的组成部分，方位可根据实际需要布置。

（7）符号的意义由其形式决定，可根据需要进行缩小或放大。

（8）图形符号表示的是在无电压、无外力的常规状态。

（9）图形符号中的文字符号、物理量符号，应视为图形符号的组成部分。当用这些符号不能满足标注时，可按有关标准加以补充。

（10）电器图中若未采用规定的图形符号，必须加以说明。

5.3.9　文字符号

文字符号由电气设备、装置和元器件的种类（名称）字母代码和功能（与状态、特征）字母代码组成。文字符号分为基本文字符号和辅助文字符号两大类,基本文字符号又分为单字母符号和双字母符号。

1. 基本文字符号

单字母符号是按拉丁字母将各种电气设备、装置和元器件划分为23大类,每大类用一个专用单字母符号表示,如C表示电容器类,R表示电阻类等。

双字母符号由一个表示种类的单字母符号与另一字母组成,其组合形式应以单字母符号在前,而另一字母在后的次序列出,如R表示电阻,RP就表示电位器,RT表示热敏电阻;G表示电源、发电机、发生器,GB就表示蓄电池,GS表示同步发电机、发生器,GA表示异步发电机。

2. 辅助文字符号

辅助文字符号表示电气设备、装置和元器件及线路的功能、状态和特征。如SYN表示同步,L表示限制左或低,RD表示红色,ON表示闭合,OFF表示断开等。

3. 文字符号的使用规则

(1) 应优先选用单字母符号。

(2) 只有当用单字母符号不能满足要求,需要进一步划分时,才采用双字母符号,以便较详细和更具体地表述电气设备、装置和元器件等。如F表示保护器类,FU表示熔断器,FV表示限压保护器件。

(3) 辅助文字符号也可放在表示种类的单字母符号后边组成双字母符号,如ST表示起动,DC表示直流,AC表示交流。为简化文字符号,若辅助文字符号由两个字母组成时,允许只采用其第一位字母进行组合,如MS表示同步电动机,MS中的S,为辅助文字符号SYN(同步)的第一位字母。辅助文字符号还可以单独使用,如ON表示接通,N表示中性线,E表示搭铁,PE表示保护搭铁等。

5.4 汽车电路检修方法

熟悉汽车电路原理,了解汽车电气系统线路的连接关系及各部件的结构原理,是汽车电路故障分析及检修的基础。而掌握汽车电路分析的基本方法及要点,则有助于准确迅速地排除汽车电路的故障。

1. 故障分析法

根据所出现的故障现象,分析可能的故障原因,然后对可能的故障部位逐个进行检测。针对故障现象对故障原因进行分析,对可能的故障范围和部位有了大致的了解,就可避免对无关电路和部件的盲目检测而费工费时,也可避免对可能的故障电路和部件漏检而不能及时排除故障。因此,故障分析细致全面,有助于迅速准确地排除故障。

根据故障分析所进行的故障诊断操作应该遵循如下要点。

（1）对出现故障频率高的部位先行检查。某种故障现象有多种可能的故障原因，但各电路和部件出现故障的概率差距是很大的。有的部件故障率较高，有的电路和部件则很少发生故障或只是理论上有故障的可能。对故障率较高的部位先行检查，往往可迅速找到故障部位，节省故障检修的时间。

（2）容易检查的可能故障部位检查在先。不同的部位检测其正常与否的难易程度是不同的，比如，一些可以用直观检查的可能故障部位先行检查，往往无须花费多少时间和精力就可迅速排除故障。有的可能故障部位检查需要用专用检测设备，需要进行多项辅助工作才能进行最终的检测。对这种故障检测部位，可将其安排在后，待其他比较容易检测的可能故障部位都检测完，故障原因仍未确定时，再进行该项检查。

2．直观检测法

直观检查无须检测仪器和其他工具，通过人的视觉"看"、听觉"听"和触觉"摸"等方法诊断所检部位正常与否，对一些显露的可能故障部位是一种简捷有效的故障检查方法。

1）通过眼睛看检查故障

用眼睛仔细观察可能故障部件有无较为显露的故障，比如，导线和部件有无破损、管路有无松脱和破损、线路连接有无断脱、系统和装置有无漏油等。

2）通过耳朵听检查故障

用耳朵仔细听可能故障部位的声响，用以判断所检部件是否有故障。比如，仔细听所检部件在工作时有无异常的声响、接通电源或断开电路时仔细听有关部件有无动作声响等。在所检部位的声响较弱或周围其他干扰声响较多时，可借助于听诊器等工具以提高对声音的感觉和判断能力。

3）通过手触摸检查故障

用手触摸可能故障部位有无异常，比如，插接器连接有无松动、发电机传动带张紧力是否正常、某缸火花塞是否因不工作而温度低、线路连接处是否因连接不良而导致有异常的温度（电流较大的电路连接点）等，均可以通过手触摸的感觉来判断。

3．电压检测法

电压检测法是汽车电路分析及故障检修中最常用的检测手段，它是通过电压表测量相关检测点的电压来诊断电路和部件故障与否。通过电压检测法能判断以下两点：①检查电路的通断性；②检查部件性能。

4．电阻检测法

电阻检测法也是汽车电路分析及故障检修中最常用的检测手段，它通过欧姆表测量相关线路和部件内部电路的电阻来判断电路和部件是否正常。通过电阻检测法能判断以下两点：①检查电路的通断性；②检查部件是否有故障。

5．输入输出比较法

一些电子部件需要通过检测其输入与输出电压值或电压波形来判断其好坏。

1) 检测部件输入输出端子的电压

通过测量部件的电源端子、输入端子和输出端子对搭铁的直流电压,并与正常情况相比较来检验其是否有故障。比如,通过测量(或设置)信号输入端子的直流电压,再测量输出(控制)端子的直流电压,并与正常情况相比较,以检验该部件能否正常工作。如果该部件输入端子的电压正常,而输出(控制)端子的电压不正常,则说明该部件有故障。

2) 检测部件输入输出端子的电压波形

通过测量部件输入信号端子和相关联输出端子的电压波形,并与正常波形相比较,以检验该部件是否有故障。如果输入端子的电压波形正常,而输出端子无电压波形或电压波形不正常,在输出端子连接电路无短路故障的情况下,则可说明该部件有故障。

6. 替代与排除法

一些多端子的电子部件通过检测有关端子的电压、波形或电阻可以确定其是否有某种故障,但还不能确定该部件的性能是否正常,通常用替代法与排除法来检验其性能是否良好。

1) 替代法

用一个新的或确认为良好的同类型部件替代被检测部件,看系统的工作情况。如果系统工作恢复正常,则说明该部件有故障,需予以更换;如果系统故障依旧,则该部件所连接的线路或相关部件有故障。

2) 排除法

检测与该部件所连接的电路和相关部件,当所有与故障现象相关的电路和部件均确认为良好时,则可认为该部件有故障,需予以更换。比如,电子控制系统工作异常时,由于有些控制过程很难通过电压和波形等检测方法来反映,因此,需要通过检测与故障现象相关的其他电路和部件,待这些相关的可能故障部位确认均为良好时,就可认为 ECU 有故障。

思考与练习题

5.1 分析电路的三种工作状态。
5.2 分析我国汽车用导线颜色代号。
5.3 分析汽车电路的分类。
5.4 分析电路原理的特点。
5.5 分析汽车电路检修方法。

第 6 章 汽车电路图识读

6.1 汽车电路图识读方法

6.1.1 汽车电路图分类

汽车电路图主要用于表达各电气系统的工作原理及电器间的连接关系,同时还可标示各电器、线束等在车上的具体位置。目前,简化、规范已是当今世界汽车电路图表达方法的总趋势。汽车电路图主要有原理简图、电气线路图、电路原理图、定位图等。

1. 原理简图

如图 6-1 为继电器控制灯的原理简图。

由图 6-1 可以清晰地分析出通过开关控制继电器从而使灯亮、灭的基本原理。原理简图能将电路的基本工作原理表述得很清楚,但不能说明用电器的位置布局、导线的颜色及走向等,要实现对全车汽车电路的认知还需对电路原理图进行分析。

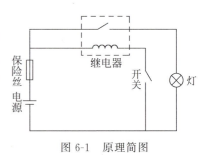

图 6-1 原理简图

2. 电气线路图

电气线路图是汽车电路的传统表达方法,它是按照电器在车身上的大致位置布线,具有整车电器数量准确,导线走向清楚、有始有终,便于循线跟踪,故障查找起来比较方便等特点。另外,电气线路图按线束编制将导线分配到各条线束中,与各个接插件的位置严格对号,在各开关附近用表格法表示开关的接线柱与挡位控制关系。

电气线路图的优点是电器设备的外形、安装位置与实际情况一致,因此可循线跟踪查线,导线中间的分支、接点容易找到,便于制作线束,故仍有不少厂家沿用。

但是,电气线路图具有以下缺点:①图中导线密集、纵横交错,版面小不易分辨,版面大又受限制;②读图费时费力,不易抓住电路重点、难点,读图和查找、分析故障不便;③不易表达电路内部结构与工作原理。

图 6-2 所示为汽车照明与信号系统的电气线路图。

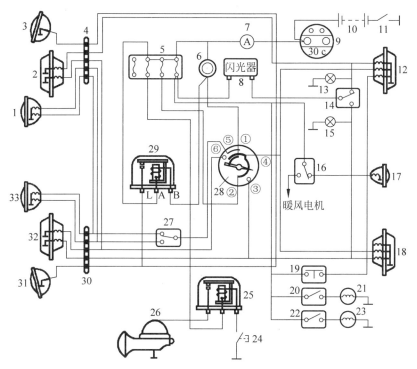

图 6-2 汽车照明与信号系统的电气线路图

1—右前照灯；2—右前组合灯；3—右侧灯；4—右前接线板；5—熔断器盒；6—20A 熔断器；7—电流表；8—闪光器；9—起动机；10—蓄电池；11—电源总开关；12—右后组合灯；13—右转向指示灯；14—转向灯开关；15—左转向指示灯；16—暖风电机与后照灯开关；17—后照灯；18—左后组合灯；19—制动灯开关；20—顶灯开关；21—顶灯；22—发动机罩下灯开关；23—发动机罩下灯；24—喇叭按钮；25—喇叭继电器；26—喇叭；27—变光开关；28—车灯开关；29—灯光继电器；30—左前接线板；31—左侧灯；32—左前组合灯；33—左前照灯；①—电源；②—侧灯电源；③—侧灯；④—尾灯；⑤—前照灯；⑥—前小灯

3．电路原理图

电路原理图重在表达各电气系统电路的工作原理，既可以是全车电路图，也可以是各系统电路原理图。尽管各汽车制造公司的表达方式不一，但一般都具有以下特点。

（1）通过电器符号表达各电器。一般通过这些符号可了解该电器的基本结构和作用。

（2）在大多数图中，电源线在图上方，接地线在图下方，电流方向自上而下。电路较少迂回曲折，电路图中电器串、并联关系十分清楚，电路图易于识读。

（3）各电器不再按电器在车上的安装位置布局，而是依据工作原理，在图中合理布局，使各系统处于相对独立的位置，从而易于对各用电设备进行单独的电路分析。

（4）各电器旁边通常标注有电器名称及代码（如控制器件、继电器、过载保护器件、用电器、铰接点及接地点等）。

（5）电路原理图中所有开关及用电器均处于不工作的状态，例如点火开关是断开的，发动机不工作，车灯关闭等。

（6）导线一般标注有颜色和规格代码，有的车型还标注有该导线所属电器系统的代码。

总之,电路原理图是分析电气系统工作原理及维修电气系统的最基本、最实用的资料。图 6-3 为大众车系发动机喷嘴部分的电路原理图。

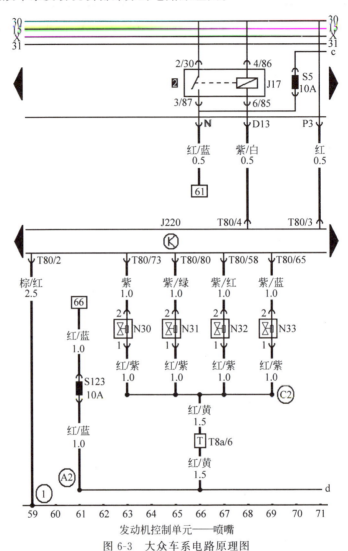

图 6-3 大众车系电路原理图

1—接地点,在发动机控制单元旁边的车身上;A2—正极接线,在发动机线束内;T8a—发动机线束与发动机右线束插头连接,8 针,在发动机中间支架上;C2—在发动机右线束内;S123—喷嘴,空气计量计,AKF 阀、氧传感器加热元件熔丝;N30—第一缸喷嘴;N31—第二缸喷嘴;N32—第三缸喷嘴;N33—第四缸喷嘴;T80—发动机线束,发动机右线束与发动机控制单元接头连接,80 针,在发动机控制单元上;J220—Motronic 发动机控制单元;S5—燃油泵熔丝

4. 定位图

定位图一般采用绘制的立体图或实物照片的形式,立体感强,能直观、清晰地反映电器在车上的实际位置,因此有很高的实用价值。定位图在某些车型中还有进一步的分类:可分为用电器定位图,控制器件定位图,保险丝盒、继电器盒、接线盒定位图,连接器定位图以及接地点和铰接点定位图,诊断座定位图和线束图等。

图 6-4 为保险丝盒定位图,图 6-5 为克莱斯勒发动机前部电器定位图。

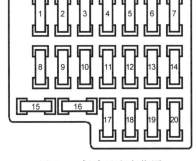

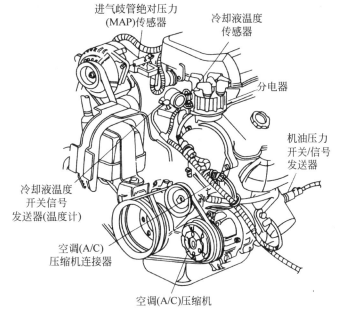

图 6-4 保险丝盒定位图　　　　图 6-5 克莱斯勒发动机前部电器定位图

目前,大多数汽车制造公司采用了电路原理图结合定位图的表达方式。为便于结合两类图,大多数车型的电路图还附有表格,指出电路原理图上的电器、导线等在哪一张定位图上。

6.1.2 电路原理图的识读方法

1. 判断该电气系统的控制方式

若属于电子控制系统,则要把该系统的线路分成三部分,即:①电控单元与电源的连接电路;②信号输入电路;③执行器工作电路。

若该用电器电路中使用了继电器,则要区分主电路及控制电路。注意,无论主电路还是控制电路,往往都不止一条。

2. 识图从用电器入手

在电路图中,从其他部分处入手,不利于掌握各电器的工作原理,而从用电器入手,很容易把与之相关的控制器件查找出来。

3. 运用回路原则

回路是最简单的电学概念。无论什么电器,要想正常工作,必须与电源(发电机或蓄电池)的正负两极构成通路,即从电源的正极出发,通过用电器,回到同一电源的负极。回路原则在汽车电路上的具体形式是:电源正极→导线→开关→用电器→搭铁→同一电源的负极。这个简单而重要的原则必须牢记,否则读汽车电路图时会理不出头绪来。

4. 其他识读方法

(1) 电路按其作用来分,可分为电源电路、接地电路、信号电路和控制电路。

(2) 直接连接在一起的导线(也可经由熔丝、铰接点连接)必具有一个共同的功能,如都为电源线、接地线、信号线、控制线等。即凡不经用电器而连接的一组导线若有一根接电源或接地,则该组导线都是电源线或接地线。与电源正极连接的导线在到达用电器之前是电源电路,与接地点连接的导线在到达用电器之前为接地电路。

(3) 在分析各条电路(电源电路、信号电路、控制电路、接地电路等)的作用时,经常会用到排除法判断电路,即对不易判断功能的电路,通过排除其不可能的功能来确定其实际功能。如分析某一具有三根导线的传感器电路时,已经分析出其电源电路、接地电路,则剩余的电路必然为信号电路。

(4) 注意各元器件的串、并联关系,特别要注意几个元器件共用电源线、共用接地线和共用控制线的情况。

(5) 传感器经常共用电源线、接地线,但决不会共用信号线。执行器会共用电源线、接地线、控制线。

6.1.3 其他电路资料

通过电路原理简图、电路原理图和定位图可以掌握电路原理并在车上找到各电器和导线。但在实际电路检修时,还需要其他的信息,所以在电路图后面还有文字说明及各种表格等辅助资料。常见的相关信息有:

(1) 在集中控制的电子控制系统中,一个电子控制单元同时连接多个信号输入装置,控制多个执行器,在维修时需要知道各执行器分别与哪些传感器有关,这在电路图中是看不出的,需要有相应的文字资料说明。

(2) 对于电子控制系统来说,在检修时需要知道电控单元各插脚的检测条件及数据,这可以通过对插脚的说明来了解。

(3) 对于复杂的电气系统,某些车系会提供检修流程图。

(4) 对于仅靠电路图难以清晰表达的复杂工作原理(如电控单元之间的数据总线的数据传输),仅用图无法说明,还需专门的文字来说明。

要了解某个电气系统的工作或要检查某条线路时,要学会综合利用生产厂商提供的电路图及相关图表资料。首先通过电路原理图了解电流的通路,即电流流经的各类电器(如熔断器、开关、继电器、电控单元及用电器等)、各电器间连接的导线、连接器及接地点等。然后根据电器的名称及代码找到电器在车上的安装位置,从线束图及连接器定位图上找到对应的导线(为便于查找,有的厂商还会在原理图后提供与之对应的定位图页码的表格或索引),这能帮助我们准确、迅速地具体了解该系统。

6.2 各大汽车公司汽车电路图的基础知识

各大汽车公司原厂汽车资料中的汽车电路图都有各自成熟的表达方法,本节介绍德国大众、法国雪铁龙、日本丰田及美国通用等典型车系汽车电路图的特点及电路符号的含义,以方便读者阅读理解这些汽车电路图。其他车系的电路图特点与典型车系的相同或相近,读者如果熟悉上述典型车系电路特点和电路符号的含义,其他车系的电路图阅读也会比较容易。

6.2.1 德国大众车系汽车电路图

1. 德国大众车系电路的符号及含义

一汽大众的捷达、宝来轿车，上海大众的桑塔纳、帕萨特、POLO等轿车的中文维修资料中，其电路图大都沿用了德国大众公司的汽车电路图绘图标准。大众车系电路图中各种电器、电子元件及电路连接的符号及含义如图6-6所示。

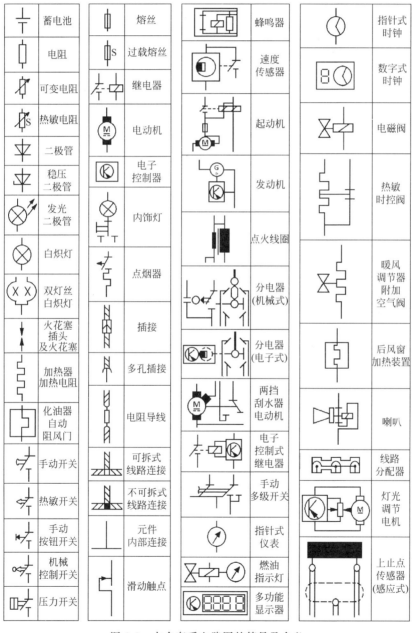

图6-6 大众车系电路图的符号及含义

2. 德国大众车系汽车电路图的特点

德国大众车系电路原理图反映了电气系统的实际接线关系,并具有如下特点。

(1) 用不同的线条表示不同的连接。电路图的连接导线用粗实线表示,并都标明导线的颜色和截面积,内部连接(非导线连接)用细实线表示。

(2) 用符号和代号表示电气元件。在电路图中,各个电气元件都用规定的符号画出,一些符号形象地表示了该电气元件的作用和原理。每个电气元件用字母或字母和数字组成的代号标注。

(3) 汽车电气系统线路铰接点和接地点清晰。在电路图中标示出线路各个铰接点和接地点代号,并在图注中说明铰接点和接地点的确切位置。

大众车系电路原理图的这些特点给按图查寻汽车电路故障提供了方便,但分析工作原理则要比汽车电路原理简图复杂一些。

3. 德国大众车系电路原理图的识读方法

还是以图6-3中大众车系发动机喷嘴部分的电路原理图为例来说明大众车系电路原理图的识读方法。图6-7是在图6-3的基础上加入标注说明。

1) 继电器插接器端子代号

比如:图6-7中"2/30""3/87""4/86""6/85",分别表示了继电器插接器的2、3、4、6号端子,连接的接线柱标记为30、87、86、85。德国大众各电气元件的接线柱标记都列入德国工业标准(DIN72552),德国汽车电路图上的接点标记与导线颜色如表6-1所示。

表6-1 德国汽车电路图上的接点标记与导线颜色

起 点	接点标记	导线颜色	终 点	接点标记	说 明
点火线圈	1	绿	分电器	1	低压电
短路保护开关	2		磁电机	2	磁电机点火
点火线圈	4	黑	分电器	4	高压电
起动开关	15	黑	点火线圈 熔丝 固定的负载 预热起动开关		接入蓄电池后的正极
点火线圈串联电阻输出端	15a	黑	高压电容点火装置的输入端;晶体管点火装置控制端	15	
起动机	16		点火线圈		起动时接通串接电阻
预热起动开关	17 19	黑	预热塞控制器		起动 预热
蓄电池正极(+)	30	黑	起动机 灯光开关 起动开关		接点30直接连接蓄电池正极
灯光开关		红	熔丝 起动开关	30	

续表

起 点	接点标记	导线颜色	终 点	接点标记	说 明
蓄电池负极（一）		黑	车身（搭铁）		导线
					搭铁金属片
分电器	31	棕			通过接地回线直接连接蓄电池负极
	31b				接地回线经过开关或继电器
电动机	32				回线
	33				干线接地
	33a				限位开关
	33b				并激磁场
	33f				
	33g				不同转速
	33h				
	33L				左转向
	33R				右转向
转向信号闪光继电器输入端	49	蓝	起动开关	15	电源正极
转向信号闪光继电器输出端	49a	黑/白/绿	转向信号开关	49a	脉冲电流
	C		转向信号指示灯		
	C2		第二个转向信号指示灯		挂车
转向信号开关	L	黑/白	左转向灯		
	R	黑/绿	右转向灯		
起动开关	50	黑/红	起动机		直接控制起动机
刮水器开关	53	黑/浅紫	永磁电动机	53	刮水器动作
	53a	黑/浅紫		53a	限位开关
	53b	棕（黄）	并激式电动机	53b	
刮水器清洗开关	53c		风窗玻璃洗涤泵		电动
刮水器开关	53e	蓝	风窗玻璃刮水器电动机		制动绕组
	53i				最高转速
制动灯开关	54	黑/黄	制动灯		
防雾大灯	55		继电器	88a	
灯光开关	56	白/黑	前照灯变光开关	56	前照灯灯光
前照灯变光开关熔丝	56a	白	熔丝	56a	前照灯远光
		浅蓝/白	前照灯-远光指示		
前照灯变光开关	56b		熔丝	56b	前照灯近光
熔丝		黄	前照灯		
前照灯闪光继电器触点	56d				
灯光开关	57a		制动灯开关	83	
左制动灯	57L		制动灯开关	83L	
右制动灯	57R			83R	
灯光开关	58	灰	熔丝	58	

续表

起　点	接点标记	导线颜色	终　点	接点标记	说　明
熔丝		灰/黑	侧灯、尾灯和廓灯(左)	58L	
		灰/红	侧灯、尾灯和廓灯(右)	58R	
三相交流发电机	61	浅蓝	充电指示		
	B+		蓄电池正极	+	
	B−		蓄电池负极	−	
具有分置整流器的三相交流发电机	J		整流器	J	励磁绕组正极
	K			K	励磁绕组负极
	Mp			Mp	中性点接头
	U V W			U V W	三相接头
油压开关		浅蓝/绿	油压指示灯		
燃油传感器		浅蓝/黑	油量指示灯		
熔丝		黑/红	制动灯		
		红	钟表、收音机、内部照明		
继电器线圈	85	负极			绕组输出
	86				绕组输入
继电器触点	87				常闭触点输入
	87a				常闭触点输出
	88				常开触点输入
	88a				常开触点输出

2）继电器的位置编号

用方框黑底白字的数字表示该继电器在继电器盒中的位置，比如：图 6-7 中"2"表示该继电器在继电器盒中的 2 号位置。该继电器的名称和作用可通过元件代号查询到。

3）线路连接编号

电路图线路从该处中断，方框中的数字表示该断开点接续的导线。接续的导线可能在本页图中，也可能在另页图中。比如，图 6-7 中电路代码为"66"位置上有一个方框内数字"61"，这就表明该处线路中断点和电路代码为"61"位置上方框内数字为"66"的中断点是连接的同一导线。

4）导线颜色与截面积标记

导线的颜色通常用代码标记，各代码的含义为：ws，白色；sw，黑色；ro，红色；br，棕色；gn，绿色；bl，蓝色；gr，灰色；ge，黄色；li，紫色。

一些大众汽车的中文图书资料中，电路图导线的颜色直接用汉字标记。双色线的两种颜色用"／"分隔。比如："棕／红"，表示导线的底色是棕色，条纹为红色。

颜色标记上方或下方的数字表示导线的截面积，单位为 mm^2。

第 6 章　汽车电路图识读

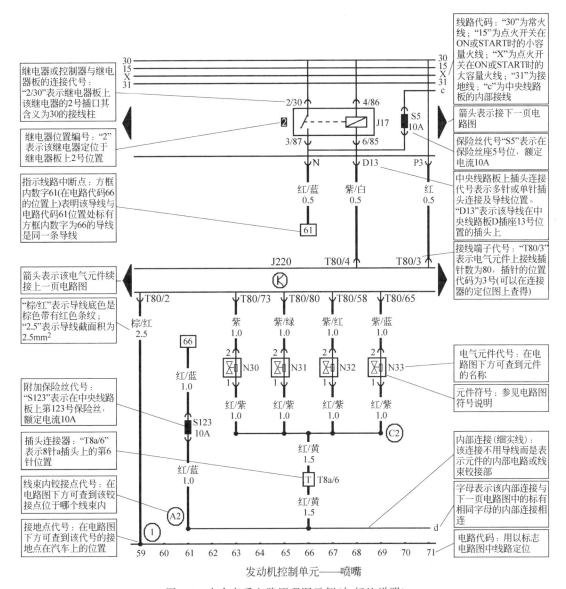

图 6-7　大众车系电路原理图示例(加标注说明)

5) 附加保险丝代号

图 6-7 中的附加保险丝代号"S123"表示在中央线路板上的第 123 号 10A 保险丝。

6) 线束插接器代号

它表示了连接的两线束、插接器的端子数和连接的端子号,可从图注或元件说明表中查到该代号所代表的插接器所连接的线束。比如:图 6-7 中的"T8a/6",T8a 是连接发动机线束和发动机右线束的线束插接器,该连接线路为 8 端子插接器的 6 号端子。

7) 线束内铰接点代号

它表示线路在此处有一个铰接点,铰接点所在的线束可从图注中查得,比如:图 6-7 中的"A2"表示是正极接线,在发动机线束内。

8）接地点代号

它表示该接地点的位置，可以从图注或说明表中查得接地点在车身上的具体位置。比如：图6-7中的"①"表示接地点在发动机ECU旁的车身上。

9）线路代号

它表示特定的线路，比如："30"表示直接来自蓄电池正极的电源线；"15"表示点火开关在点火或起动位置时通电的小容量电源线；"X"表示点火开关在点火或起动位置时的大容量电源线；"31"表示接地线；图6-7中的"c"则表示是中央线路板中的内部线。

10）保险丝代号

它表示保险丝的作用、位置及额定电流等。图6-7中"S5"表示是燃油泵电路的保险丝，在保险丝盒的5号位置，10A则表示该保险丝的额定电流为10A。

11）中央接线板插接器代号

它表示中央接线板的多端子或单端子插接器、端子号和导线的位置。比如：图6-7中的"D13"表示该导线由D插接器的13号端子连接。

12）电气元件插接器代号

它表示电气元件插接器的端子数、连接的端子号等。比如：图6-7中的"T80/3"表示该元件连接线束的插接器有80个端子，该导线连接的是3号端子。

13）电气元件代号

大众车系电路图中的元件均用字母和数字组成的代号表示，并通过图注或列表说明各元件代号所代表的电气元件。比如，图6-7中的"N30""N31""N32""N33"分别表示第一缸喷嘴、第二缸喷嘴、第三缸喷嘴、第四缸喷嘴。

14）内部连接代号

内部连接用细实线，该连接不用导线而是表示元件的内部电路或线束铰接部。图6-7中，"d"表示该导线与其他页电路图中标注相同字母的内部连接是相连的。

15）电路代码

电路代码用以标志电路原理图中线路定位。图6-7中，图下方的数字"59"～"71"就表示电路代码。

6.2.2 法国雪铁龙车系

1. 法国雪铁龙车系电路的符号及含义

我国二汽与法国雪铁龙汽车公司合资的神龙汽车公司生产了富康系列、爱丽舍、毕加索、赛纳等多种轿车，这些汽车的中文维修资料中，其电路图都沿用法国雪铁龙汽车公司的规定画法。雪铁龙车系电路图符号及含义如图6-8所示。

2. 法国雪铁龙车系汽车电路图的特点

法国雪铁龙车系电路图也表示了电气线路的实际连接关系，其特点如下：

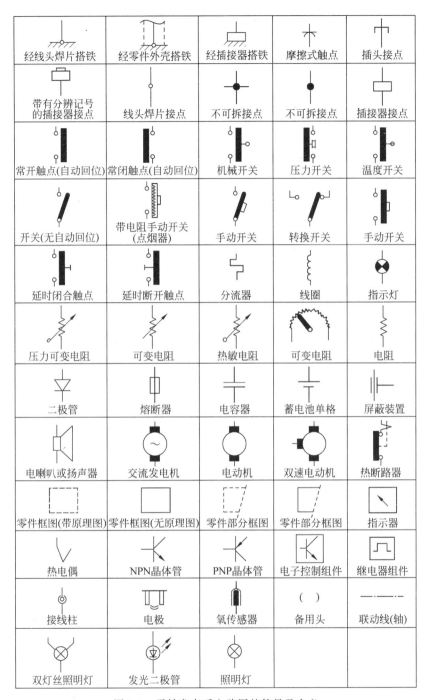

图 6-8 雪铁龙车系电路图的符号及含义

(1) 电路原理图与线路布置图标识相同。雪铁龙车系维修资料通常同时提供汽车电路原理图和汽车电气线路布置图,并在两种图上采用相同的标识,以方便对图查寻线路和电气部件的位置。

(2) 原理图标示导线颜色和所在的线束。在汽车电路原理图中,不仅用颜色代码标示了各连接导线的颜色,并将该连接导线所在的线束也用代码标示出来,以方便线路故障查寻和维修。

（3）汽车电路图标示插接器及插头护套的颜色。为方便线路查寻,法国雪铁龙车系汽车线路各插接器及插头护套采用不同的颜色。在汽车电路原理图和线路布置图中都用颜色代码标示出各线路连接插接器和插头护套的颜色。

（4）线路搭铁点位置明确。在电路原理图中,线路接地点用搭铁代码表示,而在汽车线路布置图中则直观地画出了搭铁点的大致位置,并标示相应的搭铁代码。

3．法国雪铁龙车系汽车电路图标注说明

雪铁龙车系电路图的标注方法示例见图 6-9。

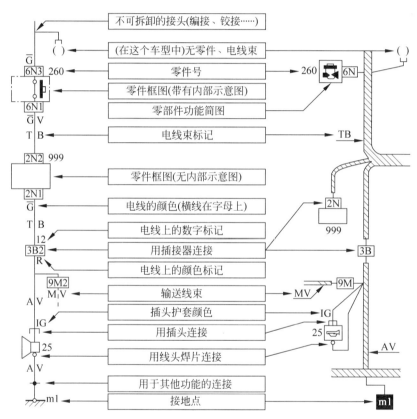

图 6-9　雪铁龙车系电路图标注方法

1）零件号

雪铁龙车系电路原理图和线路布置图中各电气元件均用数字编号,可通过图注或零件清单表查得该数字所表示的部件。

2）线束标记

在电路图中各导线都标明其所在线束的代号,给寻找线路的方位和走向提供方便。各线束代号如表 6-2 所示。

3）导线颜色标记

电路图中用字母代码标明了各导线的颜色,导线的颜色代码如表 6-3 所示。

表 6-2 雪铁龙车系线束代号

线束代号	线束名称	线束代号	线束名称	线束代号	线束名称
AV	前部	MT	发动机（和电控喷油系）	PP	乘客侧门
CN	蓄电池负极电缆	MV	电动风扇	RD	右后部
CP	蓄电池正极电缆	PB	仪表板	RG	左后部
EF	行李厢照明灯	PC	司机侧门	RL	侧转向灯
FR	尾灯	PD	右后门	UD	右制动蹄磨损指示器
GC	空调	PG	左后门	UG	左制动蹄磨损指示器
HB	驾驶室	PL	顶灯		

表 6-3 雪铁龙车系电路图中导线的颜色代码

颜色代码	导线颜色	颜色代码	导线颜色	颜色代码	导线颜色
N	黑色	J	柠檬黄	G	灰色
M	栗色	V	翠绿	B	白色
R	大红	Bl	湖蓝	Lc	透明
Ro	粉红	Mv	深紫		
Or	橙色	Vi	紫罗兰		

　　导线代码标注在该电路的左边，双色线则将表示两种颜色的代码分别标注在该电路的两侧，左侧代码表示导线底色，右侧代码表示条纹颜色。有的导线颜色代码字母上方加了一横杠，用于区别线束代码。

　　4）插接器标记

　　雪铁龙车系汽车电路中各种插接器在电路图中均用线框表示，通过标注字母和数字来表示插接器的类型或颜色、插接器的端子数和该端子的位置等。不同类型的插接器表示方法如图 6-10 所示。

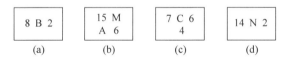

图 6-10　雪铁龙车系电路图中插接器的表示
(a) 单排插接器；(b) 双排插接器；(c) 前围板插接器；(d) 14 端子圆插接器

（1）单排插接器

此种插接器只有一排插脚或插孔，插接器及各端子在电路图中的表示示例如图 6-10(a) 所示，标注说明如下：

左边的数字表示该插接器端子数，此例"8"表示该插接器有 8 个端子；

中间的字母表示颜色，此例"B"表示该插接器为白色；

右边的数字表示第几号端子，此例"2"表示是该插接器中的第 2 号端子。

（2）双排插接器

此种插接器有两排插脚或插孔，插接器及各端子在电路图中的表示示例如图 6-10(b) 所示，标注说明如下：

上排数字表示端子数,此例"15"表示该插接器有 15 个端子;

上排字母表示颜色,此例"M"表示该插接器为栗色;

下排字母表示列数,此例"A"表示是该插接器中的 A 列;

下排数字表示第几号端子,此例"6"表示是 A 列的第 6 号端子。

(3) 前围板插接器

前围板插接器位于风窗玻璃左下侧的车身内,用于前部线束和仪表板线束的连接,它共有 62 个插孔,如图 6-11 所示,由八个 7 端子接线板和三个 2 端子接线板与之连接。

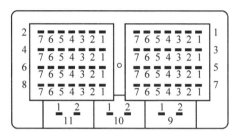

图 6-11 62 端子插接器排列

前围板插接器及各端子在电路图中的表示示例如图 6-10(c)所示,说明如下:

上排左边数字表示端子数,此例"7"表示该插接器有 7 个端子;

上排中间字母"C"表示是前围板插接器;

上排右边数字表示组数,此例"6"表示是第 6 组插接器;

下排数字表示第几号端子,此例"4"表示是该插接器的第 4 号端子。

(4) 14 端子圆插接器

该插接器位于发动机罩下左侧的熔断器盒内,用于前部 AV 线束与发动机 MT 线束的连接,呈黑色,插接器及各端子在电路图的表示方法如图 6-10(d)所示,说明如下:

左边的数字"14"表示是 14 端子插接器;

中间的字母"N"表示插接器为黑色;

右边的数字表示第几号端子,此例"2"表示是该插接器中的第 2 号端子。

6.2.3 日本丰田车系

1. 日本丰田车系电路的符号及含义

日本丰田汽车的丰田皇冠(CROWN)、雷克萨斯(LEXUS)、佳美(CAMRY)等车型在我国拥有一定的数量,国内生产的夏利 2000、威姿、威驰、卡罗拉等轿车在国内也有一定的市场占有率。这些车型的中文维修资料都源自丰田公司原厂资料,其电器与电子控制系统电路图通常都保留了丰田原厂资料汽车电路图的绘图风格。

丰田车系电路图符号及含义如图 6-12 所示。

2. 日本丰田车系汽车电路图的特点

(1) 电路图中的电气元件用文字标注。丰田汽车电路图中各个电气元件通常用文字直接标注,识图比较方便。

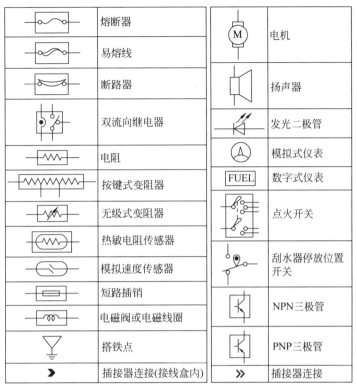

图 6-12 丰田车系电路图符号及含义

（2）整车电路图各系统电路标示明确。丰田汽车整车电路图中的各系统电路按长度方向逐个布置，并在电路图的上方标出各系统电路的区域和代表该电路系统的符号或文字说明，使电路的阅读比较清晰、方便。

（3）线路接地点标示明确。电路图中不仅绘出了搭铁点，并标注该搭铁点代号与文字说明，读者从电路图中了解线路搭铁点直观明了。

（4）元件连接端子标示清楚。连接端子较多的电气元件，各电路连接端子通常用字母组成的符号标示。一些电路图中，有的还直接标出线路插接器的端子排列和各端子的使用情况，给识图和电路故障查寻提供方便。

3. 日本丰田车系汽车电路图标注说明

日本丰田车系电路图的标注方法示例见图 6-13。

1) 系统标题

图 6-13 中，在电路图上方用刻线划分区域内，用文字和系统符号表示下方电路系统的名称。电路系统的符号如图 6-14 所示。

2) 导线颜色标注

图 6-13 中，导线颜色用代码标注在线路的旁边，各颜色代码如表 6-4 所示。双色线用代表两种颜色的代码中间加"-"表示。比如："W-R"表示导线的底色是白色，条纹为红色。

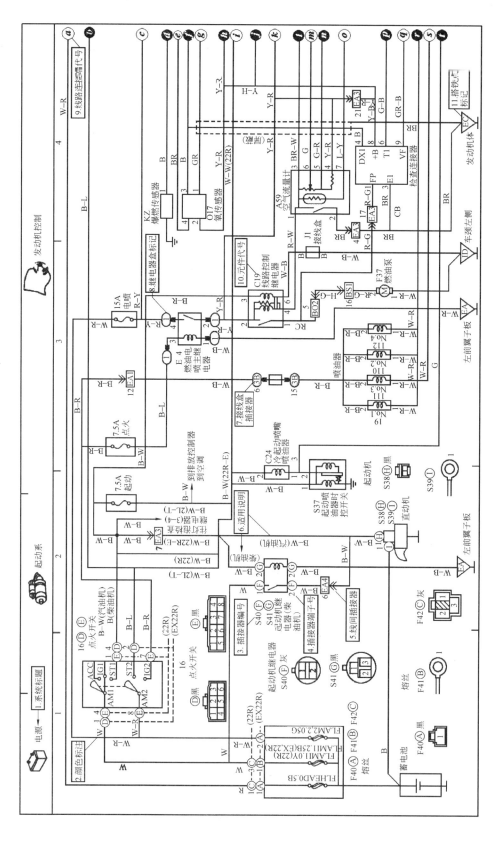

图 6-13 日本丰田车系电路图标注方法示例

含义	符号	含义	符号	含义	符号
ABS(防抱死制动系统)		发动机控制		超速挡	
AC(空调)		前雾灯		电源	
自动天线		燃油加热器		电动窗	
倒车灯		前刮水器和洗涤器		电动座椅	
行李厢锁		电热和废气控制		散热器风扇和冷凝器风扇	
化油器		电热塞		音响	
充电系		前照灯		后雾灯	
点烟器和时钟		前照灯光束水平控制		后窗除雾器	
组合仪表		前照灯清洁器		后刮水器和洗涤器	
巡航控制		喇叭		遥控后视镜	
门锁		照明		座椅加热器	
电子控制变速器和AT/指示灯		车内灯		换挡杆锁	
电控液压冷却风扇		灯光自动切断		SRS(乘员辅助安全系统)	
电控安全带张力减小器		灯光提醒蜂鸣器		起动和点火	
制动灯		车顶窗		尾灯	
转向信号和危险信号灯		开锁和座位安全带警告灯			

图 6-14 丰田车系电路图中各系统的符号

表 6-4 丰田车系电路图中导线的颜色代码

颜色代码	导线颜色	颜色代码	导线颜色	颜色代码	导线颜色
B	黑色	LG	浅绿色	W	白色
L	蓝色	V	紫色	GR	灰色
R	红色	G	绿色	P	粉红色
BR	棕色	O	橙色	Y	黄色

3）插接器编号

插接器编号表示与电气元件连接的插接器，如图 6-13 中 S40 和 S41 表示与起动继电器连接的插接器。插接器的端子排列情况列于图中的某个位置，或在其他图中表示。通常还标有插接器的颜色,其中未标注的为乳白色。

4) 插接器端子编号

图 6-13 中,用数字表示插接器端子号,可从插接器端子排列图中找到该端子的具体位置。插座各端子的编号从左到右排列,插头端子的编号则相反,如图 6-15 所示。

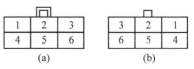

图 6-15 插座与插头端子编号
(a) 插座;(b) 插头

5) 线间插接器标记

图 6-13 中,用符号"≫"表示导线与导线之间用插接器连接。线框中间的字母和数字"EA4"为插接器代号,线框外的数字表示连接该导线的插接器端子号。插接器代号中的第一个字母表示插接器的位置。E 指发动机室,I 为仪表盘及周围区域,B 为车身及周围区域。

6) 适用说明

图 6-13 中,用"( )"中的文字说明该线路、电气元件或连接所适用的发动机、车型或技术条件。

7) 接线盒标记

图 6-13 中,用带黑影的"≫"符号表示导线从接线盒插接,圆线框中间的数字和字母"3B"为插接器代号,其中数字"3"表示该插接器位于 3 号接线盒,圆线框外的数字"6"表示该导线连接插接器的 6 号端子。

8) 继电器盒标记

图 6-13 中,还用带黑影的"≫"符号表示导线从继电器盒插接,圆线框中间的数字表示继电器盒号码,"1"表示该继电器位于 1 号位置,圆线框外的数字表示继电器端子号。

9) 线路连接端代号

图 6-13 中,用圆圈内的字母表示该线路与下一页标有相同字母的导线相连接。

10) 元件代号

图 6-13 中,用字母或字母加数字表示电气元件,通常在该元件代号旁注有元件的中文名称;无中文注释的,可根据元件代号从相关的表中查得该元件代号所代表的元件。

11) 接地点标记

图 6-13 中,用符号"▽"表示搭铁点位置,符号中间的字母为搭铁点代号,代号中的第一个字母表示搭铁点位置:E 指发动机室,I 为仪表板及周围区域,B 为车身及周围区域。电路图中通常在搭铁标记旁用中文说明了搭铁点的具体位置。

4. 日本丰田车系汽车电路图补充说明

1) 局部电路图示例

为方便故障查寻,丰田车系汽车检修资料中通常还提供某个电气装置的局部汽车电路图。局部电路与全车电路图和系统电路图的标注方法是一致的,只是局部电路标注更为细致。

丰田车系汽车局部电路图示例如图 6-16 所示。

图 6-16 中,ABS(自动防抱死系统)和 TRC(牵引力控制系统)ECU(电子控制单元)的电路连接端子标注了插接器代号为"A19",其连接端子号分别为 8 号端子和 12 号端子(端子代号分别为 WT 和 CSW);另外,在图中同时标示了适用于左转向盘车型 LHD 和右转向

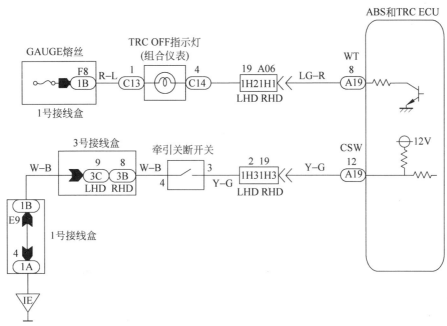

图 6-16 TRC OFF 指示灯及 TRC 开关电路

盘车型 RHD 的线路和插接器代号及端子号。

2) 多插孔区插接器的标注方法

对于有多个插孔区的插接器,用字母代表各插孔区,每个插孔区有各自编号。丰田汽车电路图多个插孔区插接器端子排列图例如图 6-17 所示。

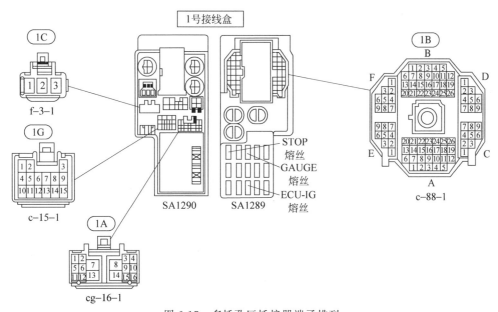

图 6-17 多插孔区插接器端子排列

图 6-17 为丰田车系汽车电路中 1 号接线盒的端子排列情况。1 号接线盒中分布了多个插接器和若干熔断器,左侧有 1A、1G 和 1C 等插接器,右侧有 1B 插接器和若干熔断器。其

中,1B 插接器有 A～F 个插孔区。从图 6-16 中可以看到,1 号接线盒"1B"插接器 F 区的 7 号端子用"F7"表示;1 号接线盒"1B"插接器 E 区 9 号端子用"E9"表示;1 号接线盒"1H1"插接器 A 区 6 号端子则用"A06"表示。单插口插接器无分区,因此只需用数字表示端子号。

6.2.4 美国通用车系

1. 美国通用车系电路的符号及含义

美国通用汽车公司生产的汽车在我国有一定的保有量,上海通用汽车公司成立后,通用车系在我国的保有量则迅速上升。

美国通用车系汽车电路图符号及含义如图 6-18 所示。

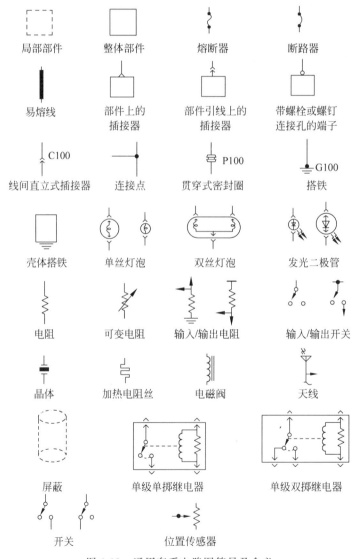

图 6-18　通用车系电路图符号及含义

2. 美国通用车系汽车电路图的特点

美国通用车系汽车电路图与前述几种车系的汽车电路图相比有明显的区别,它具有如下特点。

1) 电路图中标有特殊的提示符号

在通用车系电路图中,通常标有特殊的提示符,给汽车检修人员起某种提醒作用。通用车系汽车电路图提示符号如图6-19所示,各特殊提示符的含义如下:

　　(a)　　　　　　　(b)　　　　　　　(c)　　　　　　　(d)

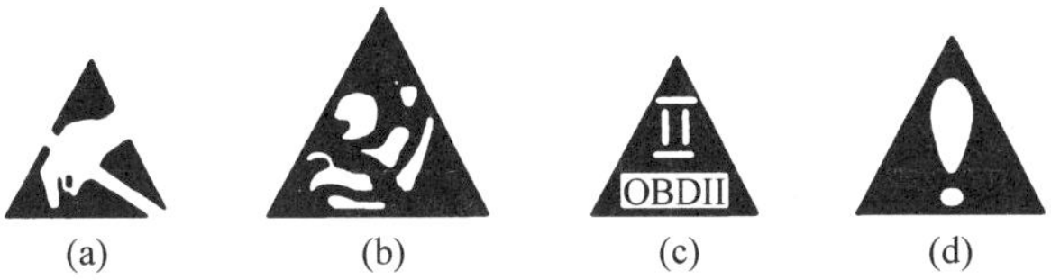

图6-19　通用车系汽车电路图特殊符号

(a) 静电敏感符号; (b) 安全气囊符号; (c) 故障诊断符号; (d) 注意事项符号

(1) 静电敏感符号　用于提醒检修人员该系统含有对静电放电敏感的部件,在检修操作时应注意:①在检修操作前通过触摸金属搭铁点,除去身体上的静电;②检修操作中不要用手触摸裸露的端子,也不要用工具接触裸露的端子;③若无必要,不要将零件从保护盒中取出;④除非是故障诊断所必需,不要随意将零部件或插接器跨接或接地;⑤打开零部件保护性包装之前应先将其搭铁。

(2) 安全气囊符号　用于提醒检修人员该系统为安全气囊系统或与安全气囊系统相关,在检修时应注意:①在检修操作前要进行安全气囊系统的检查;②检修操作时,先要使安全气囊解除功能,并在完成检修操作后,恢复安全气囊功能;③在车辆交与用户前要进行安全气囊诊断系统的检查。

(3) 故障诊断符号　用于提醒读者该电路在车载诊断(OBD-Ⅱ)范围内,当该电路出现故障时,故障指示灯就会亮。

(4) 注意事项符号　用于提醒检修人员还有其他附加系统维修的信息。

2) 电路图中标有电源接通说明

通用车系汽车电路图其电源通常是从该电路的熔断器起,并在黑框中直接用文字说明在什么样的情况下该电路接通电源。

3) 电路图中标有电路编号

通用车系的电路图中,各导线除了标明颜色和截面积外,通常还标有该电路的编码,通过电路编码可以知道该电路在汽车上的位置,以方便读图和故障查寻。

3. 美国通用车系汽车电路图标注说明

通用车系汽车电路图的表示方法示例如图6-20所示。

图6-20中1~11的标注说明如下:

1) 电源接通说明

在电路图的上方,用黑框表示,框内文字说明框下熔丝在什么情况下接通。电路图电源接通说明框的文字标注和电源接通说明如表6-5所示。

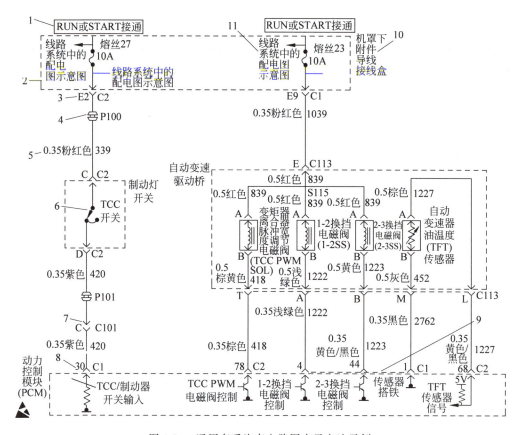

图 6-20 通用车系汽车电路图表示方法示例

表 6-5 美国通用车系电路图电源接通说明

电源接通标注	电源接通说明
RUN 或 START 接通	该电路在点火开关处于点火(RUN)和起动(START)时接通电源
所有时间接通	该电路连接常接电源
RUN 接通	该电路在点火开关处于点火(RUN)位置时接通电源
START 接通	该电路在点火开关处于起动(START)位置时接通电源
ACC 或 RUN 接通	该电路在点火开关处于 RUN 或 ACC 位置时与电源接通

2) 电路配电盒(接线盒)

用虚线框表示框内的 27 号(10A)熔丝和 23 号(10A)熔丝只是接线盒(配电盒)中的一部分。

3) 接线盒插接器连接标注

"C2"是发动机罩下导线接线盒插接器代号,"E2"是插接器端子代号。通常插接器代号在右侧,端子号在左侧,该标注表示 339 号线路从 C2 插接器的 E2 号端子接出。

4) 密封圈代号

在贯穿式密封圈符号旁的"P100"为密封圈代号,其中 P 表示密封圈。

5）电路标注

它表达该电路导线的截面积、颜色和电路编号。其中左边数字表示导线截面积,右边数字为电路编号,中间标注导线的颜色。在一些通用车系的电路图中,用颜色代码标注导线颜色,各种颜色的代码如表6-6所示。

表6-6 通用车系导线颜色代码

颜色代码	导线颜色	颜色代码	导线颜色	颜色代码	导线颜色
BLK	黑色	YEL	黄色	ORN	橙色
WHT	白色	BLU	蓝色	GRY	灰色
RER	红色	DK BLU	深蓝色	BRN	棕色
GRN	绿色	LT BLU	浅蓝色	TAN	深棕色
DK GRN	深绿色	PNK	粉红色	CLR	无色
LT GRN	浅绿色	PPL	紫色		

6）元件标注

框内"TCC开关"注明了此开关的作用(用于液力变矩器中的锁止离合器控制),框外有此元件的名称。

7）线间插接器标注

导线右侧"C101"是直立式线束插接器的代号,其中C表示连接插头。左侧C表示该线路通过C101插接器的C端子连接。

8）控制器插接器标注

右侧代号"C1"表示是控制器上的C1插接器,左侧数字"30"表示是C1插接器的30号端子。

9）同一插接器标注

用虚线表示4、44、1插脚均为C1插接器的端子。自动变速器/驱动桥框线外的虚线也是表示T、A、B、M、L均为插接器C113的端子。

10）元件标注

用文字直接注明元件的名称及位置。

11）电路省略标注

用文字注明了连接的电路,那些电路与本电路不相关,故而省略。

4. 美国通用车系汽车电路图补充说明

1）通用车系局部电路详图

通用车系电路图为方便读者了解电源的分配、熔断器保护的电路及接地点分布情况,有时还提供了电源分配、熔丝盒及接地电路等详图,如图6-21～图6-23所示。

2）通用车系车辆位置分区代码

通用车系汽车电路图上的接地点、直接插接器、密封圈和接头及线路都有可识别位置的编号,该编号与车辆的某个区域所对应。因此,通过位置识别编码,就可知道在车辆的具体位置。通用车系车辆位置分区示意图如图6-24所示,位置编码说明如表6-7所示。

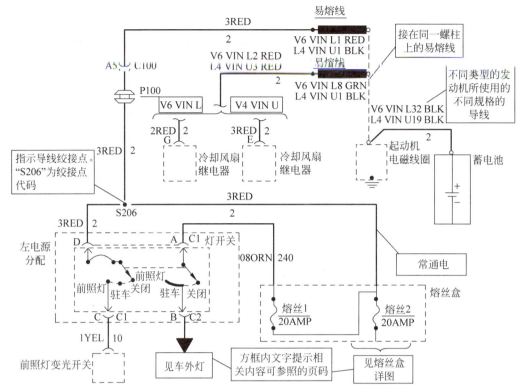

图 6-21 通用车系电路电源分配图

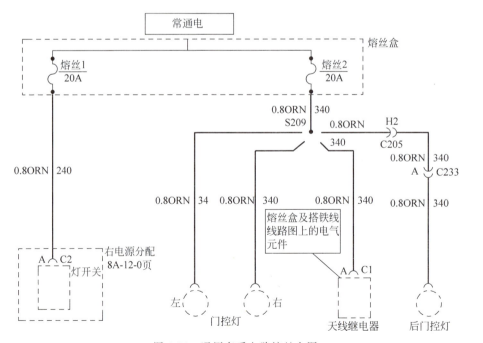

图 6-22 通用车系电路熔丝盒图

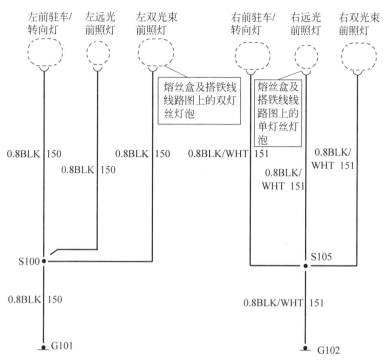

图 6-23 通用车系电路接地导线图

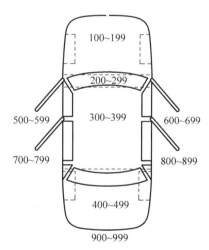

图 6-24 通用车系车辆位置分区示意图

表 6-7 通用车系车辆位置编码说明

位 置 编 码	车 辆 位 置
100~199	位于发动机室区域(全部在仪表板前部) 001~099 代表发动机室内附加编号,仅在用完 100~199 编号以后使用
200~299	位于仪表板区域
300~399	位于乘客室区域(从仪表板到后车轮罩)
400~499	位于行李厢区域(从后车轮罩到车辆的后部)

续表

位 置 编 码	车 辆 位 置
500~599	位于左前车门内
600~699	位于右前车门内
700~799	位于左后车门内
800~899	位于右后车门内
900~999	位于行李厢盖或储物仓盖区域

思考与练习题

6.1　分析汽车电路图的分类。

6.2　分析汽车电路原理图的特点。

6.3　分析汽车电路原理图的识读方法。

6.4　分析德国大众车系汽车电路图的特点。

6.5　分析法国雪铁龙车系汽车电路图的特点。

6.6　分析日本丰田车系汽车电路图的特点。

6.7　分析美国通用车系汽车电路图的特点。

第 7 章 电动汽车电路分析——以北汽 EV200 电动汽车为例

7.1 北汽 EV200 的基本装备

7.1.1 熔断器盒

1. 熔断器颜色定义

北汽新能源电动汽车的熔断器颜色、额定电流及对应型号如表 7-1 所示。

表 7-1 北汽新能源电动汽车熔断器颜色、额定电流及型号

额定电流/A	颜 色	型 号
5	棕褐色	MINI
7.5	褐色	MINI
10	红色	MINI
15	蓝色	MINI
20	黄色	MINI
25	浅色	MINI
30	绿色	MINI
20	蓝色	JCASE
30	粉色	JCASE
40	绿色	BF1
80	白色	BF1
100	黑色	MIDI

2. 熔断器盒定位图

整车共有三个保险丝盒：总熔断器盒，位于蓄电池上方；前舱电器盒，位于左前轮罩上面；室内熔断器盒，位于左下侧仪表板盖板下。总熔断器盒定位图如图 7-1 所示，总熔断器盒中熔断器功能及规格说明如表 7-2 所示。

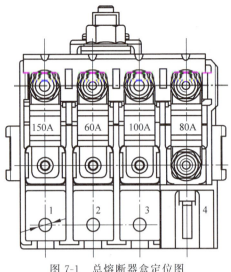

图 7-1 总熔断器盒定位图

表 7-2 总熔断器盒中保险丝功能及规格说明

熔断器编号	等 级	保护线路
1	150A	DC/DC 转换器正极
2	60A	EPS 电机电源
3	100A	前舱电器盒电源
4	80A	仪表线束室内熔断器盒电源

前舱电器盒定位图如图 7-2 所示，前舱电器盒中继电器功能及规格说明如表 7-3 所示，前舱电器盒中熔断器功能及规格说明如表 7-4 所示。

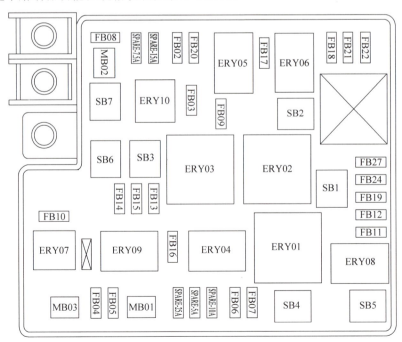

图 7-2 前舱电器盒定位图

第7章 电动汽车电路分析——以北汽EV200电动汽车为例

表 7-3 前舱电器盒中继电器规格及功能说明

继电器编号	等级	功能
ERY01	40A	IG 电源
ERY02	40A	高速风扇
ERY03	40A	低速风扇
ERY04	35A	近光灯
ERY05	35A	水泵
ERY06	35A	喇叭
ERY07	20A	电机继电器
ERY08	35A	空调系统
ERY09	35A	预留
ERY10	20A	预留

表 7-4 前舱电器盒中熔断器功能及规格说明

熔断器编号	等级	保护线路
FB0	空	
FB02	7.5A	车载充电机/高压控制盒
FB03	7.5A	EPS
FB04	10A	右前组合灯
FB05	10A	左前组合灯
FB06	10A	左前远光灯/灯光调节电机
FB07	10A	右前远光灯/灯光调节电机
FB08	10A	倒车灯继电器
FB09	15A	喇叭电源
FB10	7.5A	电机电源
FB11	7.5A	HVAC/PTC
FB12	7.5A	AC PANEL
FB13	10A	BMS_H
FB14	10A	BMS_L/B
FB15	5A	数据采集终端 A10
FB16	7.5A	VBU_1
FB17	7.5A	VBU_37/数据采集终端 A4
FB18	25A	ABS 电源
FB19	7.5A	诊断接口/防盗线圈/仪表/远程模式开关
FB20	15A	预留
FB21	5A	GPS(出租车专用)
FB22	7.5A	计价器/空车灯(出租车专用)
FB24	15A	报警器(出租车专用)
FB27	5A	VBU 唤醒/数采唤醒/仪表唤醒
SB01	40A	前舱 IG 电源
SB02	20A	高速风扇电源
SB03	20A	低速风扇电源
SB04	30A	点火开关 B1
SB05	20A	点火开关 B2

续表

熔断器编号	等　　级	保　护　线　路
SB06	30A	真空泵电机
SB07	10A	ABS电源
MB01	30A	P挡控制器L1/M1(P挡型专用)
MB02	15A	水泵电源
MB03	20A	预留

开启室内熔断器盒前需要先拆掉仪表板盖板。拆卸盖板：先拆掉下方的两个锁扣，然后向下卸下盖板。安装盖板：将盖板周边的卡扣插入仪表板本体的插槽内，并用手轻拍盖板使盖板的卡扣进入仪表板本体，扣上盖板后，在盖板底部顺时针转动两个锁扣90°以固定。室内熔断器盒定位图如图7-3所示，室内熔断器盒中熔断器功能及规格说明如表7-5所示。

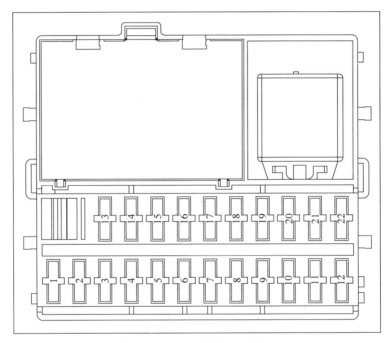

图7-3　室内熔断器盒定位图

表7-5　室内熔断器盒中熔断器功能及规格说明

熔断器编号	等　　级	保　护　电　路
1	7.5A	换挡开关/按键开关组
2	7.5A	EPS控制器
3	7.5A	VBU/数据采集终端
4	7.5A	BCM、仪表、ABS、前舱IG信号
5	10A	安全气囊
6	7.5A	天窗
7	10A	制动能量回收开关/制动开关

续表

熔断器编号	等级	保护电路
8	30A	左前/后电动门窗
9	30A	右前/后电动门窗
10	25A	中控门锁、后电动门窗
11	15A	位置灯、转向灯、顶灯
12	15A	前风窗洗涤、后视镜折叠
13	10A	后风窗雨刮、后风窗洗涤
14	15A	前雾灯
15	15A	前风窗雨刮
16	20A	后风窗加热
17	7.5A	音响、后视镜
18	20A	点烟器
19	10A	天窗
20	15A	音响
21	25A	鼓风机
22	10A	后雾灯

7.1.2 导线

1. 信号线

北汽新能源电动汽车信号线颜色及代号如表 7-6 所示。

表 7-6 北汽新能源电动汽车信号线颜色及代号

代号	颜色	代号	颜色
B	黑色	B-W	黑底白纹
BR	棕色	G-W	绿底白纹
G	绿色	G-Y	绿底黄纹
L	蓝色	LC-R	浅绿底红纹
LG	浅绿色	L-Y	蓝底黄纹
O	橙色	Y-W	黄底白纹
P	粉红色	W-B	白底黑纹
R	红色	W-L	白底蓝纹
W	白色	W-G	白底绿纹
Y	黄色	Y-G	黄底绿纹

2. 高压线束

北汽 EV200 电动汽车高压线束连接示意图如图 7-4 所示。

图 7-5 为前舱高压电气实物图。

图 7-4 和图 7-5 中,可以将整车高压线束分为 5 段。

(1) 动力电池高压线束:连接动力电池到高压控制盒之间的线束。

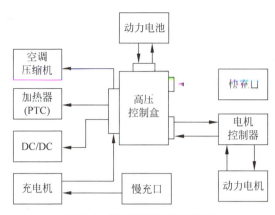

图 7-4 高压线束连接示意图

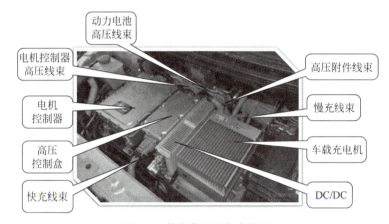

图 7-5 前舱高压电气实物图

（2）电机控制器高压线束：连接高压控制盒到电机控制器之间的线束。

（3）快充线束：连接快充口到高压控制盒之间的线束。

（4）慢充线束：连接慢充口到车载充电机之间的线束。

（5）高压附件线束（高压线束总成）：连接高压盒到 DC/DC、车载充电机、空调压缩机、空调 PTC 之间的线束。

1）动力电池高压线束

动力电池高压线束及接口定义如图 7-6 所示。

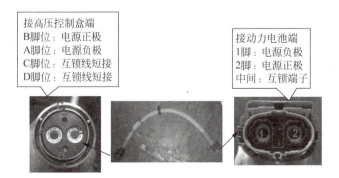

图 7-6 动力电池高压线束及接口定义

2）电机控制器高压线束

电机控制器高压线束及接口定义如图 7-7 所示。

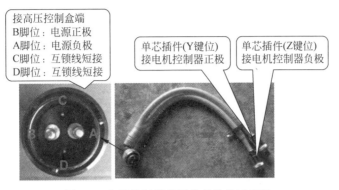

图 7-7　电机控制器高压线束及接口定义

3）快充线束

快充线束及接口定义如图 7-8 所示。

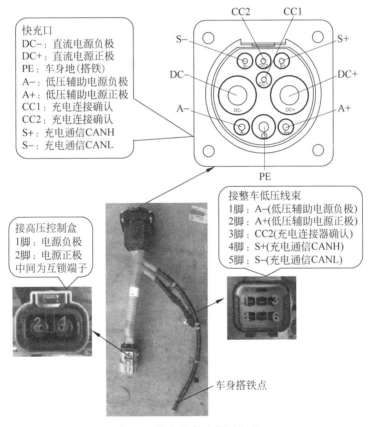

图 7-8　快充线束及接口定义

4）慢充线束

慢充线束及接口定义如图 7-9 所示。

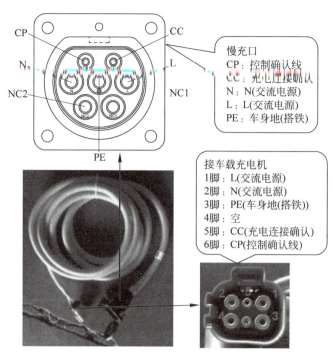

图 7-9 慢充线束及接口定义

5）高压附件线束

高压附件线束如图 7-10 所示，高压附件线束接口定义如图 7-11 所示。

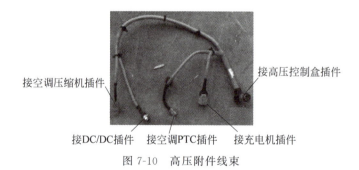

图 7-10 高压附件线束

7.1.3 高压控制盒

北汽 EV200 整车高压电气控制框图如图 7-12 所示。

从图 7-12 中可以看出，与高压控制盒连接的高压模块分别为动力电池管理系统、电机驱动控制器、快充接口、车载充电机、DC/DC 转换器、电动空调控制器和 PTC 加热器。高压控制盒的功能是完成动力电池高压电源的输出及分配，实现对支路用电器的保护及切断。北汽 EV200 电动汽车高压控制盒电路原理图如图 7-13 所示。

图 7-13 中，动力电池将高压电源输入高压控制盒，输出直接分配给电机控制器；输出经过快充正极继电器和快充负极继电器分配给快充接口，快充正极继电器和快充负极继电器的通断由整车控制器（VCU）控制；输出经过慢充熔断器（HU04/16A）分配给车载充电

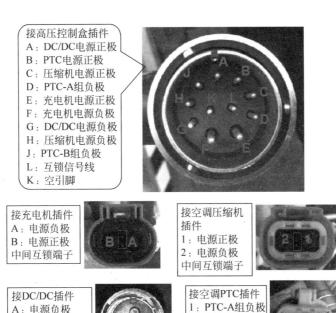

图 7-11　高压附件线束接口定义

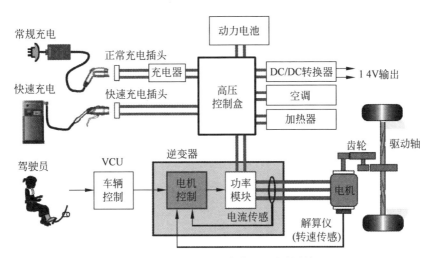

图 7-12　北汽 EV200 整车高压电气控制框图

机；输出经过 DC/DC 熔断器（HU03/10A）分配给 DC/DC 转换器；输出经过电动空调熔断器（HU02/32A）分配给电动空调压缩机；输出经过 PTC 加热熔断器（HU01/20A）分配给 PTC 控制器和 PTC 加热器。PTC 控制器内置在高压控制盒中，PTC 加热器及温度传感器外置，PTC 控制器控制 PTC 加热器动作并且采集 PTC 温度传感信息，PTC 控制器通过新能源 CAN 总线与其他控制单元（ECU）进行通信。另外，高压控制盒中的 PTC 控制器由点火开关 ON 挡后火线供电，两个快充继电器由常火线供电。高压控制盒的内部结构如图 7-14 所示。

高压控制盒的外部接口定义如图 7-15 和图 7-16 所示。

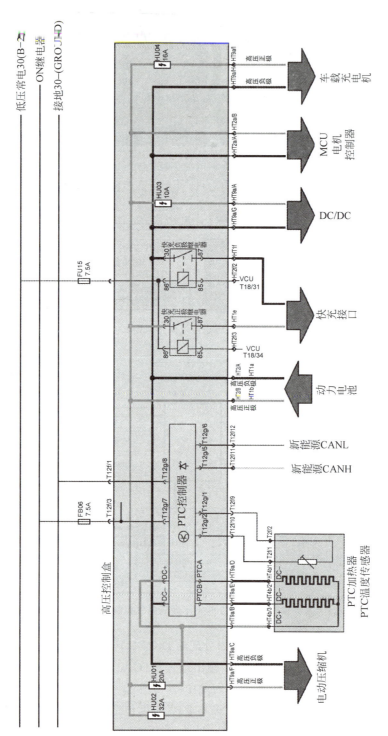

图 7-13 高压控制盒电路原理图

第7章 电动汽车电路分析——以北汽EV200电动汽车为例

图 7-14 高压控制盒内部结构图

接快充线束
1脚：电源负极
2脚：电源正极
3脚：互锁信号线
4脚：互锁信号线(到盒盖开关)

低压控制端插件
1脚：快充继电器线圈(正极)
2脚：快充负继电器线圈(控制端)
3脚：快充正继电器线圈(控制端)
4脚：空调继电器线圈(正极)
5脚：空调继电器线圈(控制端)
6脚：PTC控制器GND
7脚：PTC控制器CANL
8脚：PTC控制器CANH
9脚：PTC温度传感器负极
10脚：PTC温度传感器正极
11脚：互锁连接

图 7-15 高压控制盒外部接口定义1

接高压附件线束插件
A：DC/DC电源正极
B：PTC电源正极
C：压缩机电源正极
D：PTC-A组负极
E：充电机电源正极
F：充电机电源负极
G：DC/DC电源负极
H：压缩机电源负极
J：PTC-B组负极
L：互锁信号线
K：空引脚

接电机控制器线束插件
B脚位：电源正极
A脚位：电源负极
C脚位：互锁信号线
D脚位：互锁信号线

接动力电池线束插件
B脚位：电源正极
A脚位：电源负极
C脚位：互锁信号线
D脚位：互锁信号线

图 7-16 高压控制盒外部接口定义2

7.2 电机驱动系统

7.2.1 电机驱动系统概述

1. 电机驱动系统的特点

驱动电机系统是纯电动汽车三大核心部件之一,是车辆行驶的主要执行机构,其特性决定了车辆的主要性能指标,直接影响车辆动力性、经济性和舒适性。

北汽 EV200 采用三相交流永磁电动机、电机控制器可调整输出电流和电动机转速,电机和电机控制器采用水冷却方式防止温度过高。整车控制器(VCU)根据驾驶员意图发出各种指令,电机控制器响应并反馈,实时调整驱动电机输出。

2. 电机驱动系统的功能

北汽 EV200 电机驱动系统的主要功能有:①怠速控制(爬行);②控制电机正转(前进);③控制电机反转(倒车);④能量回收(交流转换直流);⑤驻坡(防溜车)。电机控制器的另一个重要功能是通信和保护,实时进行状态和故障检测,保护驱动电机系统和故障反馈。

3. 电机驱动系统的技术指标

北汽 EV200 电机驱动系统的技术指标如表 7-7 所示。

表 7-7 电机驱动系统技术指标

永磁同步驱动电机		控制器	
技术指标	技术参数	技术指标	技术参数
额定转速	2812r/min	直流输入电压	336V
转速范围	0~9000r/min	工作电压范围	265~410V
额定功率	30kW	控制电源	12V
峰值功率	53kW	控制器电源电压范围	9~16V
额定扭矩	102N·m	标称容量	85kV·A
峰值扭矩	180N·m	质量	9kg
质量	45kg	防护等级	IP67
防护等级	IP67	尺寸(长×宽×高)	403mm×249mm×140mm
尺寸(定子直径×总长)	(ϕ)245mm×(L)280mm		

7.2.2 电机驱动系统的组成与工作原理

北汽 EV200 电机驱动系统组成图如图 7-17 所示。

由图 7-17 可知,电机驱动系统主要由电机、电机控制器和冷却系统组成。电机控制器和电机通过水冷却系统进行冷却散热;驱动电机采用的是三相交流永磁同步电机;控制器

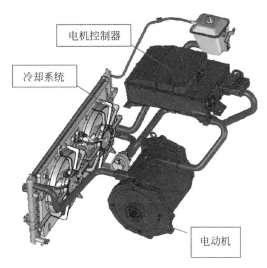

图 7-17 电机驱动系统组成图

采用三相两电平电压源型逆变器。

电机驱动系统的工作原理：整车控制器（VCU）发出指令，通过 CAN 线传输到电机控制器主板，控制器主板经过逻辑换算和确定旋变传感器的转子位置，再发信号驱动 IGBT（绝缘栅双极型晶体管）模块（又称智能功率模块），输出三相交流电使电机旋转。控制器主板对所有的输入信号进行处理，并将驱动电机控制系统运行状态的信息通过 CAN 总线网络反馈给整车控制器。驱动电机控制器内含故障诊断电路，当诊断出故障时，它将会激活一个错误代码，同时存储该故障码和数据或发送给整车控制器。

1. 电机

北汽 EV200 驱动电机采用的是三相交流永磁同步电机，其基本构造如图 7-18 所示。

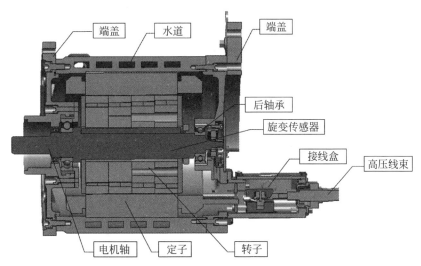

图 7-18 三相交流永磁同步电机的构造

由图 7-18 可知,三相交流永磁同步电机主要由定子(铝合金)、转子(永磁)、前后端盖、旋变传感器和水道等组成。其中,旋变传感器线圈(励磁、正弦、余弦三组线圈)固定在壳体上,信号齿圈固定在转子上。

旋变传感器主要监测电机转子的转速,向其机传子的位置后供价电机控制器。旋变传感器的检测方法如下:

(1) 励磁绕组参考电压:打开点火开关 ON 挡测量插件端应有 3~3.5V 交流电压。

(2) 正弦绕组阻值:拔下插件测量传感器端子应有电阻(60±10)Ω。

(3) 余弦绕组阻值:拔下插件测量传感器端子应有电阻(60±10)Ω。

(4) 励磁绕组阻值:拔下插件测量传感器端子应有电阻(30±10)Ω。

旋变传感器和电机温度传感器相关接口定位图如图 7-19 所示,旋变传感器相关接口说明如表 7-8 所示。

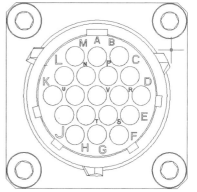

图 7-19 相关接口定位图

表 7-8 旋变传感器相关接口说明

编 号	信号名称	说 明
A	激励绕组 R1	电机旋变传感器接口
B	激励绕组 R2	
C	余弦绕组 S1	
D	余弦绕组 S3	
E	正弦绕组 S2	
F	正弦绕组 S4	

电机温度传感器内置在电机中,用于检测电机定子绕组的温度 t,并提供散热风扇启动的信号之一。$45℃ \leqslant t < 50℃$ 时冷却风扇低速启动;$t \geqslant 50℃$ 时,冷却风扇高速启动;温度降至 40℃ 时冷却风扇停止工作。温度传感器采用 PT1000 型热敏电阻,温度在 0℃ 时阻值 100Ω,温度每增加 1℃,阻值增加 3.8Ω。结合图 7-19,电机温度传感器相关接口说明如表 7-9 所示。

表 7-9 电机温度传感器相关接口说明

编 号	信号名称	说 明
G	TH0	电机温度传感器接口
H	TL0	

2. 电机控制器

北汽 EV200 电机控制器的实物图如图 7-20 所示。

图 7-20 中,电机控制器主要由接口电路、控制主板、IGBT 模块(驱动)、超级电容、放电电阻、电流感应器、壳体水道等组成。其中,控制主板的功能为:①与整车控制器通信;

第7章 电动汽车电路分析——以北汽EV200电动汽车为例

图 7-20 电机控制器的实物图

②监测直流母线电流；③控制 IGBT 模块；④监控高压线束连接情况（2014 年前生产车辆无此功能）；⑤反馈 IGBT 模块温度；⑥旋变传感器励磁供电；⑦旋变信号分析；⑧信息反馈。

IGBT 模块的功能为：①信号反馈给电机控制器控制主板；②监测直流母线电压；③直流转换交流及变频；④监测相电流的大小；⑤监测 IGBT 模块温度；⑥三相整流。

超级电容的功能为：接通高压电路时给电容充电，在电机启动时保持电压的稳定。

放电电阻的功能为：断开高压电路时，通过电阻给电容放电。

壳体水道用于电机控制器的散热。

3．冷却系统

北汽 EV200 电机驱动系统的冷却系统示意图如图 7-21 所示。

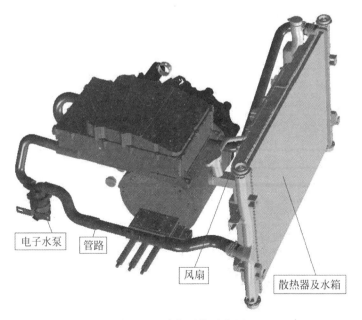

图 7-21 冷却系统示意图

由图 7-21 可知,冷却系统主要由水泵、散热器及膨胀水箱、风扇和管路组成。

冷却系统的功用是为驱动电机和控制器散热。

冷却系统的控制策略为:

(1) 水泵控制:启动车辆时电动水泵开始工作(即仪表显示 READY)。

(2) 电机温度控制:当控制器监测到驱动电机温度 t 在 45~50℃时冷却风扇低速启动;$t \geqslant 50℃$时,冷却风扇高速启动;温度降至 40℃时冷却风扇停止工作;在 120~140℃时,降功率运行;$t \geqslant 140℃$时,降功率至 0,即停机。

(3) 电机控制器温度控制:当控制器监测到散热基板温度 $t_基 \geqslant 75℃$时,冷却风扇低速启动;$t_基 \geqslant 80℃$时,冷却风扇高速启动;温度降至 75℃时冷却风扇停止工作;$t_基 \geqslant 85℃$时,超温保护,即停机;当控制器监测到散热基板温度 $t_基 = 75~85℃$时,降功率运行。

7.2.3 电机驱动系统电路分析

北汽 EV200 电动汽车电机驱动系统的电路原理图如图 7-22 所示。

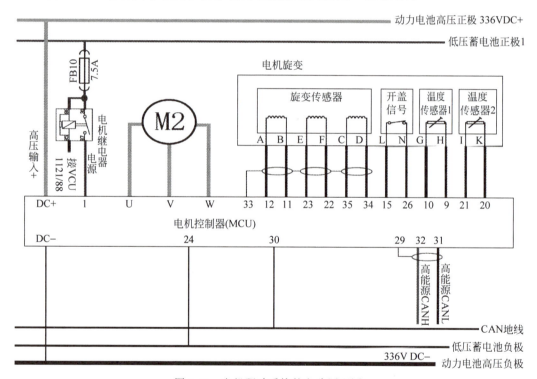

图 7-22 电机驱动系统的电路原理图

由图 7-22 可知,电机控制器的弱电供电由整车控制器(VCU)发出控制信号控制电机继电器通断来提供,电机控制器的强电供电由动力电池经高压控制盒来提供;电机控制器和电机连接的驱动引脚分别为 U、V、W,与电机旋变传感器的励磁、余弦、正弦三组传感器线圈连接有 6 根信号线 A、B、C、D、E、F,与电机温度传感器连接有 4 根信号线 G、H、I、K;与开盖开关连接有 2 根信号线 L、N;另外,电机控制器通过新能源 CAN 总线与整车控制器进行通信。

第7章 电动汽车电路分析——以北汽EV200电动汽车为例

电机驱动系统正常工作条件为：①高压电源输入正常（绝缘性能大于20MΩ）；②低压12V电源供电正常（电压范围9～16V）；③与整车控制器通信正常；④电容放电正常；⑤旋变传感器信号正常；⑥三相交流输出电路正常；⑦电机及电机控制器温度正常；⑧开盖保持开关信号正常。

电机驱动系统常见故障、故障原因及解决方法如表7-10所示。

表7-10 电机驱动系统常见故障、故障原因及解决方法

序号	故障名称	故障代码	故障可能原因	解决方法
1	MCU直流母线过压故障	P114017	(1) 电机系统突然大功率充电 (2) 高压回路非正常断开	分析整车数据，如果总线电压报文与实际电压不相符，则需要检查高压供电回路、高压主继电器、高压插件有无异常
2	MCU相电流过流故障	P113119 P113519 P113619 P113719	(1) 负载突然变化、旋变信号故障等导致电流畸变，比如电池或主继电器频繁通断 (2) 控制器损坏（硬件故障） (3) 控制器采集电压与实际电压不一致	检查高压回路 更换控制器 标定电压，刷写控制器程序
3	电机超速故障	P0A4400	(1) 整车负载突然降低，电机扭矩控制失效 (2) 电机低压信号线插头连接松动或者退针 (3) 控制器损坏（硬件故障）	如重新上电不复现，不用处理 检查信号线插头 更换控制器
4	电机过温故障	P0A2F98	(1) 电机低压信号线插头连接松动或者退针 (2) 冷却系统工作异常 (3) 电机本体损坏（长时间过载运行）	检查信号线插头 检查冷却液是否充足，水泵是否正常工作，冷却管路堵塞或气阻 更换电机
5	MCU IGBT过温故障	P117F98 P117098 P117198 P117298	同电机过温	同电机过温
6	MCU低压电源欠压故障	U300316	12V蓄电池电压过低，或者由于35PIN线束原因，控制器低压接口电压过低	检查蓄电池电压，给蓄电池充电；检查控制器低压接口，测量35PIN插件24脚和1脚电压是否低于9V
7	与VCU通信丢失故障	U010087	(1) 未收到整车控制器信号 (2) 网络干扰严重 (3) 线束问题	检查35PIN线束连接是否正常，检查CAN网络是否BUS OFF，或者更换控制器
8	电机系统高压暴露故障	P0A0A94	(1) MCU电源模块硬件损坏 (2) 软件与硬件不匹配 (3) 网络上有部件报出高低压互锁故障引起	刷程序或更换控制器
9	电机（噪声）异响		(1) 电磁噪声（高频较尖锐） (2) 机械噪声，可能来自减速器、悬架、电机本体（轴承）	(1) 电磁噪声属正常 (2) 排查确定电机本体损坏，更换电机

7.3 DC/DC 转换器

1. DC/DC 转换器概述

DC/DC 转换器原理框图如图 7-23 所示。

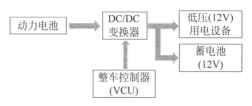

图 7-23 DC/DC 转换器原理框图

由图 7-23 可知,DC/DC 转换器的基本原理是将高压直流变换成低压 12V 直流电供整车的低压负载使用,且可以对低压铅酸电池进行充电。北汽 EV200 电动汽车 DC/DC 转换器的实物及接口图如图 7-24 所示。

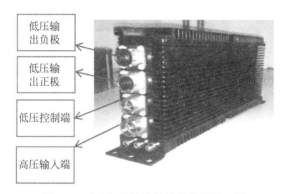

图 7-24 DC/DC 转换器的实物及接口图

北汽 EV200 汽车 DC/DC 转换器的技术参数如表 7-11 所示,保护功能如表 7-12 所示。

表 7-11 DC/DC 转换器的技术参数

项　目	规　格
系统工作电压	6～18V
额定输入电压	直流 320V
输入电压范围	直流 200～420V
额定输出电压	直流 13.8V
额定输出电流	94A
峰值输出电流	(110±10)A
额定输出功率	1.4kW(满负荷连续运行)
效率	≥90%(额定输入电压和额定输出功率)

第7章 电动汽车电路分析——以北汽EV200电动汽车为例

表 7-12 DC/DC 转换器的保护功能

保护项目	说 明
输入欠压保护	保护点：直流(190 ± 10)V；恢复点：直流(210 ± 10)V
输入过压保护	保护点：直流(430 ± 10)V；恢复点：直流(410 ± 10)V
输出欠压保护	直流 6~7V 关机保护，可自恢复
输出过压保护	直流 17.5~18.5V 关机保护，可自恢复
过温保护	内部温度达到(85 ± 2)℃开始降额输出，温度超过(100 ± 5)℃关机保护；温度低于(85 ± 2)℃，可自恢复
过流保护	(110 ± 10)A
输出短路保护	关机保护，故障解除可自动恢复

2. DC/DC 转换器电路分析

北汽 EV200 电动汽车 DC/DC 转换器的电路原理图如图 7-25 所示。

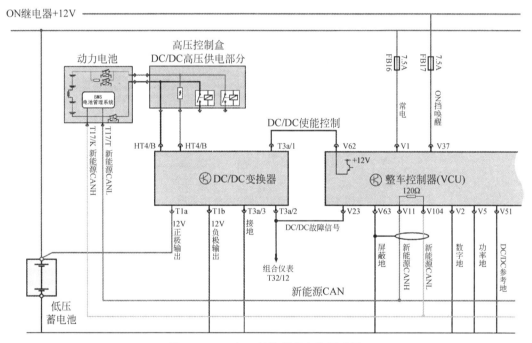

图 7-25 DC/DC 转换器的电路原理图

由图 7-25 可知，DC/DC 转换器的高压输入是由动力电池经过高压控制盒中的保险丝送到 DC/DC 变换器的高压输入端；DC/DC 转换器的低压输出直接输出给低压蓄电池；整车控制器（VCU）通过使能控制信号线控制 DC/DC 转换器，DC/DC 转换器的故障信号线同时输给 VCU 和组合仪表。另外，VCU 和动力电池管理系统（BMS）之间通过新能源 CAN 总线进行通信。

北汽 EV200 电动汽车的低压 12V 供电系统如图 7-26 所示。

由图 7-26 可知，DC/DC 转换器作为高低压系统的枢纽，负责将高压电池电压转换成低压电压供低压 12V 系统供电。低压 12V 系统的供电分为两类：12V 常供电、ON 挡 12V 供电。

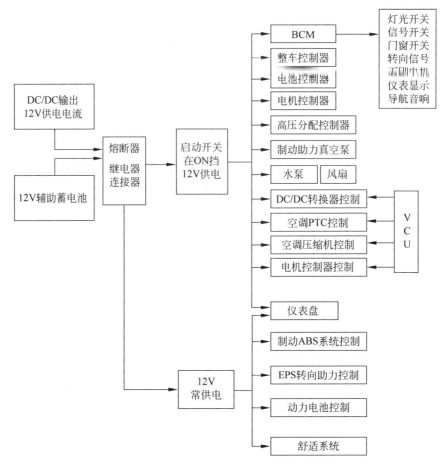

图 7-26　低压 12V 供电系统示意图

DC/DC 转换器的工作条件为：①高压输入范围为直流 290～420V；②低压使能输入范围为直流 9～14V。判断 DC/DC 转换器是否正常工作的方法如下：

第一步，保证整车线束正常连接的情况下，上电前使用万用表测量铅酸蓄电池端电压，并记录；

第二步，整车上 ON 挡电（点火开关置于 ON 挡），继续读取万用表数值，查看变化情况，如果数值在 13.8～14V 之间，判断为 DC/DC 转换器正常工作。

7.4　充电系统

7.4.1　充电系统概述

电动汽车充电器一般有车载充电器、交流充电器、交流充电桩和直流快速充电桩等几种，如图 7-27 所示。

电动汽车充电器的充电插头不同国家或地区都有自己的标准，表 7-13 所示为充电插头的标准。

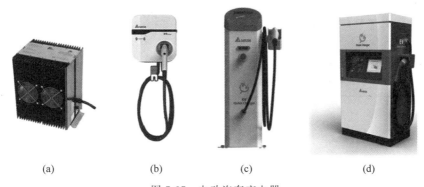

图 7-27 电动汽车充电器

(a) 车载充电器；(b) 电动车交流充电器；(c) 交流充电桩；(d) 电动车直流快速充电机

表 7-13 充电插头的标准

类型	中国	美国	欧盟	日本	中国台湾
普通(交流)充电	GB/T 20234	SAE J1772	IEC 62196	SAE J1772	CNS 15511
快速(直流)充电	GB/T 20234	SAE J1772		CHAdeMO	

7.4.2 车载充电器

1. 车载充电器的特点

电动汽车车载充电器采用的是高频开关电源技术，主要功能是将交流 220V 市电转换为高压直流电给动力电池进行充电，保证车辆正常行驶。同时，车载充电机提供相应的保护功能，包括过压、欠压、过流、欠流等多种保护措施，当充电系统出现异常会及时切断供电。北汽 EV200 电动汽车车载充电器的实物图如图 7-28 所示。

北汽 EV200 电动汽车车载充电器的特点如下：①根据电池特性设计充电的曲线，可以延长电池的寿命；②使用方便，维护简单，单独对电池管理系统(BMS)进行供电，由 BMS 控制智能充电，无须人工值守；③保护功能齐全，适用范围广，具有过压、欠压、过流、过热、输出短路、反接等保护功能；④整机温度保护为 75℃，当机内温度高于 75℃时，充电机输出电流变小，高于 85℃时，充电机停止输出。

图 7-28 北汽 EV200 电动汽车车载充电器的实物图

2. 车载充电器性能指标

北汽 EV200 电动汽车车载充电器的性能指标如表 7-14 所示。

表 7-14 车载充电器的性能指标

输入参数	输入相数	单相
	输入电压	直流 220V±20%
	输入电流	≤16A（在额定输入条件下）
	频率	45～65Hz
	启动冲击电流	≤10A
	软启动时间	3～5s
输出参数	额定输出功率	3360W
	额定输出电压	直流 440V
	输出电流	0～7.5A
	稳压精度	≤±0.6%
	负载调整率	≤±0.6%
	输出电压纹波（峰值）	<1%

3. 车载充电器基本原理

北汽 EV200 电动汽车车载充电器的原理框图如图 7-29 所示。

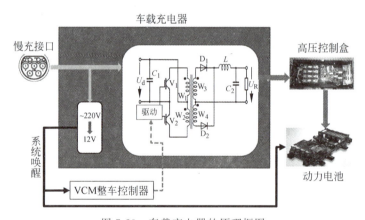

图 7-29 车载充电器的原理框图

由图 7-29 可知，北汽 EV200 电动汽车车载充电器内部可分为 3 部分：主电路、控制电路、线束及标准件。主电路的前端将交流电转换为恒定电压的直流电，主要是全桥电路和功率因数校正（PFC）电路，主电路后端为 DC/DC 变换器，将前端转出的直流高压电变换为合适的电压及电流供给动力电池；控制电路的作用是控制功率管的开关、与 BMS 之间通信、监测充电机状态和与充电桩握手等；线束及标准件是用于主电路及控制电路的连接，固定元器件及电路板。

7.4.3 充电系统电路分析

北汽 EV200 电动汽车充电系统的电路原理图如图 7-30 所示。

第7章 电动汽车电路分析——以北汽EV200电动汽车为例

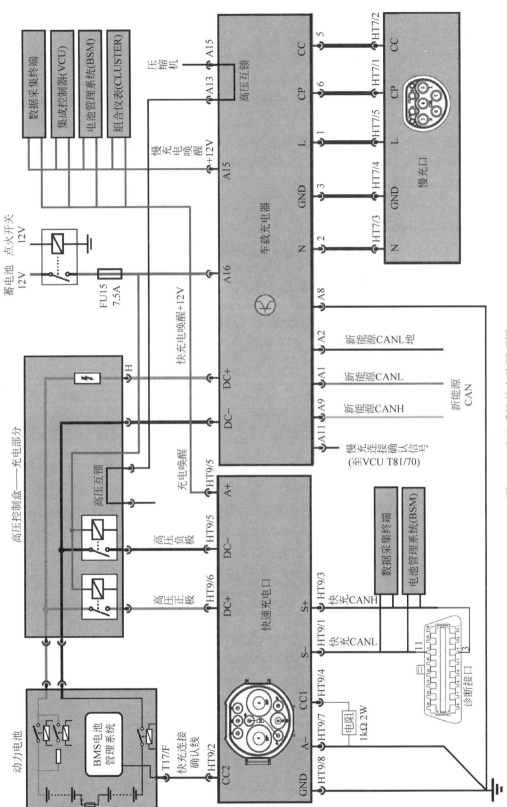

图7-30 充电系统的电路原理图

由图 7-30 可知,北汽 EV200 电动汽车充电系统包含两部分:车载充电器和快速充电口。车载充电器负责普通(交流)充电,快速充电口为和外部快速(直流)充电桩连接的接口。

车载充电器作为纯电动汽车的核心部件,车载充电器工作状态及指令均由 BMS 发出的指令进行控制,包括工作模式指令、动力电池允许最大电压、充电允许最大电流、加热状态电流值。图 7-30 中,车载充电器与慢充口连接线有 5 根,分别为 L、N、GND(车身搭铁)、CC(充电连接确认线)、CP(控制确认线);车载充电器的输出高压经过高压控制盒中的熔断器后给动力电池充电;车载充电器的慢充唤醒信号线同时接到整车控制器(VCU)、数据采集终端、电池管理系统(BMS)和组合仪表这 4 个控制单元;整车控制器的慢充确认信号线连接到车载充电器;车载充电器通过新能源 CAN 总线与其他控制单元进行通信。

快充和慢充均采用恒流-恒压充电方法,只是温度范围和充电电流标准不同。表 7-15 所示为慢充(车载充电器)的充电控制方式,表 7-16 为快充的充电控制方式。

表 7-15 慢充(车载充电器)的充电控制方式

温 度	小于 0℃	0~55℃	大于 55℃
可充电电流	0A	10A	0A
备注说明	恒流充电至当电芯最高电压高于 3.6V 时降低充电电流到 5A,当电芯最高电压达到 3.70V 时转为恒压充电方式至电流小于 0.8A 后停止充电		

表 7-16 快充的充电控制方式

温 度	小于 5℃	5~15℃	15~45℃	大于 45℃
可充电电流	0A	20A	50A	0A
备注说明	恒流充电全电池组总电压 343V/最高单体电压 3.5V 以后转为恒压充电方式至电流小于 0.8A 后停止充电			

快充采用地面充电机充电,快充口为和外部快速(直流)充电桩连接的接口。图 7-30 中,高压控制盒中的两个快充继电器控制快充口的高压正极和负极是否与动力电池相连接;快速充电口的快充唤醒信号线同时接到整车控制器、数据采集终端、电池管理系统和组合仪表这四个控制单元;电池管理系统的快充确认信号线连接到快速充电口;快速充电口通过快充 CAN 总线与电池管理系统、数据采集终端和诊断接口进行通信。

车载充电器上有三个指示灯(见图 7-31):①交流电源指示灯(绿色),当接通交流电后,电源指示灯亮起;②工作状态指示灯(绿色),当充电机接通电池进入充电状态后,充电指示灯亮起;③报警指示灯(红色),当充电机内部有故障或者错误的操作时亮起。

充电系统常见故障如下:

(1) 12V 低压供电异常。当充电机 12V 模块异常时,BMS、仪表等由于没有唤醒信号唤醒,无法与充电机进行通信。判断方式:当 12V 未上电,最简单的判

图 7-31 车载充电器上的三个指示灯

断方式就是交流上电的时候,电池没有发出继电器闭合的声音,一般都是 12V 异常。需要检查低压保险盒内充电唤醒的保险及继电器,以及充电机端子是否出现退针的情况。

(2)充电机检测的电池电压不满足要求。此问题是在充电过程中,BMS可以正常工作,但充电机工作开始前需要检测动力电池电压,当动力电池电压在工作范围内,车载充电机可以正常工作,否则充电机认为电池不满足充电的要求。判断方法:此情况常见的为高压插件端子退针或高压熔断器熔断,或者电池电压超过工作范围。

(3)充电机检测与充电桩握手不正常。充电机工作过程中会检测与充电桩之间的握手信号,当判断到CC的开关断开,充电机认为此时将要拔掉充电枪,此时会停止工作,防止带电插拔,提升充电枪端子寿命。当充电枪未插到位,可能出现此情况。

(4)充电桩输入电压正常,由于施工时电源线不符合标准所引起的无法充电故障。车辆在低温环境下,充电桩开始时与充电机连接正常,由于车辆动力电池低温时需将电芯加热至0~5℃时才能进行正常充电,加热过程中,负载较小,电压下降并不多,进入充电过程时,负载加大,输入电压下降,充电桩为充电机提供的电源电压低于187V时,充电机无法正常工作,充电机停止工作后,负载减小,测量时电压又恢复正常,这种情况一定要在充电机进入充电过程时测量当时准确电压,找到故障所在。

7.5 动力电池系统

7.5.1 动力电池系统概述

1. 动力电池基本知识

要安全正确地使用动力电池,必须注意以下事项:①不过充电、不过放电;②放电倍率在电池允许的范围内;③充放电时外界环境温度在0~45℃;④避免电池满电长期存放;⑤电池禁止受到挤压、刺穿、火烧,避免浸水;⑥电芯成组使用时,要选择一致性的电芯,包括正负极材料、容量、电压、充放电倍率、内阻等参数。

不同的正极锂材料制作的电池,其最高充电电压、最低放电电压、额定电压和用途等都是不同的,如表7-17所示。

表7-17 不同材料的锂电池工作电压及用途

电池类型	最高电压/V	最低电压/V	额定电压/V	用 途
磷酸铁锂电池	3.7	2.65	3.2	EV动力电池
钴酸锂电池	4.2	2.6	3.7	便携式设备
三元材料电池	4.2	3.0	3.7	EV动力电池
锰酸锂电池	4.2	2.5	3.8	EV动力电池
钛酸锂电池	2.75	1.5	2.3	客车动力电池

北汽EV200动力电池使用的是三元锂电池,其实物图如图7-32所示。

2. 动力电池系统技术参数

北汽EV200动力电池系统技术参数如表7-18所示。

图 7-32　北汽 EV200 动力电池的实物图

表 7-18　EV200 动力电池系统技术参数

电池品牌	SK
电池材料	三元锂电池
电芯容量	30.5A·h
电池容量	91.5A·h
电芯工作电压范围	3.0～4.15V
电芯额定电压	3.65V
电池包额定电压	(3p91s)332V(3.65V×91)
电压范围	270～377V
总电量	30.4kW·h
电池系统循环寿命(90%DOD)	≥3000 次
工况续航里程(NEDC)	200km
等速续航里程(60km/h)	245km
百公里耗电量	15kW·h/100km

7.5.2　动力电池系统的工作原理

动力电池模组放置在一个密封并且屏蔽的动力电池箱里面，动力电池系统使用可靠的高低压插接件与整车进行连接。动力电池系统的基本功能如下：①保证高压系统安全供电，执行整车控制器的指令，实现电池对外部负载上下电控制、实现制动能量回馈；②保障电池充放电过程安全、合理；③实现电池的状态信息与外部交流通信。

北汽 EV200 动力电池系统的原理框图如图 7-33 所示。

由图 7-33 可知，动力电池系统的工作原理是对电池内部电芯、模组以及相关高压控制元器件工作参数和状态的信息进行检测、运算、处理、控制与通信。

动力电池系统的检测主要涉及以下信息：每一个串联的电池模块（电芯并联形成的最小模块）的电压信息；找出最低电压电芯和最高电压电芯；电池模块（电池模组）的温度信息；正负母线对地绝缘电阻信息；母线电流信息；正负母线继电器和预充电继电器吸合状态检测信息等。

运算主要包括：电池绝缘安全运算判断、电芯均衡状态运算判断、电芯 SOC(state of charge)状态运算判断、电池充放电能力运算判断、续驶里程运算判断、电池温度运算判断等。

第7章 电动汽车电路分析——以北汽EV200电动汽车为例

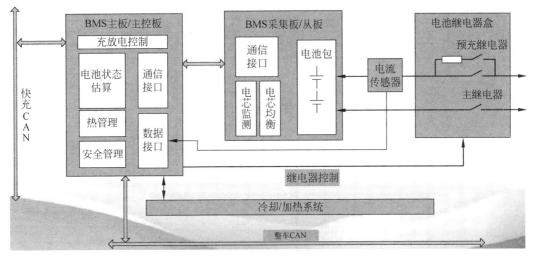

图 7-33 北汽 EV200 动力电池系统的原理框图

处理是经过运算后做出后续操作进程指令给执行部分。

控制是通过控制板上的继电器动作，把执行指令输出，控制正负母线继电器以及预充电继电器有序动作，达到总体控制要求。

通信包括三套 CAN 总线通信：从控盒与主控盒的动力电池内部 CAN 总线通信；主控盒与整车控制器等的新能源 CAN(整车 CAN)总线通信、主控盒与快充口等的快充 CAN 总线通信。

7.5.3 动力电池系统电路分析

北汽 EV200 动力电池系统的电路原理图如图 7-34 所示。

由图 7-34 可知，北汽 EV200 电动汽车动力电池系统的供电是低压常电；动力电池高压正极和负极分别接出；由整车控制器发出两个控制信号——BMS 唤醒信号、总负继电器控制器信号；通信包括三套 CAN 总线——动力电池内部 CAN 总线、新能源 CAN(整车 CAN)总线、快充 CAN 总线。

动力电池系统为整车上电的过程如下：

(1) 启动钥匙打在 ON 挡，蓄电池 12V 供电、全车高压有控制器的部件(动力电池、电机控制器、整车控制器、空调控制器、DC/DC 控制器)低压上电唤醒、初始化、自检，如无故障，上报整车控制器(VCU)；动力电池内部动力母线绝缘检测合格，各个继电器状态合格，各个电池模组电压温度状态合格，上报整车控制器。

(2) 整车控制器控制动力电池负极母线继电器闭合。

(3) 动力电池内部主控盒控制预充电继电器闭合，动力电池首先为负载端各个电容充电，电池管理系统检测到电容充满电后，主控盒闭合正极母线继电器，然后断开预充电继电器。

(4) 此时仪表上出现 READY 灯符号。

动力电池充电的过程如下：

(1) 车辆停止后，启动钥匙在 OFF 挡位，12V 蓄电池 ON 挡供电断开；车辆高压系统

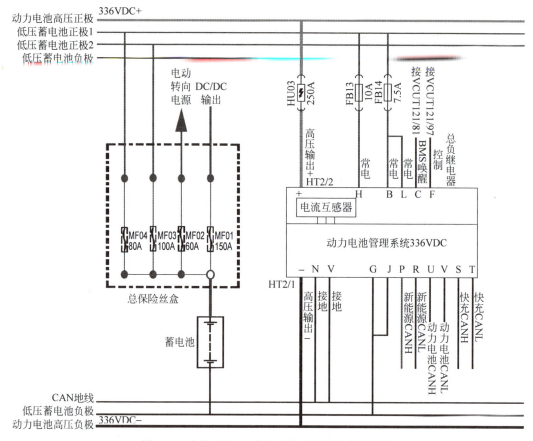

图 7-34 北汽 EV200 动力电池系统的电路原理图

包括整车控制器,处于休眠状态。

(2) 车辆充电时,启动钥匙要求在 OFF 挡位,充电枪连接正常后,首先充电机(慢充和快充)送出其自有的 12V 低压电,唤醒整车控制器(VCU),仪表盘出现充电插头信号,表示充电枪连接正常。

(3) 整车控制器的 12V 低压,唤醒动力电池管理系统和 DC/DC 转换器,动力电池内部自检合格后,通过 CAN 先向充电机发出充电请求信号,闭合正负母电继电器,开始充电。

(4) 充电过程中主控盒与从控盒采集的电池电压和温度信息,随时通过内部 CAN 线通信,主控盒通过对外 CAN 总线与整车控制器(VCU)和充电机通信,把动力电池的充电要求信息传给充电机,充电机随时调节充电电流和电压,保证充电安全合理。

(5) 当充电结束拔出充电枪后,整车控制器(VCU)让高压系统下电。

当仪表报高压绝缘故障后,要作高压系统绝缘检测,首先要判断是动力电池的绝缘故障还是负载侧绝缘故障。动力电池母线绝缘检测过程如下:

(1) 钥匙置 OFF 挡,断开 12V 蓄电池负极,举升车辆,拔下电池包母线插接件,验电、放电;用绝缘检测仪检测负载端绝缘状况。

(2) 启动钥匙打在 ON 挡,蓄电池 12V 供电、全车高压有控制器的部件(动力电池、电机控制器、整车控制器、空调控制器、DC/DC 控制器)低压上电唤醒、初始化、自检,如无故障,上报整车控制器(VCU);动力电池内部动力母线绝缘检测合格,各个继电器状态合格,各个电池模组电压温度状态合格后,上报整车控制器(VCU)。

(3) 整车控制器(VCU)控制动力电池负极母线继电器闭合。

(4) 由于负载端断开,动力电池主控盒不会闭合正极母线继电器,对外不能上电;这时用绝缘检测仪检测负极母线绝缘状况,检测正极输出口到母线继电器的绝缘状况。

思考与练习题

7.1 分析北汽 EV200 保险丝的颜色和额定电流的对应关系。

7.2 分析北汽 EV200 信号线的颜色和代号的对应关系。

7.3 说明北汽 EV200 整车高压线束有哪 5 段。

7.4 分析北汽 EV200 高压控制盒的基本工作原理。

7.5 掌握北汽 EV200 电机驱动系统电路原理图的分析。

7.6 掌握北汽 EV200 DC/DC 转换器系统电路原理图的分析。

7.7 掌握北汽 EV200 充电系统电路原理图的分析。

7.8 掌握北汽 EV200 动力电池系统电路原理图的分析。

参 考 文 献

[1] 朱小春. 电动汽车网络与电路分析[M]. 北京：清华大学出版社，2017.
[2] 周泳敏，朱洪波. 汽车电路图识读指南[M]. 北京：机械工业出版社，2004.
[3] 刘建民，刘扬. 怎样读懂汽车电路图[M]. 北京：机械工业出版社，2011.
[4] 李良洪. 怎样看汽车电路图[M]. 福州：福建科学技术出版社，2004.
[5] 刘春晖. 这样读懂汽车电路图[M]. 北京：机械工业出版社，2012.
[6] 麻友良. 教你识读汽车电路图[M]. 北京：机械工业出版社，2013.
[7] 娄云. 汽车电路分析[M]. 北京：机械工业出版社，2005.
[8] 麻友良. 汽车电路分析与故障检修[M]. 北京：机械工业出版社，2006.
[9] 马云贵. 汽车电路与电器[M]. 长沙：中南大学出版社，2011.
[10] 黄建文. 汽车车载网络系统检修一体化项目教程[M]. 上海：上海交通大学出版社，2012.
[11] 付百学，胡胜海. 汽车车载网络技术[M]. 北京：机械工业出版社，2012.
[12] 刘春晖，刘宝君. 汽车车载网络技术详解[M]. 北京：机械工业出版社，2013.
[13] 钱强. 汽车网络结构与检修[M]. 北京：清华大学出版社，2015.
[14] 李贵炎. 车载网络系统结构原理与维修[M]. 南京：江苏科学技术出版社，2008.
[15] 吴晔. 基于HCS12的嵌入式系统设计[M]. 北京：电子工业出版社，2010.
[16] 王宜怀，刘晓升. 嵌入式系统——使用HCS12微控制器的设计与应用[M]. 北京：北京航空航天大学出版社，2008.
[17] 王威. HCS12微控制器原理及应用[M]. 北京：北京航空航天大学出版社，2007.